국제개발협력사업 분석을 위한

SPSS 초급 통계자료분석

국제개발협력사업 분석을 위한
SPSS 초급 통계자료분석

초판 발행 2015년 8월 30일

지은이 이양수
펴낸곳 영남대학교출판부
펴낸이 노석균

출판등록 1975년 9월 5일 경산 제16-1호

주소 경북 경산시 대학로 280
전화 053) 810-1801~3 | FAX 053) 810-4722
홈페이지 book.yu.ac.kr

ISBN 978-89-7581-512-6 13310

· 값은 표지 뒷면에 있습니다.
· 잘못 만들어진 책은 바꾸어 드립니다.

국제개발협력사업 분석을 위한

SPSS 초급 통계자료분석

이양수 지음

영남대학교출판부

머리말

이 책은 인문·사회과학분야에서 다양하게 이용되고 있는 통계프로그램인 PASW(SPSS)의 활용법을 폭넓게 이해하기 위한 목적으로 집필되었다. 자료의 획득과 편집, 자료의 종류에 맞는 적절한 분석방법과 분석결과의 정확한 해석 등 학문연구에 필요한 기초적인 통계분석방법을 다루고 있다. 이 책은 설문지(survey questionnaires)를 설계하고 이를 바탕으로 조사된 자료(data)를 분석하여 리포트나 연구보고서를 작성하려는 학생들, 대학원과정에서 학위논문을 쓰려는 연구자들에게는 좋은 지침서가 될 것이다. 특히 어렵게만 여겨지는 통계학이라는 영역보다는 PASW 프로그램의 분석과정과 그 결과를 정확하게 해석하고 이해하기 위한 기본적인 통계적 의미를 함께 설명함으로써 독자 누구나 쉽게 통계프로그램을 공부할 수 있도록 구성한 것이 특징이다.

이 책의 구성요소는 PASW 프로그램의 소개, PASW에 적합한 data 파일의 생성과 관리, 데이터 취득경로와 방법을 다룸으로써 PASW 프로그램과 그 분석의 기본원리를 이해시키고자 하였다. 제2부와 3부에서는 PASW 분석의 기본이 되는 자료의 측정수준인 척도의 종류와 척도 구분의 중요성, 척도에 적합한 분석방법을 설명하고, 기술통계분석을 시작으로 통계분석의 기초적 이해를 제공하고 있다. 특히 기술통계는 추리통계의 전 단계 분석방법으로써 빈도분석, 기술통계, 데이터 탐색 및 교차분석을 실시하여 분석자료의 특성과 자료의 일반적 특성을 이해하는데 도움을 주고자 하였다. 이러한 기술통계분석 방법들이 학술논문이나 보고서 작성에 어떻게 활용될 수 있는지, 구체적인 활용방법들을 제시함으로써 연구자들에게 실질적인 도움이 될 수 있도록 구성하였다.

제4부는 기술통계의 이해를 바탕으로 통계적 이해가 필요로 하는 추리통계인 교차분석, 평균비교, 일원배치분산분석(ANOVA)을 다루고 있다. 통계라는 것은 전체를 이루고 있는 모집단(population)의 일부자료(sample)를 바탕으로 도출된 분석결과를 가

지고 모집단으로 유추(inference) 확대 해석하는 방법 즉 추리통계를 의미한다. 이러한 논리적 사고와 추론과정에서 필요한 것이 통계라고 할 수 있다. 따라서 추론과정에서 필요한 가설의 설정과 가설기각, 채택여부에 관련된 기본지식을 연마하고 이해하는 것이 제4부와 제5부 추리통계의 핵심적 학습내용이다. 제5부는 다변량 추리통계라 할 수 있는 상관분석, 회귀분석을 이해하여 추론적 통계분석의 심도 있는 학습이 될 수 있도록 구성하였다. 제6부는 분석결과를 표나 그래프로 작성하여 문서파일로 저장하고 편집하는 방법을 실습함으로 실제 보고서나 학위논문에 적절히 제시하는 방법들을 공부하게 하였다. 부록에는 다양한 종류의 설문지와 자료원을 제시하여 학습자 스스로 수업내용을 실습하고 응용할 수 있도록 구성하였다. 이번 개정판에는 관광관련자료 뿐만 아니라 국제개발협력(ODA)에 관한 대학생들에 대한 설문조사내용을 추가하여 보다 다양한 원자료(raw data)를 제공하고 있다.

이 책의 또 다른 관심은 생활에서 접하는 통계에 대한 기본지식과 함께 연구자들이 실제 분석에서 응용하는데 도움이 되게 하는데 있다. 학문과정에서 접할 수 있는 다양한 통계분석 논문이나 보고서를 접할 때 이해의 폭을 넓힐 수 있도록 하고 있다는 점이다. 때문에 매 장마다 적절한 논문이나 보고서를 참고하여 학습의 효과를 극대화하고자 노력하였다.

저자는 사회통계분석을 공부하고 다년간의 대학 강의를 통해서 실질적으로 느낀 점을 바탕으로 독자들이 쉽게 이해할 수 있도록 구성하였다. 특히 통계분석의 기초지식이 필요한 학위논문을 준비하는 연구자들에게 유익할 것으로 생각된다. 따라서 이 책은 그 동안 통계분석이 어렵게만 생각되던 이들에게 보다 쉽게 다가갈 수 있는 통계분석의 입문서가 될 수 있을 것으로 기대한다.

끝으로 이 책을 쓰는데 도움을 준 영남대학교 대학원 및 새마을국제개발학과 수강생들, 교정을 도와준 석주영 박사님과 김기활 연구원님, 출판을 진행해준 영남대학교 출판부 교직원 여러분들께도 심심한 감사의 말씀을 전합니다. 그리고 언제나 학문에 전념할 수 있도록 성원해준 우리 가족들에게도 고마움을 전합니다.

2015년 8월

저자 이 양수 올림

차 례

제1부

SPSS/PASW 프로그램의 이해와 자료

제1장 SPSS/PASW 프로그램의 활용과 국제개발협력사업

학습목표

SPSS 통계 프로그램의 기능 이해 및 국제개발협력사업

- SPSS 통계분석 프로그램의 기능 이해
  - 탑 메뉴의 기능, 도구(icon)상자의 기능 이해
- SPSS 창(viewer)의 종류 구분
  - 데이터 보기, 변수 보기, 출력결과 보기 창
  - 자료입력을 할 때 사용하는 창
  - 입력된 자료의 설명과 응답값을 부여할 때 필요한 창
- SPSS의 유용성과 국제개발협력사업 분석
  - 학문수행과정 및 현장에서 활용할 수 있는 방법 및 전문자격증 취득의 유용성
  - 설문조사와 SPSS 프로그램의 연계 가능성 이해
  - 국제개발협력 사례조사에서 활용될 수 있는 방법의 모색과 유용성 이해

SPSS(PASW)란 무엇인가?

SPSS란 Statistical Package for the Social Science의 약자로서 광범위한 분야에 대한 데이터 입력, 데이터 관리, 데이터 집계 및 통계분석을 하는 통계분석도구로서 현재 가장 일반적으로 사용되고 있는 통계패키지(프로그램)입니다. SPSS 18.0 버전부터는 그 명칭이 PASW(Predictive Analytics Software)로 바뀐 것은 SPSS가 사회과학에 한정하지 않고 예측기능을 보완하여 보다 광범위한 학문영역에 사용될 수 있도록 하기 위해 프로그램명을 변경하였다고 합니다(IBM에서 SPSS를 인수(12억 달러)함과 동시

PASW로 명칭을 변경하였으나, 19 버전부터는 인지도가 높은 SPSS로 다시 명칭을 재변경, 2015년 현재 IBM SPSS 22버전까지 출시).

SPSS를 왜 만들었을까?

SPSS는 광범위한 데이터를 효과적으로 관리하고 집계, 분석을 효과적으로 정확하고 빠르게 처리하기 할 수 있습니다. 사실상 광범위한 데이터를 수작업으로 하기에는 한계가 있기 때문에 이를 좀 더 편리하고 효과적으로 하기 위해 만들어졌습니다. 때문에 바둑판처럼 구성된 각각 칸(cell)에 적당한 형태의 정보(보통 숫자)를 직접 입력하든지 혹은 이미 입력되어 있는 정보를 바탕으로 운영되는 통계 프로그램입니다. 본 교재를 보다 정확하고 쉽게 이해하기 위해서는 연구방법론 특히 조사방법론에 대한 사전 이해가 있으면 많은 도움이 될 것으로 생각합니다.

SPSS는 어디에 쓰이는가?

SPSS 개발팀은 초창기에 시카고 대학의 National Opinion Research Center 내에서 일하면서 설문조사, 시장조사 등의 표본조사 데이터 분석을 중심으로 SPSS를 개발 하였습니다. 그러다가 이후 고성능의 데이터 처리 기능을 가진 고차원적인 수준으로 SPSS를 발전시킴으로써 사회과학분야 뿐 아니라 의학, 금융, 행동과학, 심리, 품질관리 등의 실무에서 사용하는 거의 모든 통계적 분석 방법을 포함하는 종합적인 통계 패키지로 발전하게 되었습니다.

SPSS 프로그램의 활용도를 좀 더 구체적으로 설명하면, 우리가 학문을 함에 있어 논리적, 과학적, 객관적인 관점에서 사회현상이나 실험을 관찰하고 그 현상을 설명해야 할 필요가 있습니다. SPSS 프로그램은 적어도 과학적, 객관적 현상의 설명과 이를 바탕으로 한 예측이 가능하도록 도와주는 통계 프로그램의 일종이라 할 수 있습니다. 이를 위해서 우선적으로 정확한 자료의 수집이 우선된다는 가정에서 주어진 자료를 바탕으로 현상의 객관적인 설명(평균, 표준편차, 분산, 분포 등)이 가능하며 또한 기존 이론의 검증, 혹은 가설의 검증은 물론 향후 일어날 현상을 예측 가능하도록 도와주는 역할을 합니다.

SPSS는 통계 프로그램이기 때문에 분석결과를 적절히 해석하고 활용하기 위해서는 기본적인 통계적 지식이 수반되어야 함을 독자는 명심하여야 할 것입니다. 다시 말해 SPSS 분석결과의 의미를 정확히 해석하기 위해서는 통계적 기초지식이 수반되어야 함을 의미합니다.

SPSS(PASW)의 유용성 및 특징

- 그래픽 환경에서 통계분석 및 자료처리가 가능합니다.
- 직접 프로그램을 짤 필요 없이 대화상자의 내용을 마우스로 선택하여 자료를 분석 처리 할 수 있습니다.
- 엑셀과 비슷한 스프레드시트 형태에서 데이터를 입력할 수 있습니다.
- 통계 분석결과의 시각화 기능 향상을 위하여 그래픽 작성이 용이합니다.
- 통계 전문가가 아닌 일반 분석가도 분석결과를 간단하고 신속하게 얻을 수 있습니다.
- 복삽한 프로그램도 다양한 통계분석 절차를 통하여 쉽게 얻을 수 있습니다.
- SPSS(PASW)라는 통계패키지를 사용함으로서 광범위한 데이터들을 관리, 집계, 분석하는데 있어서 시간과 노동력을 효과적으로 절약할 수 있습니다.
- 분석결과 창을 통해 원하는 값을 찾아내고 이를 통해 분석결과를 해석할 수 있습니다.
- 분석결과를 표, 그래프의 형식으로 편집하여 문서작업에 적절히 활용할 수 있습니다.

SPSS(PASW) 창의 유형

SPSS 프로그램에는 기본적으로 3개의 창(Viewer)이 있습니다. 데이터보기(D), 변수보기(V), 출력결과보기(Output viewer) 창입니다. 변수보기 창은 자료의 입력형태와 속성에 대한 설명이 필요할 때 활용하는 창이며, 데이터 보기는 데이터 입력 혹은 분석을 시도할 때 주로 이용하는 창입니다. 출력결과보기 창은 분석결과를 나타내는 창으로서 출력형태의 선택에 따라 표나 그래프 등의 형태를 나타냅니다.

데이터(변수, 자료)보기(D) 창은 자료 분석을 위해 데이터를 직접 입력하거나 혹은 이미 입력된 데이터를 수정, 삭제, 추가 등을 할 때 사용되는 창입니다. 메뉴나 도구

모음은 다른 윈도우 프로그램과 비슷한 구조를 가지고 있으며, 특히 도구 모음(아이콘)을 잘 활용하면 SPSS 프로그램을 편리하게 사용할 수 있습니다. 아래 그림에서 가로칸(cell)의 맨 위 부분(성별/연령/소득수준/전공/……)은 변수명을 의미하는 것이며, 각각의 칸에 입력되어 있는 숫자는 변수들의 값(정보)을 의미합니다. 그리고 맨 왼쪽 세로열에 있는 번호(1~34)는 입력된 사례의 수를 의미합니다. 만약 세로열의 마지막 숫자가 256 이라면 입력된 사례의 수가 256개라는 의미이며 각 번호의 가로 행은 특정 하나의 사례(case) 정보(혹은 변수라고 함)를 의미합니다. 아래 그림의 경우 가장 왼쪽의 번호는 각각의 학생번호가 될 수 있으며 가로 행의 입력된 숫자는 성별, 연령, 소득수준, 전공, v1_A, v2. 등의 점수를 의미하는 숫자로 볼 수 있을 것입니다.

변수명과 각각의 변수에 입력 숫자의 정보와 입력 형태를 지정하기 위해서는 데이터 보기 창의 왼쪽 아랫부분 **변수보기**(V) **창**을 클릭하여 창을 전환하여야 합니다. 다시 말해, 데이터보기 창에 나타나 있는 변수명(성별, 나이, 소득수준 등)에 대한 각각의 정보는 **변수보기**(V) **창**에서 변수명의 지정, 변수값에 대한 설명 등 입력된 자료(data)에 대한 세세한 설명이 가능합니다. 하나하나 실습을 통해서 이해하도록 하겠습니다.

그림 1 • 데이터 보기 창

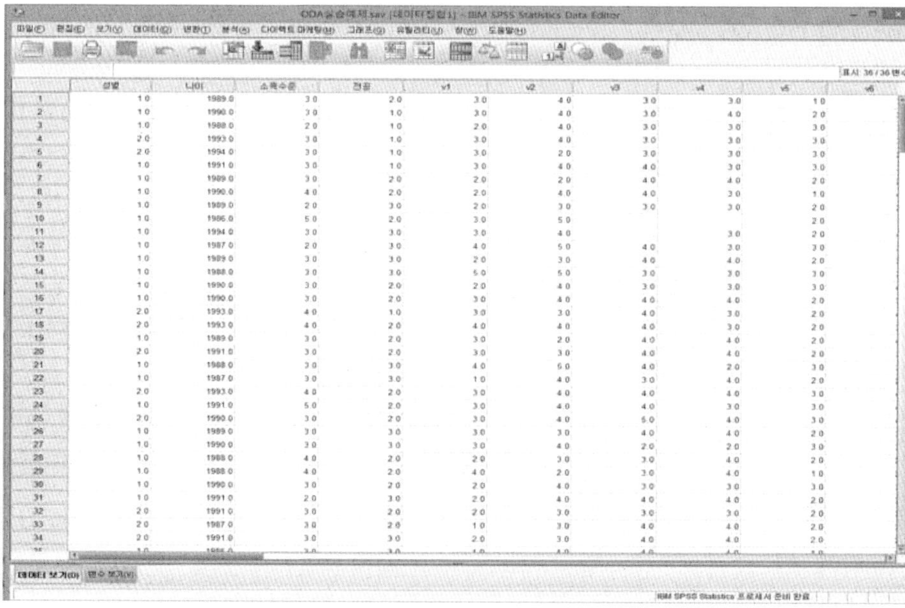

데이터 보기(D) **창**의 탑 메뉴의 기능을 설명하면 다음과 같습니다.

- **파일**(F) : 새로운 파일을 만들거나 저장된 데이터 파일을 불러오기, 인쇄, 한글이나 엑셀로 저장된 자료를 읽고 변환할 때 사용하는 가장 기본적인 메뉴
- **편집**(E) : 데이터를 잘라내고 복사하고 새로운 변수와 사례(case)를 추가, 옵션에서 설정을 변경할 수 있는 메뉴
- **보기**(V) : 상태표시줄, 도구모음, 글꼴, 변수값 설명, 변수의 설명 등을 볼 수 있는 메뉴
- **데이터**(D) : 데이터의 정의, 여러 파일을 하나로 합치거나 나눌 때, 특정 사례만을 선택(select if)하여 분석에 사용하도록 지정하는 메뉴
- **변환**(T) : 입력된 자료의 코딩형식을 변경하거나 새로운 변수로 변환 혹은 변수의 계산, 시계열자료를 생성하는 메뉴
- **분석**(A) : 가장 빈번히 사용하는 메뉴로 데이터를 분석할 수 있는 매우 다양한 분석기법을 소개하고 있으며, 주어진 자료의 성질에 따라 그리고 연구자 분석목적에 따른 분석방법을 선택하는 메뉴
- **다이렉트 마케팅**(M) : 고객 구매행동이나 고객관계관리(CRM)를 분석할 수 있는 메뉴(SPSS 18버전 이후 추가된 메뉴)
- **그래프**(G) : 주어진 자료를 바탕으로 막대그래프, 원그래프, 산점도 등의 그래프를 그리거나 수정할 수 있는 메뉴
- **유틸리티**(U) : 변수에 대한 기본적 정보나 메뉴편집, 변수목록을 제어하거나 새로운 변수 세트를 만들 때 사용하는 메뉴
- **창**(W) : 데이터 보기, 출력결과 창을 보는 메뉴
- **도움말**(H) : SPSS 분석기법이나 용어의 정의에 도움말을 제공하는 메뉴

변수보기(V) **창**은 입력된 각각의 변수와 변수 값에 대한 설명과 변수의 입력형식 등을 지정, 관리할 수 있는 창입니다.

그림 2 • 변수보기(V) 창

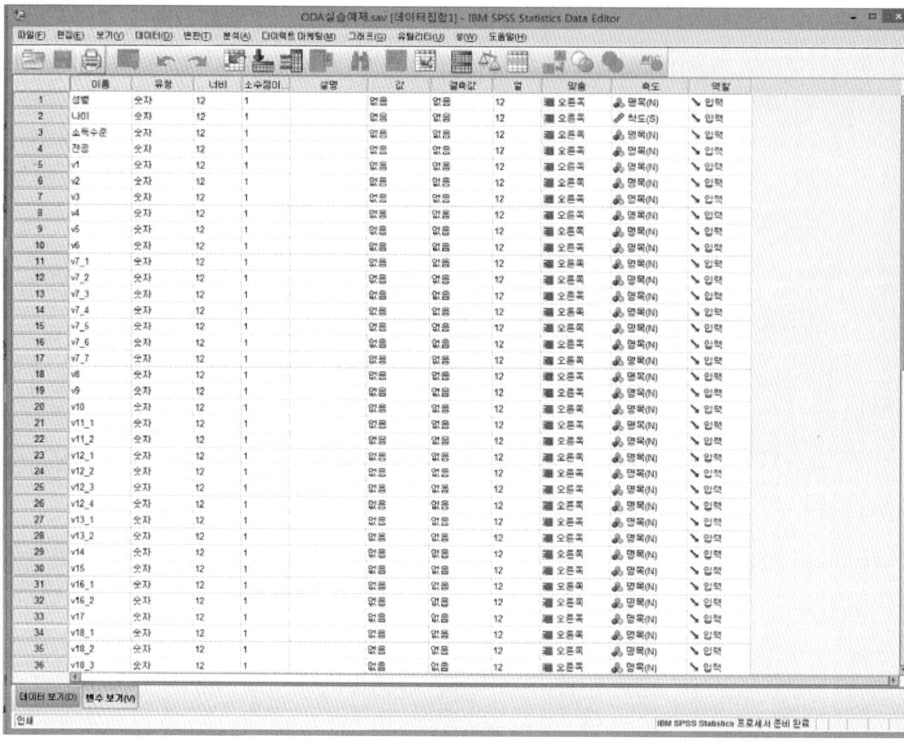

변수보기(V) 창 설명

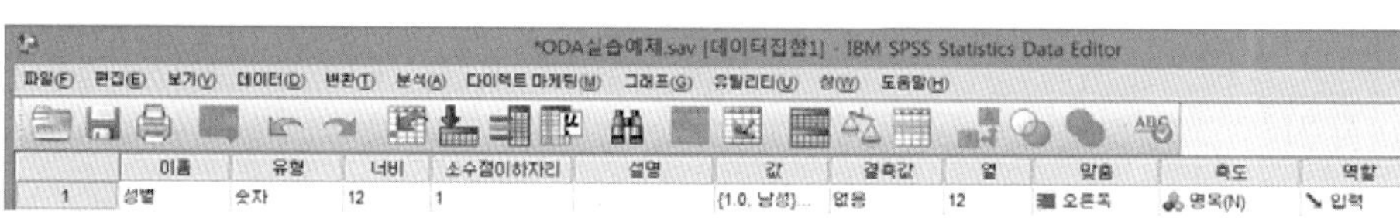

- **이름** : 데이터 보기의 맨 위 가로 행에 해당하는 부분으로 입력된 변수의 이름을 지정하는 부분입니다. 영어, 한글을 사용할 수 있으며 특수문자, 띄어쓰기 등은 사용할 수 없습니다.
- **유형** : 입력된 변수 값의 유형에는 숫자, 문자, 날짜, 달러 등 해당변수에 어떤 형태의 데이터가 입력되어 있는지를 지정할 수 있습니다.
- **너비** : 변수 값의 길이를 나타냅니다(커서의 이동 수).
- **소수점이하자리** : 소수점을 몇 번째 자리까지 나타낼 것인지 지정합니다.

• **설명** : 변수명에 대한 구체적인 설명을 합니다.

• **값** : 이산형 변수의 경우 각 값에 대한 라벨을 줄 수 있습니다. 예를 들어 "성별"에 관한 변수라면 기준값에 "1", 설명에 "남성"을 입력해서 추가하면 분석결과에서 각 값의 라벨을 표시 해주므로 결과 해석에 용이합니다. 연속형(비율척도, 예; 나이)변수라면 지정을 하지 않습니다.

(ex. 서열에 관한 라벨, 소득수준: 상=5, 중=3, 하=1)
(ex. 명목에 관한 라벨, 성별: 1=남, 2=여)
(ex. 등간에 관한 라벨, 만족도: 매우만족=5, 만족=4, 보통=3, 불만=2, 매우불만=1)

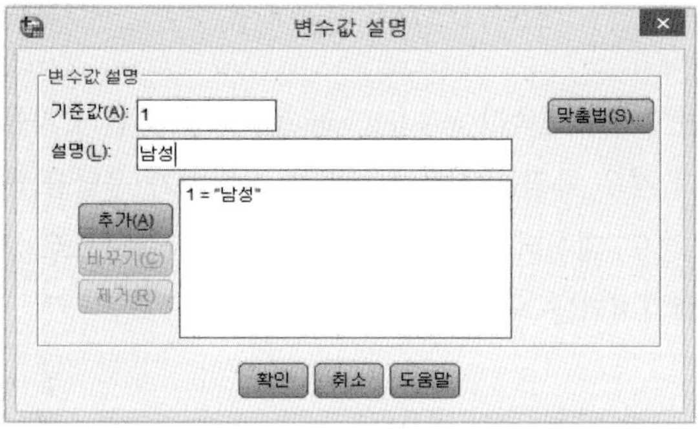

기준값에 '1', 설명에는 '남성'을 입력하고 추가를 클릭합니다. 그러면 위쪽 그림과 같이 '1="남성"'이라는 항목이 생기게 됩니다('1.0="남성"' 이라고 표시된다면, 변수보기 창내에 소수점 이하자리셀의 값을 1에서 0으로 변경하시면 됩니다.).

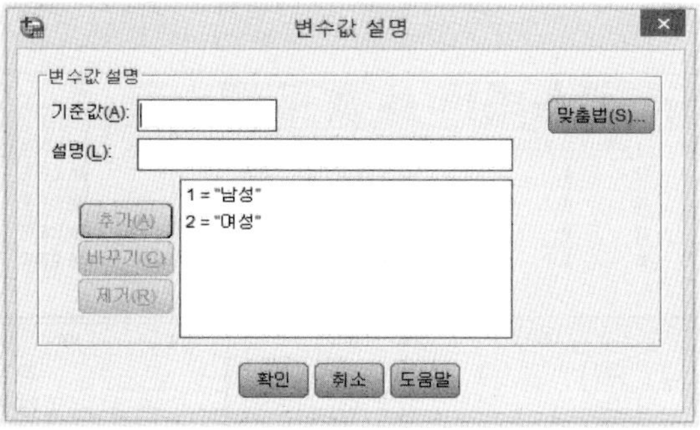

위와 같은 방법으로 기준값에 '2', 설명에 '여성'을 입력하고 추가를 클릭하면 위의 그림과 같은 2개의 항목이 생깁니다.

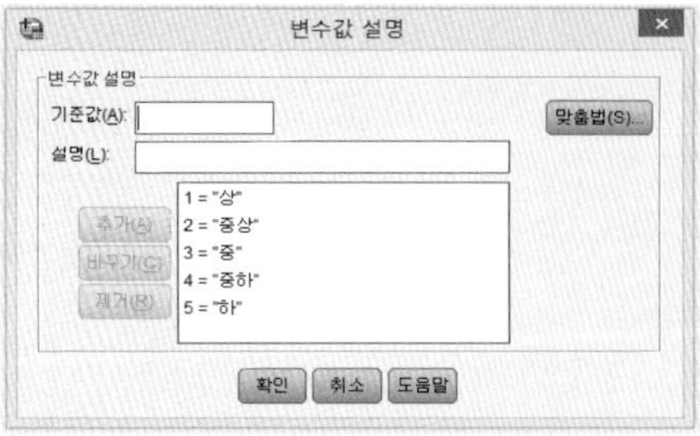

• **결측값** : 해당변수에서 결측값(missing value)으로 입력된 숫자를 지정해주는 것입니다. 설문지의 경우 특정한 질문에 대해서 응답자가 응답을 하지 않아 공란으로 비워져 있는 경우 데이터 입력시 특정한 값을 결측값으로 지정하여 분석에서 원천적으로 제외시키는 역할을 합니다.

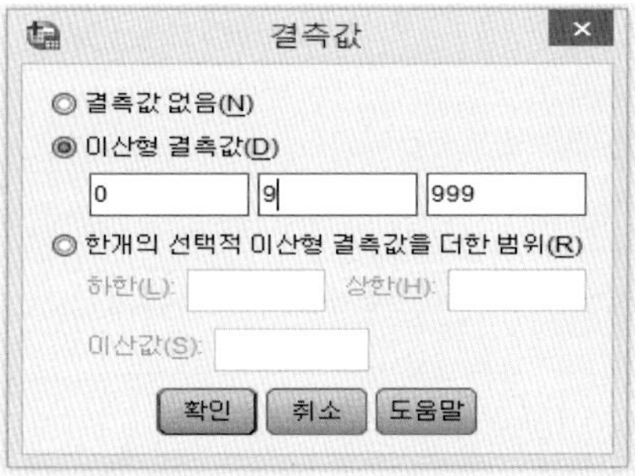

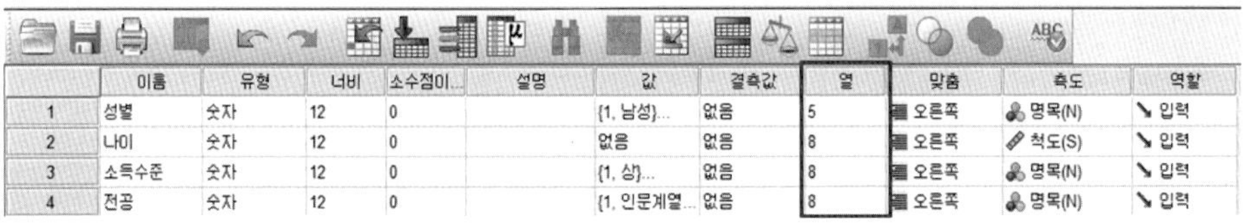

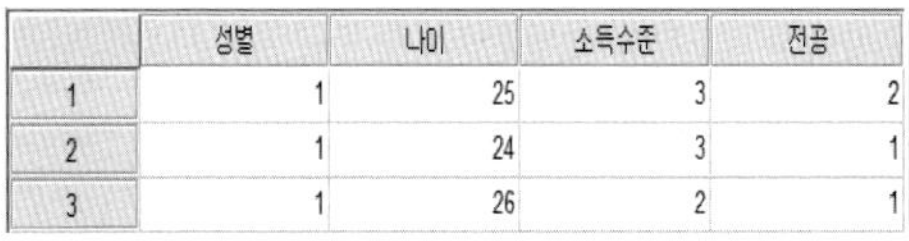

열 넓이 변경전(12)

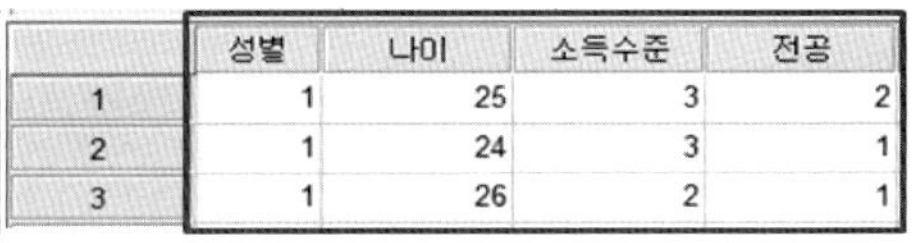

열 넓이 변경후

- **열** : 눈에 보이는 셀의 넓이를 지정할 수 있습니다.
- **맞춤** : 데이터보기에서 데이터 정렬을 지정할 수 있습니다(오른쪽, 왼쪽, 가운데 정렬).
- **측도(척도)** : 데이터에 맞는 측도를 지정할 수 있습니다(명목, 순서, 척도).
- **역할** : 변수가 하는 역할을 지정 할 수 있습니다.

  예를 들어 회귀분석 모형인 $y_i = \beta_0 + \beta_1 X_i + \epsilon_i$ 에서 변수가 y의 역할을 할 것인지, X의 역할을 할 것인지 지정할 수 있습니다.

출력결과(Output Viewer) **창**은 통계분석 결과를 자동적으로 팝업 창으로 보여주는 것으로 출력결과 창에서 필요한 분석결과를 표나 그래프로 편집하여 문서형식의 보고서에 활용할 수 있는 창입니다. 또한 출력결과 창은 여러 번의 분석결과를 하나의 창에서 보여줄 수 있기 때문에 필요한 분석결과 부분을 선택적으로 활용할 수 있어야 합니다.

출력결과(Output Viewer) **창**은 왼쪽부분의 스크롤바를 이용하여 오른쪽 부분의 분석결과를 자유롭게 편집할 수 있다. 왼쪽 스크롤바의 특정부분을 더블클릭하면 오른쪽의 해당하는 분석결과 표가 감춰질 수도 있고, 삭제할 수도 있으며 다양한 형태로 사용자의 목적에 맞게 수정할 수 있습니다.

그림 3 • 출력결과 창

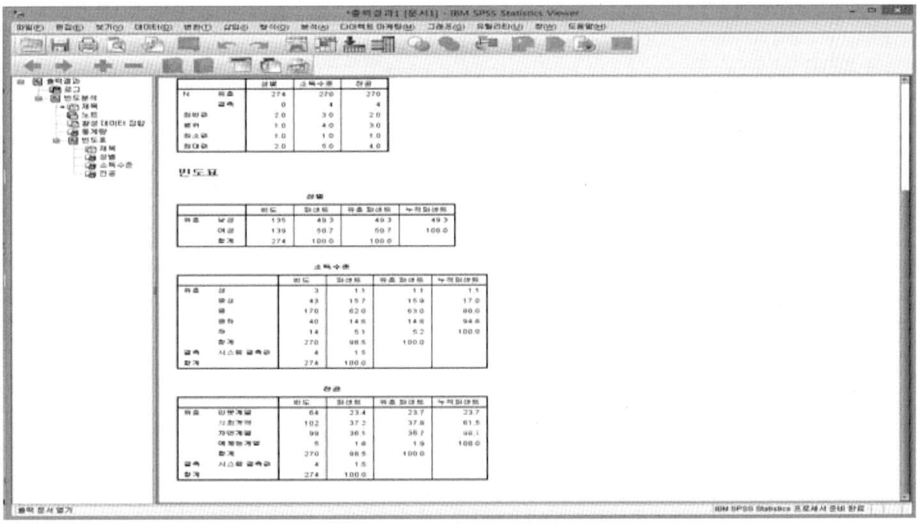

도구상자의 설명

① 파일 열기 : 데이터를 불러올 때 사용
② 파일 저장 : 작업한 내용을 저장
③ 인쇄 : 데이터를 인쇄
④ 대화상자 다시불러오기 : 최근 창에서 작업했던 내용을 실행
⑤ 복구/재실행 : 방금 실행한 내용을 복구하거나 재실행
⑥ 도표로 이동 : 도표편집창을 불러옴.
⑦ 케이스로 이동 : 데이터 편집 창에서 원하는 사례로 이동
⑧ 변수 정보 : 현재 작업중인 변수들의 정보를 제공
⑨ 기술통계량 실행 : 선택된 변수의 기술통계량을 보여줌.
⑩ 찾기 : 원하는 데이터를 찾을 때 사용
⑪ 케이스 삽입
⑫ 변수 삽입
⑬ 파일분할 : 사용자가 지정하는 조건에 따라 데이터 분리
⑭ 가중케이스 : 사용자가 데이터에 일정한 가중치를 부여할 수 있음.
⑮ 케이스 선택 : 원하는 조건식에 맞는 데이터 작성
⑯ 변수값 설명 : 셀에 있는 데이터 내용을 숫자나 문자로 볼 수 있음.
⑰ 변수군 지정 : 변수에 새로운 형태 지정
⑱ 변수표시 : 모든 변수 표기
⑲ 맞춤법 : 맞춤법 검사

국제개발협력사업과 조사연구 및 통계분석

국제개발협력사업은 통상적으로 국내가 아닌 해외의 도움이 필요로 하는 국가에서 시행되는 것이 일반적인 사업의 평가와는 다르다는 측면을 가지고 있지만 원조를 받는 국민 혹은 주민들이 어떠한 생각을 가지고 있고 그러한 생각을 체계적이고 과학적으로 정리하는데 활용될 수 있는 방법이 조사연구 및 통계 프로그램의 활용이라

할 수 있습니다.

국제개발협력사업 혹은 공적개발원조사업(ODA: Official Development Assistance)은 국민세금 혹은 다수의 기부자 후원금을 재원으로 권한을 위임받은 대표자(Agency)가 사업을 추진하고 있습니다. 때문에 사업이 의도하고 목적한대로 추진되었는지 분석하는 것이 매우 중요한 이슈가 되고 있습니다. 통상적으로 비용편익분석, SWOT 분석, 포크스그룹 인터뷰조사, 설문조사 등 다양한 방법으로 국제개발협력 사업의 효과성을 측정할 수 있습니다.

특히 본 교재는 설문조사를 통해서 획득한 자료를 분석함에 있어 통계분석기법을 소개하는 것을 목적으로 하고 있습니다. 또한 국제개발협력 분야에서 일하기를 희망하는 분들에게 좋은 기회가 될 수 있을 것입니다. 왜냐하면 국제 취업시장에서 사업분석 전문가에 대한 수요가 계속 증가하고 있는 반면 이에 대한 공급이 따라가지 못하는 것이 현실이기 때문입니다.

연습문제

1. SPSS(PASW)의 유용성 및 특징을 다시 한번 학습해 봅시다.

2. 다음 설명하는 것과 SPSS의 메뉴를 짝지어 보시오.

편집(E), 보기(V), 데이터(D), 변환(T), 분석(A), 유틸리티(U), 창(W), 변수보기(V) 창

① 주어진 자료의 성질에 따라 그리고 연구자 분석목적에 따라 데이터를 분석할 수 있는 다양한 분석기법을 선택할 수 있는 메뉴 (　　　　　　)
② 입력된 자료의 코딩형식을 변경하거나 새로운 변수로 변환 혹은 변수의 계산, 시계열자료의 생성하는 메뉴 (　　　　　　)
③ 변수에 대한 기본적 정보나 메뉴편집, 변수목록을 제어하거나 새로운 변수 세트를 만들 때 사용하는 메뉴 (　　　　　　)
④ 상태표시줄, 도구모음, 글꼴, 변수값 설명, 변수의 설명 등을 볼 수 있는 메뉴 (　　　　　　)
⑤ 데이터를 잘라내고 복사하고 새로운 변수와 사례(case)를 추가, 옵션에서 설정을 변경할 수 있는 메뉴 (　　　　　　)
⑥ 데이터의 정의, 여러 파일을 하나로 합치거나 나눌 때 특정 사례만을 선택(select if)하여 분석에 사용하도록 지정하는 메뉴 (　　　　　　)
⑦ 입력된 각각의 변수와 변수 값에 대한 설명과 변수의 입력형식 등을 지정, 관리할 수 있는 창
⑧ 데이터 보기, 출력결과 창을 보는 메뉴 (　　　　　　)

3. 다음 내용 중 설명이 틀린 것은?

① SPSS에서 변수의 이름의 사용은 자유롭다.(특수문자, 띄워쓰기 등)
② 변수보기 창의 너비는 변수 값의 기이를 나타낸다.(커서의 이동수)
③ 변수보기 창의 소수점이하자리의 범위는 0~16이다.
④ 변수보기 창의 결측값의 선택치는 결측값 없음, 이산형 결측값, 한 개의 선택적 이산형 결측값을 더한 범위 3가지로 구성되어 있다.
⑤ 변수보기의 측도는 척도, 순서, 명목으로 구성되어 있다.

제2장 자료(data)의 생성방법: 설문조사 자료와 2차 자료의 활용

학습목표

통계(SPSS)분석에 활용되는 자료의 획득 방법은 무엇입니까?

- 데이터(자료)의 원천
  - 연구자의 설문조사(1차 자료), 데이터 구입 및 공공자료의 활용(2차 자료)
- 설문지의 구성원칙과 문항배열 및 설문조사의 자료의 활용
- 2차 자료원 제시하기 : 한국사회과학데이트센터
- 설문조사방법를 이용하는 이유
- 공적개발원조사업 사후분석을 위한 현지주민 설문조사지

우리는 앞 장에서 SPSS 프로그램과 구성요소에 대해서 살펴보았습니다. SPSS 프로그램은 일차적으로 데이터(자료)가 있어야 프로그램이 실행될 수 있기 때문에 자료를 생성하는 것이 일차적으로 필요합니다. 자료는 흔히 설문조사를 통해서 구할 수도 있지만 기존에 조사된 자료를 원 조사자의 허락 하에 사용할 수도 있습니다. 이러한 경우의 데이터를 2차 자료라고 합니다. 사회과학분야의 대표적인 2차 자료는 국내의 경우 KGSS(한국종합사회조사)이며, 국제사회의 대표적인 자료는 World Social Value Survey 자료가 있습니다. 본 교재에서는 공적개발원조(ODA)에 관한 대학생 의식조사를 직접 실시하여 얻은 자료를 사용하였습니다. 연구자가 실제 설문지를 작성하여 자료를 수집하는 것과 2차 자료를 활용하는 경우 장·단점은 있으나 본 교재에서는 이러한 논의보다는 자료를 어떻게 SPSS 프로그램에 입력하여 관리하고 활용하는데 중점을 두었습니다.

자료생성 방법 및 설문조사지(설문지)의 예

실험 : 주로 자연과학의 경우 연구 목적에 부합되는 데이터를 얻기 위해서는 사전에 실험계획에 따라 공정하고 정확한 실험이 이루어지고, 그 결과를 분석 자료로 활용할 수 있습니다.

조사 : 조사는 사회과학에서 흔히 실행하는 것으로 설문조사를 통해서 직접 조사하거나, 우편, 전화 인터넷 등을 이용하여 자료를 수집하여 분석 자료로 활용할 수 있습니다. 이 경우 설문지 작성에 유의해야 하는데, 조사목적에 맞게 필요한 질문 문항을 구성하고 문항의 배열이나 질문형태 등을 고려하여 질문자들이 신뢰하고 편안하게 그리고 정확하게 답변할 수 있도록 질문지가 디자인 되어야 합니다.

데이터 구입 : 2차 자료원으로 직접 실험하거나 조사하지 않고 특정 기관이나 연구소의 데이터를 구입하여 사용할 수도 있다. 예를 들면 한국사회과학데이터센터(www.ksdc.re.kr)에는 여러 기관에서 조사한 자료를 유료로 연구자에게 제공하고 있습니다. 국내·외 다양한 설문자료는 부록에 수록되어 있습니다. 부록을 참조하세요. 그리고 한국사회과학데이터센터에 접속하시면 다양한 실제 자료를 접할 수 있습니다.

다음은 공적개발원조(ODA)에 관한 대학생 의식을 조사하기 위하여 제작된 설문지입니다. 만약 여러분들이 직접 설문을 실시하여 200명의 설문결과를 SPSS 프로그램에서 사용할 수 있는 자료파일(data file)을 만든다고 할 때 설문결과를 입력할 수 있는 방법들은 무엇이 있으며, 설문문항을 구성하고 있는 각각의 변수들의 측정수준은 어떠한지 함께 고민해 봅시다. 다음 장에서 자료입력에 대해 구체적으로 살펴보도록 하겠습니다.

설문지 작성법(Questionnaire Design)

설문조사방법(Survey Research Method)은 자료(data)수집을 위한 조사방법으로 가장 대표적인 조사기법입니다. 설문조사는 조사(연구)대상자에게 연구자가 알아내고자 하는 것을 질문하여 이에 대한 응답을 통해 자료(정보)를 획득하는 방법이다. 연구방법(Research Method)의 일부분으로써 설문조사방법의 특징은 어떤 한 시점 혹은 반복된 시점에서 자료를 수집하는 것으로 측정도구인 설문지(Questionnaire)는 연구자가 알고자 하는 일련의 질문문항(변수)들로 구성되어 있다. 설문지를 작성할 때 고려해야 할 가장 기본적인 사항은 연구자의 입장에서는 조사하고자 하는 정보를 최대한 정확(Validity)하게 측정할 수 있도록 설문지가 설계되어야 하며, 응답자의 입장에서는 편리하게 질문에 응답할 수 있도록 설문지가 설계될 때 훌륭한 설문조사가 될 것이다.

1) 설문을 이용하는 이유

(1) 표준화된 설문지를 이용함으로써 결과의 비교가능성을 높일 수 있다.

(2) 빠른 시간에 핵심적인 정보만을 선별하여 입수할 수 있다.

(3) 비교적 객관적이고, 솔직하고, 정확한 정보를 입수할 수 있다.

2) 연구에서 설문작성이 중요한 이유

연구결과가 잘못되는 가장 큰 이유가 바로 연구에 사용된 측정도구인 설문지가 잘못됨으로써 일어나기 때문이다. 연구결과들 간에 차이가 나타나는 주된 원인을 순서대로 나열하면, 설문의 차이 〉 자료분석 결과의 해석상 차이 〉 표본의 차이 〉 통계적 분석의 차이 〉 결과 해석상 차이 순이다.

3) 설문작성 절차

(1) 필요한 정보의 규명 : 가설검증을 위해서 측정해야 할 개념(변수)이나 현상의 서술을 위해서 필요한 속성들을 규명한다. 정보내용 뿐만 아니라 어느 정도 정확한 정보를 얻어야 하는지도 결정해야 한다.

(2) 자료수집방법의 결정 : 우편, 전화, 면접 등과 같이 어떠한 자료수집방법을 이용할 것인지를 결정하여야만이 설문지의 형식, 양, 표현방식 등을 결정할 수 있다.

(3) 설문문항 내용의 결정 : 필요한 개념(변수)을 측정하기 위해서 어떠한 내용의 문항이 포함되어야 할 것인지를 결정하여야 한다. 예를 들어 여행지 선택 영향요인을 측정하고자 할 때 여행지 선택에 영향을 미치는 구체적인 내용을 포함하여야 한다. 다시 말해 자연적 요인(기후, 자연경관), 경제적 요인(여행경비, 여행지 물가), 교육적 요인(문화유적, 언어), 인지적 요인(안전성, 청결도, 친숙함) 등을 질문 내용으로 포함할 수 있을 것이다.

(4) 질문형식의 결정 : 내용이 결정되면 응답형식을 개방식으로 할 것인지, 폐쇄식

의 선다형으로 할 것인지를 결정하여야 한다.

(5) 문항의 표현 : 문항의 표현을 명확하게 하여 완결한다.

(6) 문항의 순서 : 문항의 순서는 응답하기 쉬우면서도 솔직한 응답을 할 수 있도록 배열한다.

(7) 사전조사의 실시 : 최종 설문을 완성하기 전에 소규모의 사전조사를 실시하여 잘못된 문항을 수정하거나 삭제, 추가, 순서의 교정을 한다.

(8) 설문의 인쇄

4) 설문문항 내용의 결정 기준

(1) 꼭 필요한 내용인가? : 불필요한 내용은 시간과 비용의 낭비를 가져오고 응답상의 부담을 주어 중요한 내용에 대한 응답상의 신뢰도가 떨어질 수 있다. 따라서 가능한 필요한 내용만을 선별하여 설문지 분량을 줄여야 한다.

(2) 한 문항으로 충분한가? : 특정 개념을 측정하기 위해서 하나의 문항으로 불충분한 경우에는 복수의 문항으로 질문할 필요가 있다(추상적 개념을 측정하는 경우).

(3) 응답자가 요구하는 정보를 알고 있을까? : 응답자가 잘 모르는 내용은 질문해서는 안된다. 잘 모르는 경우 엉뚱한 응답을 할 가능성이 높기 때문이다.

(4) 응답을 하는데 많은 노력이 필요하지 않을까? : 응답자가 정보를 가지고 있더라도 응답을 하기 위해서 시간적으로 많은 노력이 필요하면 응답을 회피하거나 무성의한 응답을 할 가능성이 높다.

(5) 응답을 정확히 할 수 있을까? : 정보를 제공하는데 위의 문제들은 없으나 정확히 응답할 수가 없는 경우가 있다. 따라서 응답자의 특성에 따라 정확도를 잘 조정하여야 한다.

5) 질문형식(응답형식)

(1) 개방형 질문(Open-ended question) : 개방형 질문이란 질적조사의 한 형태로 응답에 대한 특정 구조를 제시하지 않고 응답자가 자유롭게 응답할 수 있는 질문형식이다. **개방형질문**은 응답자가 직접 자신의 응답 내용을 응답지에 서술(제시)하는 형식으로, 응답자의 의견, 태도, 동기 등에 대하여 보다 심층적이며

확실하고 정확한 대답을 끄집어 낼 수 있고, 질문 자체에 융통성을 부여할 수 있어 새로운 사실을 발견할 가능성이 있다는 장점이 있다. 그러나 개방형질문의 단점은 응답의 해석에 편견이 개입될 소지가 많고, 응답하는데 많은 심적 부담을 준다는 것이다. 또 폐쇄형질문보다 시간이 많이 걸리고, 표현능력이 부족한 응답자에게 적용하는 데에는 애로점이 있다는 문제점도 있다.

[개방형질문의 예]

1) 귀하가 여행을 떠나고자 할 때 가장 애로사항은 무엇입니까? 자유롭게 기술해 주세요.

2) 지난번 여행에서 귀하가 지출한 여행경비는 모두 얼마입니까?((만) 원)

3) 당신의 월평균 소득은 얼마입니까? ((만) 원)

(2) 폐쇄형 질문(Closed-ended question) : 폐쇄형 질문이란 연구자가 제시한 질문에서 응답자가 응답항목을 선택하도록 하는 질문형식이다. 여기에는 선택형, 등급형, 서열형 등 크게 3가지 양식의 질문이 있다. **폐쇄형질문**은 조사자가 제시한 보기에서 응답자의 생각과 가장 비슷한 답을 선택하는 형식의 질문으로 응답의 처리가 용이하고 측정에 통일성을 기할 수 있어 신뢰성을 높일 수 있으며, 또 응답의 해석이 쉽고 코딩(coding)이 자동적으로 된다는 점에서 응답결과를 분석자료로 그대로 이용할 수 있고, 중대규모의 계량적 조사에 용이하다. 단점은 응답자의 의견이 충분하게 반영되지 않을 수도 있다는 것이다.

① 선택형 양식 : 선택형 양식에는 양자택일형(예-아니오, 찬성-반대)과 다중택일형(세 개 이상의 항목 중에서 하나를 선택)이 있다.

② 등급형 양식 : 등급형 양식은 주어진 질문에 대한 응답의 강도(매우 찬성-찬성-보통-반대-매우 반대)를 나타낼 수 있게 구성된 양식이다.

③ 순위형 양식 : 순위형 양식은 응답자들이 중요하다고 생각하는 정도나 좋아하는 정도를 알고자 할 때 사용되는 양식이다. 즉 여러 개의 항목들을 1순위, 2순위 등과 같이 순위를 매기도록 하는 방식이다.

[폐쇄형질문의 예]

1) 귀하의 **학년**은? ① 1학년 ② 2학년 ③ 3학년 ④ 4학년

2) 귀 가정의 **소득** 수준은? ① 상 ② 중상 ③ 중 ④ 중하 ⑤ 하

3) 귀하는 "인류의 공동번영" 이 우리 모두의 **책임**이라고 한다면 얼마나 동의하십니까?
① 매우 반대 ② 반대 ③ 보통 ④ 동의 ⑤ 매우 동의

6) 설문문항의 배열 요령

(1) 오리엔테이션 질문을 가장 먼저 배열한다 : 설문의 의도와 내용이 무엇인지를 대략적으로 전달하고 응답자 관심을 모으는데 초점을 둔 질문이다.

(2) 가장 흥미 있는 문항을 앞부분에 배열한다 : 처음부터 지루함을 느끼거나 어렵다고 느끼면 응답을 거부할 가능성이 높기 때문이다.

(3) 어렵고 지루한 질문은 설문의 가운데 부분에 배열한다 : 이미 어느 정도 응답을 한 상태이므로 조금 지루하더라도 계속 응답을 할 가능성이 높기 때문이다.

(4) 질문내용이 심각하거나 민감한 내용은 뒷부분에 배열한다 : 심각한 내용은 다음의 문항들에 대해 영향을 강하게 미칠 가능성이 크므로 되도록 뒷부분에 배치함으로써 그 영향을 방지하는 것이 좋다.

(5) 인구통계학적 배경질문이나 경제상태에 관한 질문은 맨 뒤에 배열한다 : 개인적인 문제를 먼저 물으면 응답에 대한 불안감을 주고, 자존심을 상하게 할 우려가 있다.

(6) 질문내용의 범위가 넓은 질문에서 범위가 좁은 질문 순으로 배열한다 : 사고의 논리적인 연결이 가능하여 응답을 쉽게 해주기 때문이다.

(7) 다음 문항에 미칠 영향을 고려하여 배열순서를 결정한다.

7) 질문의 표현 요령

(1) 질문이 명확해야 한다.

(2) 이중 질문을 피해야 한다.

(3) 응답자의 능력을 고려해야 한다.

(4) 부정적인 문항은 피해야 한다.

(5) 유도질문이나 편의(biased)가 섞인 용어를 피해야 한다.

(6) 질문은 짧을수록 좋고, 서술은 간결해야 한다.

8) 사전조사시 관심을 두어야 할 사항

(아래의 문제가 왜 발생하는지 그 이유를 규명하여 개선하여야 한다.)

(1) 연구자가 의도하는 내용이 응답자에게 충분히 전달되고 있는가?

(2) 응답항목이 빠져있지는 않은가?

(3) 연구자가 사용하고 있는 용어들이 응답자에게 생소하지 않은가?

(4) 응답을 회피하는 문항은 없는가?

(5) 사전조사에 참여한 응답자들이 모집단을 대표할 수 있는가?

<설문지 샘플>

> **공적개발원조(ODA)에 관한 대학생 인식조사**
>
> 본 조사는 우리나라가 저개발국가의 발전을 유도하고, 빈곤으로부터 벗어나도록 도와주는 공적개발원조(ODA) 사업에 대한 대학생들의 이해정도를 측정하고 ODA에 대한 대학생들의 태도와 참여정도를 조사하기 위한 설문조사입니다. 본 조사의 결과는 ODA 사업의 바람직한 방향모색과 정책수립을 위한 기본 자료로 활용되며, 학술적 연구를 위한 통계분석 목적 이외에는 절대 사용되지 않음을 알려 드립니다.
>
> 응답자 여러분의 성실한 답변을 부탁드립니다. 감사합니다.
>
> 2014. 3. 10
>
> **조사책임자 : 이 양 수 영남대학교 지역및복지행정학과 교수**
>
> 연락처 : yiys@yu.ac.kr, 053-810-2685

※ 응답자의 일반적 특성

1. 귀하의 성별은? ① 남성 ② 여성
2. 귀하의 출생년도는 ? (　　　　　　년)
3. 귀하의 학년은? ① 1학년 ② 2학년 ③ 3학년 ④ 4학년
4. 귀 가정의 소득 수준은? ① 상 ② 중상 ③ 중 ④ 중하 ⑤ 하
5. 귀하의 학문 영역은? ① 인문계열 ② 사회계열 ③ 자연계열 ④ 예·체능계열

1. 귀하는 "인류의 공동번영"이 우리 모두의 책임이라고 한다면 얼마나 동의하시겠습니까?

   ① 매우 반대 ② 반대 ③ 보통 ④ 동의 ⑤ 매우 동의

2. 귀하는 우리정부의 공적개발원조 현황을 얼마나 잘 알고 있습니까?

   ① 전혀 모른다 ② 모른다 ③ 보통 ④ 잘 안다 ⑤ 매우 잘 안다

3. 귀하는 공적개발원조예산이 계속 증액되는 것을 얼마나 잘 알고 있습니까?

   ① 전혀 모른다 ② 모른다 ③ 보통 ④ 잘 안다 ⑤ 매우 잘 안다

4. 귀하는 공적개발원조가 한국정부의 국제사회 위상제고에 얼마나 도움이 된다고 생각하십니까?

① 전혀 중요하지 않음 ② 중요하지 않음 ③ 보통 ④ 중요 ⑤ 매우 중요

5. 귀하는 지구촌 빈곤퇴치에 동참하는 것을 우리의 도덕적 의무라고 생각하십니까?

① 매우 반대 ② 반대 ③ 보통 ④ 동의 ⑤ 매우 동의

6. 귀하의 부모님이 남을 도와주는 것에 얼마나 동의하십니까?"

① 매우 반대 ② 반대 ③ 보통 ④ 동의 ⑤ 매우 동의

7. 귀하는 주위에 어려운 사람들을 위하여 얼마나 적극적으로 자신을 희생할 수 있습니까?"

① 매우 소극 ② 소극 ③ 보통 ④ 적극 ⑤ 매우 적극

8. 다음은 공적개발원조 활동에 참여하고자 할 때 여러분들의 참여를 어렵게 하는 항목입니다. 귀하의 경우 아래의 항목에 얼마나 동의하십니까?

해외 현지의 열악한 생활환경	① 매우 반대 ② 반대 ③ 보통 ④ 동의 ⑤ 매우 동의
언어소통의 불편	① 매우 반대 ② 반대 ③ 보통 ④ 동의 ⑤ 매우 동의
여유시간의 부족	① 매우 반대 ② 반대 ③ 보통 ④ 동의 ⑤ 매우 동의
금전적 어려움	① 매우 반대 ② 반대 ③ 보통 ④ 동의 ⑤ 매우 동의
참여기회의 부족	① 매우 반대 ② 반대 ③ 보통 ④ 동의 ⑤ 매우 동의
기 타	( )

9. 귀하는 개도국에서 추진되고 있는 우리정부의 공적개발원조 사업을 어떻게 평가하십니까?

① 매우 비효율적 ② 비효율적 ③ 보통 ④ 효율적 ⑤ 매우 효율적

10. 다음은 공적개발원조(ODA)에 대한 귀하의 일반적인 태도를 측정하는 질문입니다.

※ 다음의 각각 질문을 읽고 해당하시는 번호를 기입해 주세요.

① 매우 반대 ② 반대 ③ 보통 ④ 동의 ⑤ 매우 동의

해외 공적개발원조에 사용되는 예산은 우리나라를 위해서 사용되어야 한다.	( )
공적개발원조는 개발도상국의 부정부패 때문에 도움이 되지 않을 것이다.	( )
우리정부만의 노력으로 지구촌 빈곤문제를 해결하는 것은 한계가 있을 것이다.	( )
후진국을 위한 우리정부의 공적개발원조는 예산 낭비라고 생각한다.	( )

11. 귀하는 우리정부의 공적개발원조 정책을 얼마나 지지하십니까?

① 매우 반대 ② 반대 ③ 보통 ④ 지지 ⑤ 매우 지지

12. 현재 유상원조(기획재정부, 대외경제협력기금)와 무상원조(외교통상부, 한국국제협력단)로 나뉘어 추진되고 있는 우리나라 공적개발원조 형식 중, 귀하가 바람직하다고 생각하시는 원조의 형식은 무엇입니까? (해당하는 곳에 ✓표 해주세요)

① 무상원조 (　　)　　② 유상원조 (　　)　　③ 모름(　　)

13. 다음은 우리정부가 추진하고 있는 무상 공적개발원조의 종류입니다. 귀하는 아래의 사업들에 대해서 얼마나 잘 알고 있는지 그 정도를 ✓ 표시해 주십시오.

사업종류	① 전혀 모름	--------------------------			매우 잘앎 ⑤
농촌개발지원	①	②	③	④	⑤
본건·의료지원	①	②	③	④	⑤
환경보호지원	①	②	③	④	⑤
교육지원	①	②	③	④	⑤
산업에너지	①	②	③	④	⑤
공공행정	①	②	③	④	⑤

14. 귀하는 공적개발원조 활동에 참여할 의지는 얼마나 됩니까?

① 절대 불참　② 불참 ③ 보통 ④ 참여 ⑤ 적극 참여

15. 귀하는 한국국제개발협력단(KOICA)의 원조활동에 참여할 의지는 얼마나 됩니까?

① 절대 불참　② 불참 ③ 보통 ④ 참여 ⑤ 적극 참여

16. 귀하는 국제기구의 원조활동에 참여할 의지는 얼마나 됩니까?

① 절대 불참　② 불참 ③ 보통 ④ 참여 ⑤ 적극 참여

※ 여러분에게 아시아 최빈국, 아프리카 오지 등 어려운 환경에서 공적개발원조 봉사활동의 기회가 부여될 때,

17. 귀하는 원조활동을 위해 <u>금전적 부담</u>을 하시겠습니까?
① 전혀 안함 ② 별로 안함 ③ 보통 ④ 약간 함 ⑤ 많이 함

18. 귀하는 원조활동을 위해 <u>재능기부</u>를 하시겠습니까?
① 전혀 안함 ② 별로 안함 ③ 보통 ④ 약간 함 ⑤ 많이 함

19. 귀하는 원조활동을 위해 <u>노력(동)봉사</u>를 하시겠습니까?
① 전혀 안함 ② 별로 안함 ③ 보통 ④ 약간 함 ⑤ 많이 함

〈설문지 샘플〉 르완다 농촌개발사업 사후평가를 위한 설문지

본 설문조사는 2011년 12월 ~ 2013년 9월까지 농어촌공사에서 발주하고 강원대학교에서 사업을 집행한 르완다 모고벨리(Mwogo Valley, Nyamagabe District, Southern Province, Rwanda)사업의 사후평가를 위한 설문조사의 질문입니다.

I. 사업의 적절성에 관한 질문

1. 귀하께서는 본 사업이 마을의 수요에 얼마나 적절하게 대응했다고 생각하십니까

매우 낮음	낮음	보 통	높음	매우 높음
(1)______	(2)______	(3)______	(4)______	(5)______

2. 귀하께서는 모고벨리 사업이 귀하의 지역에 얼마나 적절한 사업이라고 생각하십니까?

매우 낮음	낮음	보 통	높음	매우 높음
(1)______	(2)______	(3)______	(4)______	(5)______

3. 귀하께서는 주민들의 수준과 비교할 때 본 사업의 내용들이 얼마나 적절하게 선정되었다고 생각하십니까?

매우 낮음	낮음	보 통	높음	매우 높음
(1)______	(2)______	(3)______	(4)______	(5)______

II. 사업의 효율성에 관한 질문

1. 귀하께서는 아래의 사업들이 그 목표를 얼마나 달성하였다고 생각하십니까? (만약, 귀 마을에 해당 사업이 없으면 N/A 표기 해주세요).

매우 낮음	낮음	보 통	높음	매우 높음
(1)______	(2)______	(3)______	(4)______	(5)______

1-1. 양어장 사업 (　　　　　　)
1-2. 양잠사업 (　　　　　)
1-3. 양계사업 (　　　　　)
1-4. 교육 프로그램 (　　　　　　)

2. 귀하께서는 아래의 사항들이 귀하의 지역사회에서 얼마나 효과적으로 추진되었다고 생각하십니까?

매우 낮음 낮음 보 통 높음 매우 높음

(1)______ (2)______ (3)______ (4)______ (5)______

2-1. 주민의 수요조사 (　　　　　)

2-2. 사업의 우선순위 결정 (　　　　　)

2-3. 사업내용의 결정 (　　　　　)

2-4. 사업추진에 있어 주민참여 정도 (　　　　　)

2-5. 주민과 공무원의 상호교류 정도 (　　　　　)

III. 사업의 효과성에 관한 질문

1. 귀하께서는 본 사업이 계획한 목표를 얼마나 달성했다고 생각하십니까?

매우 낮음 낮음 보 통 높음 매우 높음

(1)______ (2)______ (3)______ (4)______ (5)______

2. 귀하께서는 본 사업에 정부는 얼마나 효과적으로 기여했다고 생각하십니까?

매우 낮음 낮음 보 통 높음 매우 높음

(1)______ (2)______ (3)______ (4)______ (5)______

3. 귀하께서는 본 사업이 아래의 사항에 얼마나 효과적으로 영향을 미쳤다고 생각하십니까?

매우 낮음 낮음 보 통 높음 매우 높음

(1)______ (2)______ (3)______ (4)______ (5)______

2-1. 주민의 의식증진 (　　　　　)

2-2. 농촌의 빈곤완화 (　　　　　)

2-3. 협력정신의 증진 (　　　　　)

2-4. 식량안보의 증진 (　　　　　)

2-5. 영양분 공급 증진 (　　　　　)

2-6. 소득증대 (　　　　　)

Ⅳ. 사업의 영향력에 관한 질문

1. 귀하께서는 본 사업들이 마을 발전에 얼마나 영향을 미쳤다고 생각하십니까?

매우 낮음　낮음　보 통　높음　매우 높음

(1)______ (2)______ (3)______ (4)______ (5)______

2. 귀하께서는 본 사업의 업적들이 다른 군이나 마을에 얼마나 전파 혹은 전수될 필요가 있다고 생각하십니까?

매우 낮음　낮음　보 통　높음　매우 높음

(1)______ (2)______ (3)______ (4)______ (5)______

3. 귀하께서는 본 사업의 경험을 통해서 아래의 변화에 얼마나 영향을 받았다고 생각하십니까?

매우 낮음　낮음　보 통　높음　매우 높음

(1)______ (2)______ (3)______ (4)______ (5)______

3-1. 영농기술이나 영농법 (　　　　　　)

3-2. 영농활동에 대한 태도 (　　　　　　)

V. 사업의 지속가능성에 관한 질문

1. 귀하께서는 본 사업을 다른 마을에 적용하라고 어느 정도 권 하겠습니까?

매우 낮음　낮음　보 통　높음　매우 높음

(1)______ (2)______ (3)______ (4)______ (5)______

2. 귀하께서는 본 모고벨리사업이 얼마나 잘 유지, 관리되고 있다고 생각하십니까?

매우 낮음　낮음　보 통　높음　매우 높음

(1)______ (2)______ (3)______ (4)______ (5)______

3. 종합적으로, 귀하께서는 본 사업에 대해 얼마나 만족하고 계십니까?

매우 낮음　낮음　보 통　높음　매우 높음

(1)______ (2)______ (3)______ (4)______ (5)______

VI. 기타

1. 전반적으로, 귀하께서는 모고벨리 사업과 관련하여 아래의 항목에 얼마나 만족하십니까?

< 응답종류>

① 매우불만 ②불만 ③보 통 ④ 만족 ⑤ 매우만족

1-1	전체 사업비의 규모	① ② ③ ④ ⑤
1-2	사업의 구성요소	① ② ③ ④ ⑤
1-3	수요조사	① ② ③ ④ ⑤
1-4	양어사업의 내용	① ② ③ ④ ⑤
1-5	양잠사업의 내용	① ② ③ ④ ⑤
1-6	양계사업의 내용	① ② ③ ④ ⑤
1-7	전문가의 컨설팅내용	① ② ③ ④ ⑤
1-8	평가 및 감독체계	① ② ③ ④ ⑤
1-9	중앙정부의 지원	① ② ③ ④ ⑤
1-10	지방정부의 지원	① ② ③ ④ ⑤
1-11	성과에 대한 홍보활동(군 단위)	① ② ③ ④ ⑤

2. 본 사업은 여성 참여가 얼마나 우호적이라 생각하십니까?

매우 부족 **부족** **보 통** **양호** **매우 양호**

(1)______ (2)______ (3)______ (4)______ (5)______

3. 본 사업은 환경보호에 얼마나 우호적이라 생각하십니까?

매우 부족 **부족** **보 통** **양호** **매우 양호**

(1)______ (2)______ (3)______ (4)______ (5)______

VII. 응답자의 일반적 사항

1. 성별: ① 남 ② 여

2. 나이: ___________

3. 귀하의 거주지

4. 교육수준

(1) 대학이상 (2) 고등학교 졸 (3) 중학교 졸 (4) 초등학교 졸 (5) 무학

5. 마을 거주기간: ___________년

6. 귀하의 월 평균 소득수준

Average Household Income	2011	2012	2013
Below 30,000 RWF			
30,001 ~ 80,000 RWF			
80,001 ~ 100,000 RWF			
100,001 ~ 200,000 RWF			
200,001 ~ 500,000 RWF			

Uru rutonde rw'ibibazo rugenewe gukora igenzura ry'uburyo Umushinga witiriwe Mwogo Valley wakozwe ku buhinzi n'ubworozi, uri mu Karere ka Nyamagabe, intara y' Amajyepfo, wagenze. Ukaba warashizwe mu bikorwa kuva muri Ukuboza 2011, kugera Nzeli 2013. Tukaba tubijeje ko ibisubizo muri budusubize ntahandi bizakoreshwa atari muri iri barura. Murakoze.(Rwanda)

I. Ibibazo bisuzuma isano ibikorwa by'uyu mushinga bifite kuri gace mutuyemo

1. Wumva ari kruhe rwego uyu mushinga ukemura ibibazo mufite muri aka gace?

Hasi cyane	Hasi	Biringaniye	Hejuru	Hejuru cyane
(1)______	(2)______	(3)______	(4)______	(5)______

2. Wumva ari ku ruhe rwego umushinga 'Mwogo valley project' wari ukenewe muri aka gace?

Hasi cyane	Hasi	Biringaniye	Hejuru	Hejuru cyane
(1)______	(2)______	(3)______	(4)______	(5)______

3. Wumva ari ku ruhe rwego ingamba z'ibikorwa by'uyu mushinga byari bijyanye n'ubushobozi bw'abaturage?

Hasi cyane	Hasi	Biringaniye	Hejuru	Hejuru cyane
(1)______	(2)______	(3)______	(4)______	(5)______

II. Ibibazo bisuzuma niba Umushinga warakozwe neza

1. Wumva iyi mishinga ikurikira uburyo yariteganyijwe yaragezweho kuruhe rwego muri aka gace? Niba nta mushinga washizwe mu bikorwa; andika N/A ().

Hasi cyane	Hasi	Biringaniye	Hejuru	Hejuru cyane
(1)______	(2)______	(3)______	(4)______	(5)______

1-1. Umushinga w'ubworozi bw'amafi (   )

1-2. Umushinga w'ubworozi bw'iboberi (   )

1-4. Gahunda y' uburezi n'amahugurwa (   )

2. Wumva ari kuruhe rwego, ibi bikurikira byashyizwe mu bikorwa muri aka gace?

Hasi cyane	Hasi	Biringaniye	Hejuru	Hejuru cyane
(1)______	(2)______	(3)______	(4)______	(5)______

2-1. Isesengura ry'ibibazo by'umuturage (   )

2-2. Gutondeka ibibazo hakurikijwe ibyihutirwa kurusha ibindi (   )

2-3. Gushyiraho ibikorwa by'umushinga (   )

2-4. Ubwitabire bw' abaturage mu ishyirwa mu bikorwa (   )

2-5. Imikoranire hagati y'abaturage nabakozi b' uyu mushinga (   )

III. Ibibazo bisuzuma niba Umushinga wararangiye uko waruteganyijwe.

1. Wumva ari kuruhe rwego uyu mushinga warageze kungamba zawo nkuko byari byarateganyijwe?

Hasi cyane	Hasi	Biringaniye	Hejuru	Hejuru cyane
(1)______	(2)______	(3)______	(4)______	(5)______

2. Wumva ari kuruhe rwego gukorana nabakozi ba leta kur'uyu mushinga byafashishije mukugera ku ngamba zateganyijwe?

Hasi cyane	Hasi	Biringaniye	Hejuru	Hejuru cyane
(1)______	(2)______	(3)______	(4)______	(5)______

3. Wumva ari kuruhe rwego uyu mushinga wafashije kugera kuri ibi bikurikira?

Hasi cyane	Hasi	Biringaniye	Hejuru	Hejuru cyane
(1)______	(2)______	(3)______	(4)______	(5)______

3-1. Guhwitura abaturage (   )

3-2. Kurandura ubukene mu cyaroAlleviation of rural poverty (   )

3-3. Guteza imbere ishyaka ry' imikoranire (   )

2-4. Guteza imbere ukwihaza mu biribwa (   )

2-5. Guteza imbere imirire ihamye (   )

2-6. Kongera umutungo (   )

IV. Ibibazo bisuzuma impinduka Umushinga wazanye.

1. Wumva ari ku ruhe rugero ibyo umushinga wagezeho byagize uruhare ku iterambere mu muryango wawe?

Hasi cyane	Hasi	Biringaniye	Hejuru	Hejuru cyane
(1)______	(2)______	(3)______	(4)______	(5)______

2. Wumve ari ku ruhe rugero ibyo uyu mushinga wabagejejeho byakwirakwizwa mu tundi duce muturanye/ abandi baturage?

Hasi cyane	Hasi	Biringaniye	Hejuru	Hejuru cyane
(1)______	(2)______	(3)______	(4)______	(5)______

3. Igihe mu maze mu mushinga mubona ibi bikurikira byarahindutse ku ruhe rugero?

Hasi cyane	Hasi	Biringaniye	Hejuru	Hejuru cyane
(1)______	(2)______	(3)______	(4)______	(5)______

3-1. Ubumenyi n' ikoranabuhanga mu buhinzi)

3-2. Mu myumvire n'imikorere mu bijyanye nibikorwa by'ubuhinzi ( )

V. Ibibazo bisuzuma uburambe bw'umushinga

1. Wumva ari kuruhe rugero wakangurira abatari mu mushinga ko bawutangize mu gace batuyemo?

Hasi cyane	Hasi	Biringaniye	Hejuru	Hejuru cyane
(1)______	(2)______	(3)______	(4)______	(5)______

2. Wumva ari ku ruhe rwego ibikorwa by'umushinga bifashwe ubu?

Hasi cyane	Hasi	Biringaniye	Hejuru	Hejuru cyane
(1)______	(2)______	(3)______	(4)______	(5)______

3. Byumwihariko, ni kuruhe rwego wumva unyuzwe n'ibikorwa umushinga wabagejejeho?

Hasi cyane	Hasi	Biringaniye	Hejuru	Hejuru cyane
(1)	(2)	(3)	(4)	(5)

VI. Ibindi bibazo

1. Dushingiye ku byo muri buze kudusubiza, ni ku ruhe rugero mwishimiye ibi bikurikira ku mushinga 'Mwogo Valley Project''

< Ibisubizo mu byiciro >

ıbyishimiye na gato ②Ntitubyishimiye ③mu rugendo ④Turabyishimiye ⑤Turabyishimiye

1-1	Umubare wose w'amafaranga yagenewe umushinga	① ② ③ ④ ⑤
1-2	Ibigize umushinga (ibikorwa)	① ② ③ ④ ⑤
1-3	Isesengura ry'ibikenewe gukorwa mu mushinga	① ② ③ ④ ⑤
1-4	Ubwoko bw'ibikorwa biri mu bworozi bw'amafi	① ② ③ ④ ⑤
1-5	Ubwoko bw'ibikorwa biri mu bworozi bw'iboberi	① ② ③ ④ ⑤
1-6	Ubwoko bw'ibikorwa biri mu bworozi bw'inkoko	① ② ③ ④ ⑤
1-7	Ibikorwa by'ubujyanama bw'impuguke	① ② ③ ④ ⑤
1-8	Ibikorwa by'ubugenzunzi n'Isuzuma	① ② ③ ④ ⑤
1-9	Ubwunganizi bw' inzego za Leta	① ② ③ ④ ⑤
1-10	Ikurikizwa ry'amabwiriza mwahawe n'inzego za Leta (abajyanama b'ubuhinzi)	① ② ③ ④ ⑤
1-11	Iyamamaza ry'ibikorwa by'umushinga mukarere	① ② ③ ④ ⑤

2. Ese wumva uyu mushinga witaye mu guteza imbere umugore muri aka gace?

Hasi cyane Hasi Biringaniye Hejuru Hejuru cyane

(1)______ (2)______ (3)______ (4)______ (5)______

3. Ese uyu mushinga witaye mu kubungabunga neza ibidukikije muri aka gace?

Hasi cyane Hasi Biringaniye Hejuru Hejuru cyane

VII. Respondent's Background

1. Igitsina: ① Gabo ② Gore

2. Imyaka y'amavuko: ____________

3. Izina ry'umudugudu ____________

4. Amashuri : Educational Background (shyiraho akamenyetso)

(1) Kaminuza icyiciro cya mbere cyangwa icyakabiri ………

(2) Amashuri yisumbuye icyiciro cya kabiri ………

(3) Amashuri yisumbuye icyiciro kibanza………

(4) amashuli abanza ………

(5) nta mashuri yize………

5. Igihe watuye muri uyu mudugu (Uzuza umubare m'imyaka) ________years

7. Ikigereranyo cy'amafaranga buri rugo rwaba rwinjiza ku kwezi kuva 2011 kugera 2013.

Ikigereranyo cy'amafranga urugo rwinjiza	2011	2012	2013
Ari munsi ya 50,000 RWF			
Kuva kuri 50,001 kugera 100,000 RWF			
Kuva kuri 100,001 kugera 200,000 RWF			
Kuva kuri 200,001 kugera 300,000 RWF			
Kuva kuri 1,000,000 kugera 2,000,000 RWF			
Kuva kuri 200,001 kugera 300,000 RWF			
Kuva kuri 3,000,001 RWF kuzamura			

Questionnaire For the AHP (Analytic Hierarchy Process: 계층분석과정)

Saemaul development decision support using the AHP

[Specification to the Items]

Project	Project category	Example project
Welfare & Environment Project	Housing Condition	housing improvement, renovation of housing facility, sewage system upgrade/construction, maintenance of community layout
	Sanitation	small water supply system, sanitized wells, health care center, general hospital
	Communal Facility	village center, warehouse, communal stores, daycare center
Production Infrastructure Project	Road Networks	village road, farm road, small bridge, transportation
	Agricultural Structure	arrangement of farm fields, (traditional small)irrigation system, mechanized farming
	Electricity & Telecommunication	electricity supply system, telephone
Income generation project	Increased Productivity	fertilizer production, time-limited farming, cooperative farming, wage paying project
	Recursive Investment	streamlining of small rivers, beautification of land, clean up of creeks, tree nursery
	Saemaul Factory	community business, construction of Saemaul factory, craft-work
Capacity-building & Attitudinal Change Project	Saemaul Training	Saemaul leader · village leader training camp, villager education program, model village case study, group discussion
	Agriculture Training	farming techniques, farm machinery training
	Establish & Operation Saemaul school	regular Saemaul school, regular Saemaul class
	Production of Saemaul PR material	movie, monthly magazine, Saemaul symbol, Saemaul day

[Example] How to answer the question.

For example, it is considered to be **strong importance** of **Welfare & Environment Project** between "Welfare & Environment Project" and "Production Infrastructure Projects", so place a mark under the corresponding importance degree like below.

※ Please make only one mark for each question.

standard	important ←							equally						→ important				standard
Welfare & Environment Project	9	8	7	6	(5)	4	3	2	1	2	3	4	5	6	7	8	9	Production Infrastructure Project
Income generation project	9	8	7	6	5	4	3	2	1	2	3	4	5	6	7	(8)	9	Capacity-building & Attitudinal Change Project

[Standard of Importance intensity]

Below the scales of importance intensity for evaluating.

Importance	Definition
1	equal importance
3	moderate importance
5	strong importance
7	very strong importance
9	absolute importance
2,4,6,8	importance degrees are in the middle of above scales

Ⅰ. Priority of Saemaul development project sector

No.	standard	important ← equally → important																	standard
1	Welfare & Environment Project	9	8	7	6	5	4	3	2	1	2	3	4	5	6	7	8	9	Production Infrastructure Project
2	Welfare & Environment Project	9	8	7	6	5	4	3	2	1	2	3	4	5	6	7	8	9	Income generation project
3	Welfare & Environment Project	9	8	7	6	5	4	3	2	1	2	3	4	5	6	7	8	9	Capacity-building & Attitudinal Change Project
4	Production Infrastructure Project	9	8	7	6	5	4	3	2	1	2	3	4	5	6	7	8	9	Income generation project
5	Production Infrastructure Project	9	8	7	6	5	4	3	2	1	2	3	4	5	6	7	8	9	Capacity-building & Attitudinal Change Project
6	Income generation project	9	8	7	6	5	4	3	2	1	2	3	4	5	6	7	8	9	Capacity-building & Attitudinal Change Project

Ⅱ. Priority of welfare & Environment projects

No.	standard	important ← equally → important																	standard
7	Housing Condition	9	8	7	6	5	4	3	2	1	2	3	4	5	6	7	8	9	Sanitation
8	Housing Condition	9	8	7	6	5	4	3	2	1	2	3	4	5	6	7	8	9	Communal Facility
9	Sanitation	9	8	7	6	5	4	3	2	1	2	3	4	5	6	7	8	9	Communal Facility

Ⅲ. Priority of Production Infrastructure Project

No.	standard	important ← equally → important																	standard
10	Road Networks	9	8	7	6	5	4	3	2	1	2	3	4	5	6	7	8	9	Agricultural Structure
11	Road Networks	9	8	7	6	5	4	3	2	1	2	3	4	5	6	7	8	9	Electricity & Telecommunication
12	Agricultural Structure	9	8	7	6	5	4	3	2	1	2	3	4	5	6	7	8	9	Electricity & Telecommunication

Ⅳ. Priority of Income generation project

No.	standard	important ←							equally							→ important		standard
13	Increased Productivity	9	8	7	6	5	4	3	2	1	2	3	4	5	6	7	8	9	Recursive Investment
14	Increased Productivity	9	8	7	6	5	4	3	2	1	2	3	4	5	6	7	8	9	Saemaul Factory
15	Recursive Investment	9	8	7	6	5	4	3	2	1	2	3	4	5	6	7	8	9	Saemaul Factory

Ⅴ. Priority of Capacity-building & Attitudinal Change Project

No.	standard	important ←							equally							→ important		standard
16	Saemaul Training	9	8	7	6	5	4	3	2	1	2	3	4	5	6	7	8	9	Agriculture Training
17	Saemaul Training	9	8	7	6	5	4	3	2	1	2	3	4	5	6	7	8	9	Establish & Operation Saemaul school
18	Saemaul Training	9	8	7	6	5	4	3	2	1	2	3	4	5	6	7	8	9	Production of Saemaul PR material
19	Agriculture Training	9	8	7	6	5	4	3	2	1	2	3	4	5	6	7	8	9	Establish & Operation Saemaul school
20	Agriculture Training	9	8	7	6	5	4	3	2	1	2	3	4	5	6	7	8	9	Production of Saemaul PR material
21	Establish & Operation Saemaul school	9	8	7	6	5	4	3	2	1	2	3	4	5	6	7	8	9	Production of Saemaul PR material

[Demographics]

Gender : (1) Male (2) Female

Occupation : (1) Public officer (2) NGO (3) Student
(4) Others ( )

Country : ____________________

Continent
(1) Asia (2) Africa (3) Europe (4) Oceania (5) America
(6) Others( )

Which semester : (1) 1 (2) 2 (3) 3 (4) 4

Which program : (1) PSPS (2) KOICA

- thank you very much -

연습문제

1. 다음 중 설문작성에서 잘못 된 것은?

   ① 가설검증을 위해 측정해야할 개념(변수)이나 현상의 기술을 위해서 필요한 속성을 규명해야 함

   ② 개방형 질문은 응답자의 의견, 태도, 동기 등에 대해 보다 심층적이고 자세한 대답을 이끌어 낼 수 있다.

   ③ 폐쇄형 질문(Closed-ended question)은 중대규모의 계량적 조사에 용이하다.

   ④ 질문의 배열에 있어 인구 통계학적 배경질문은 앞에 배치한다.

   ⑤ 질문은 짧고 간결한 것이 좋다.

2. 다음은 설문문항의 한부분이다, 설문의 어떤 양식으로 묻고 있는지 선택하십시오.

   ① 귀하의 성별은? (1. 남 2. 여) ←(선택/등급/순위)

   ② 귀하의 연봉을 적어주십시오. (천원) ←(개방형/폐쇄형)

   ③ 행복의 정도를 선택해 주십시오?

   (1. 매우행복, 2. 행복, 3. 보통, 4.불행, 5.매우불행)

   ← (등급형/순위형/개방형)

3. 선택형 양식의 설문문항을 작성하고 예를 들어 봅시다. (자유주제)

문제 : ① ② ③ ④ ⑤

제2부

SPSS/PASW 자료의 입력과 자료의 종류

제3장

SPSS 자료입력방법과 data 관리

제4장

자료(data)의 종류(척도의 수준)와 그에 따른 통계분석기법

제3장 SPSS 자료입력방법과 data 관리

학습목표

SPSS자료입력 방법, 변수보기 및 데이터보기 창의 구분

자료변환 기능 이해와 실습

- 입수한 자료의 입력방법 이해(SPSS, 한글파일 및 엑셀을 이용한 데이터 코딩)
- 설문문항, 변수, 측정, 척도의 개념 이해
- SPSS 프로그램용 자료(.sav) 생성 원리 이해
- SPSS 프로그램에서 직접 자료 입력하는 방법
- 외부파일(예, 엑셀, 텍스트)을 SPSS 프로그램에 불러오기 방법
- 데이터 입력시 변수보기 및 데이터보기 창의 기능 이해
- 입력된 자료의 변환(변수계산, 코딩변경)
- 척도수준에 맞는 통계분석방법의 이해

설문지의 응답결과를 처리하는 것을 코딩작업이라 합니다. 코딩자료는 숫자로 처리되지만 이 차체만으로는 기호에 불과합니다. 이러한 코딩자료를 SPSS 프로그램에 입력하는 작업과정에서 의미를 부여하게 됩니다. 다시 말해 각각의 기호(숫자화로 입력된 자료)로 입력된 자료에 의미와 값을 부여하게 됩니다.

SPSS를 활용하는데 첫 번째 단계가 데이터(설문결과)를 입력하는 방법을 이해하는 것입니다. 물론 기존의 Data Base를 사용할 수 있으나 입력에 대한 기본 원리와 방법을 이해하는 것이 SPSS 입문의 첫 단계라 할 수 있습니다.

데이터 입력시 유의할 점

1) 하나의 cell에 포함될 데이터의 자릿수를 미리 결정합니다.
2) 데이터 입력 후 각 변수명, 각각의 변수설명, 변수의 값을 지정하는 방법을 이해해야 합니다.
3) 데이터의 종류(척도의 종류: 명목, 서열, 등간, 비율척도)를 알아야 합니다. 데이터의 종류에 따라서 통계분석방법, 그리고 분석결과의 적절한 해석이 가능합니다.

* 물론 다중응답분석의 경우는 데이터 입력에 세심한 주의를 해야 합니다.

SPSS 프로그램에 데이터를 입력하는 방법은 3가지 정도로 설명할 수 있습니다. 설문지 수(사례수 case)가 많지 않다면 SPSS 데이터 보기 창에서 설문결과를 직접 입력할 수도 있지만 설문 사례수가 많은 경우는 설문결과를 한글프로그램에서 작업하여 텍스트 문서(.txt)로 저장하고, SPSS 프로그램에서 저장된 텍스트 문서(.txt)를 불러오는 방법, 혹은 Excel에 설문결과를 입력하여 SPSS에서 불러오는 방법도 있습니다. 먼저 가장 일반적인 엑셀 프로그램에서 코딩작업을 완료하여 이를 다시 SPSS 프로그램에서 불러오는 방법을 설명하도록 하겠습니다.

SPSS 프로그램에서 직접입력하기

SPSS 프로그램에서 직접 자료를 입력하는 방법은 입력해야 할 자료의 수가 많지 않거나 시차를 두고 자료를 입력해야 할 경우 편리한 입력방법입니다. SPSS 프로그램에서 직접 자료를 입력하는 방법은 파일(F) 메뉴 → 새파일(N)→ 데이터(D) Enter↵

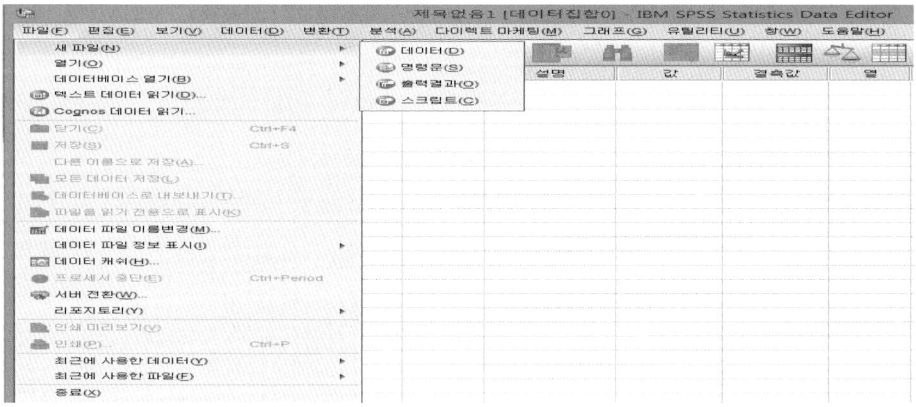

아래의 데이터보기(D) 창에서 각각의 조사 개체들의 조사(변수) 값을 열(raw)에 따라 입력하는 형식이다. 그러므로 각각의 조사개체(사례)의 변수의 관찰값은 행에 해당합니다.

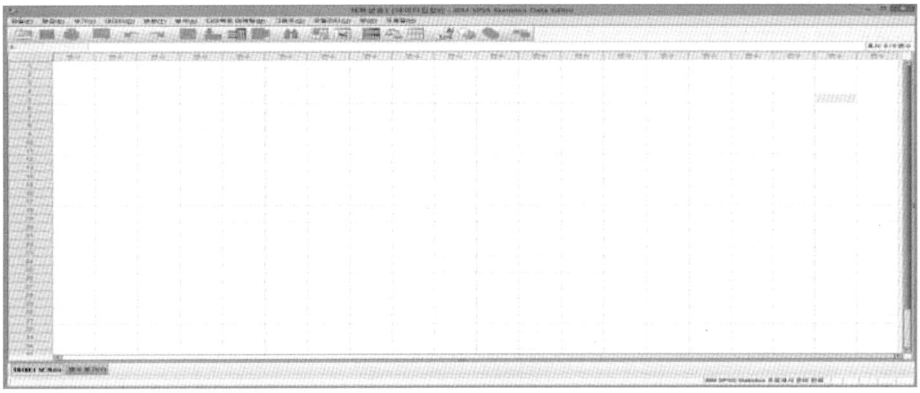

먼저 첫 번째 칸에 설문지에서 나타난 값을 입력해 보도록 합시다. 숫자 1을 넣고 Enter↵를 쳐 봅시다. 값이 입력이 되고 블록이 아래로 내려간 것을 발견할 수 있습니다. 이와 같이 SPSS에서 Enter↵ 는 특별한 옵션을 주지 않는 이상 아래쪽으로 이동을 합니다. 행으로 이동하고 싶을 경우 방향키(→)를 눌러 이동해야 합니다. 다음과 같이 입력하였을 경우 변수값은 VAR0001부터 매겨지기 시작합니다. 변수의 변경을 위해서는 변수보기에서 값을 적어야 하는 번거로움이 있지만, 다른 곳에서 데이터를 가져올 경우 보다 변환 및 추가 작업을 거치지 않는 장점이 있습니다.

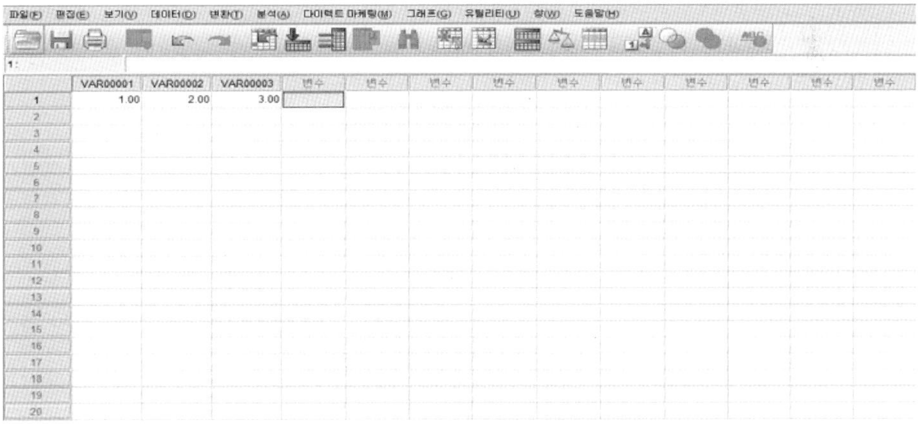

엑셀 파일 가져오기

	B	C	D	E	F	G	H	I	J	K	L	M	N	O
1	성별	출생년도	소득수준	전공	v1	v2	v3	v4	v5	v6	v7_1	v7_2	v7_3	v7_4
2	1	1989	3	2	3	4	3	3	1	3	3	1	4	4
3	1	1990	3	1	3	4	3	4	2	2	4	2	4	5
4	1	1988	2	1	2	4	3	3	3	3	3	3	4	4
5	2	1993	3	1	3	4	3	3	3	3	4	2	3	3
6	2	1994	3	1	3	2	3	3	3	2	2	3	3	4
7	1	1991	3	1	3	4	4	3	3	3	3	3	4	3
8	1	1989	3	2	2	2	4	4	2	2	2	2	5	4
9	1	1990	4	2	2	4	4	3	1	4	2	3	4	2
10	1	1989	2	3	2	3	3	3	2	2	2	2	3	4
11	1	1986	5	2	3	5			2		2	2	4	3
12	1	1994	3	3	3	4		3	2	4	4	3	3	3
13	1	1987	2	3	4	5	4	3	3	3	4	4	3	5
14	1	1989	3	3	2	3	4	4	2	3	3	3	3	2
15	1	1988	3	3	5	5	3	3	3	3	5	4	4	5
16	1	1990	3	2	2	4	3	3	3	4	3	4	4	4
17	1	1990	3	2	3	4	4	4	2	3	4	3	4	4
18	2	1993	4	1	3	3	4	3	2	4	3	3	3	4
19	2	1993	4	2	4	4	4	3	2	3	4	4	5	4
20	1	1989	3	2	3	2	4	4	2	4	4	2	4	2
21	2	1991	3	2	3	3	4	4	2	3	1	2	4	5
22	1	1988	3	3	4	5	4	2	3	3	5	2	5	5
23	1	1987	3	3	1	4	3	4	2	2	4	4	4	4
24	2	1993	4	2	3	4	4	4	3	4	4	2	4	4
25	1	1991	5	2	3	4	4	3	3	4	4	2	3	2
26	2	1990	3	2	3	4	5	4	3	4	4	2	4	3
27	1	1989	3	3	3	3	4	4	2	3	4	3	3	3
28	1	1990	3	3	3	4	2	2	3	3	5	3	4	3
29	1	1988	4	2	2	3	3	4	2	2	2	1	3	2
30	1	1988	4	2	4	2	3	4	1	2	2	1	3	3
31	1	1990	3	2	2	4	3	3	3	3	3	3	4	3
32	1	1991	2	3	2	4	4	4	2	3	2	2	3	3
33	2	1991	3	2	2	3	3	3	2	3	4	4	5	4

SPSS 프로그램에 데이터를 입력하는 방법 중 엑셀 파일을 이용하는 경우는 입력해야 할 자료의 양이 많거나 혹은 사용하려고 하는 자료가 이미 엑셀로 작업되어 있는 자료를 활용할 때 유용한 방법입니다. 엑셀의 가로 열은 각 사례의 설문 결과를 나타내며, 세로 열은 설문의 변수들을 나타냅니다. 이렇게 입력된 엑셀 파일을 SPSS 프로그램에서 불러오는 방법은 다음과 같습니다.

파일 → 데이터(or 왼쪽상단의 폴더모양 클릭)

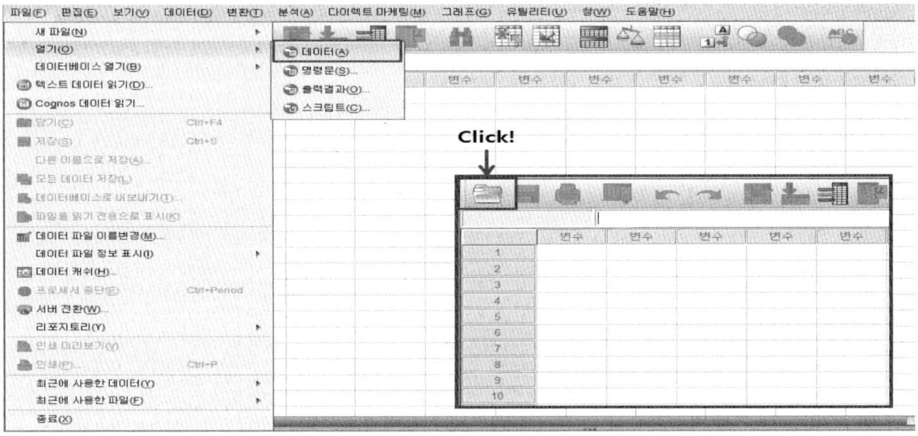

파일유형 → Excel(*.xls, *.xlsx, *.xlsm) 선택 → 엑셀파일 선택 → 열기 클릭

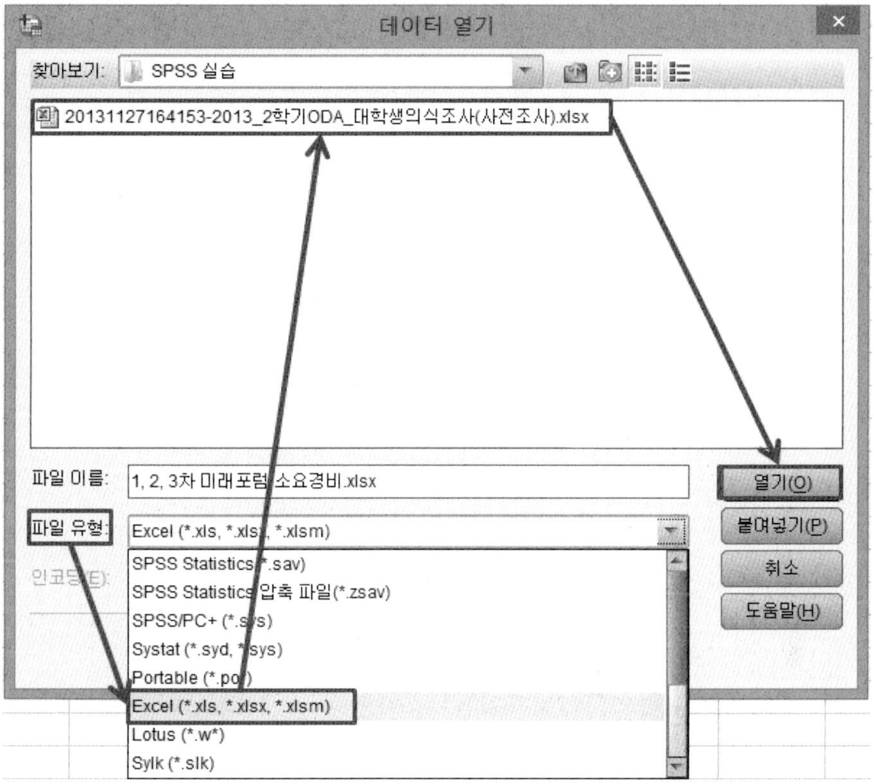

첫 행에 변수명이 있으면 빨간박스항목 체크(☑), 없으면 체크해제 후 확인합니다.

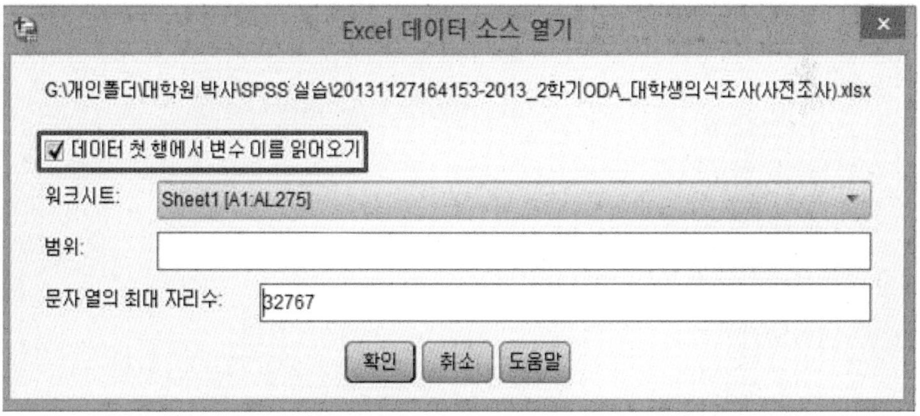

엑셀파일을 제대로 불러왔는지 확인합니다(빈칸은 '.'으로 표시됨.).

파일(F) 편집(E) 보기(V) 데이터(D) 변환(T) 분석(A) 다이렉트 마케팅(M) 그래프(G) 유틸리티(U) 창(W) 도움말(H)

	이름	유형	너비	소수점이...	설명	값	결측값	열	맞춤	측도	역할
1	성별	숫자	12	0		{1, 남성}...	없음	5	오른쪽	명목(N)	입력
2	출생년도	숫자	12	0		없음	없음	8	오른쪽	척도(S)	입력
3	소득수준	숫자	12	0		{1, 상}...	없음	8	오른쪽	명목(N)	입력
4	전공	숫자	12	0		{1, 인문계열...	없음	8	오른쪽	명목(N)	입력
5	v1_A	숫자	12	1		없음	없음	12	오른쪽	명목(N)	입력
6	v2	숫자	12	1		없음	없음	12	오른쪽	명목(N)	입력
7	v3	숫자	12	1		없음	없음	12	오른쪽	명목(N)	입력
8	v4	숫자	12	1		없음	없음	12	오른쪽	명목(N)	입력
9	v5	숫자	12	1		없음	없음	12	오른쪽	명목(N)	입력
10	v6	숫자	12	1		없음	없음	12	오른쪽	명목(N)	입력
11	v7_1	숫자	12	1		없음	없음	12	오른쪽	명목(N)	입력
12	v7_2	숫자	12	1		없음	없음	12	오른쪽	명목(N)	입력
13	v7_3	숫자	12	1		없음	없음	12	오른쪽	명목(N)	입력
14	v7_4	숫자	12	1		없음	없음	12	오른쪽	명목(N)	입력
15	v7_5	숫자	12	1		없음	없음	12	오른쪽	명목(N)	입력
16	v7_6	숫자	12	1		없음	없음	12	오른쪽	명목(N)	입력
17	v7_7	숫자	12	1		없음	없음	12	오른쪽	명목(N)	입력
18	v8	숫자	12	1		없음	없음	12	오른쪽	명목(N)	입력
19	v9	숫자	12	1		없음	없음	12	오른쪽	명목(N)	입력
20	v10	숫자	12	1		없음	없음	12	오른쪽	명목(N)	입력
21	v11_1	숫자	12	1		없음	없음	12	오른쪽	명목(N)	입력
22	v11_2	숫자	12	1		없음	없음	12	오른쪽	명목(N)	입력
23	v12_1	숫자	12	1		없음	없음	12	오른쪽	명목(N)	입력
24	v12_2	숫자	12	1		없음	없음	12	오른쪽	명목(N)	입력
25	v12_3	숫자	12	1		없음	없음	12	오른쪽	명목(N)	입력
26	v12_4	숫자	12	1		없음	없음	12	오른쪽	명목(N)	입력
27	v13_1	숫자	12	1		없음	없음	12	오른쪽	명목(N)	입력
28	v13_2	숫자	12	1		없음	없음	12	오른쪽	명목(N)	입력
29	v14	숫자	12	1		없음	없음	12	오른쪽	명목(N)	입력
30	v15	숫자	12	1		없음	없음	12	오른쪽	명목(N)	입력
31	v16_1	숫자	12	1		없음	없음	12	오른쪽	명목(N)	입력
32	v16_2	숫자	12	1		없음	없음	12	오른쪽	명목(N)	입력
33	v17	숫자	12	1		없음	없음	12	오른쪽	명목(N)	입력
34	v18_1	숫자	12	1		없음	없음	12	오른쪽	명목(N)	입력
35	v18_2	숫자	12	1		없음	없음	12	오른쪽	명목(N)	입력
36	v18_3	숫자	12	1		없음	없음	12	오른쪽	명목(N)	입력

파일(F) 편집(E) 보기(V) 데이터(D) 변환(T) 분석(A) 다이렉트 마케팅(M) 그래프(G) 유틸리티(U) 창(W) 도움말(H)

1 : 성별 1

	성별	출생년도	소득수준	전공	v1_A	v2	v3	v4	v5	v6
1	1	1989	3	2	3.0	4.0	3.0	3.0	1.0	3.0
2	1	1990	3	1	3.0	4.0	3.0	4.0	2.0	2.0
3	1	1988	2	1	2.0	4.0	3.0	3.0	3.0	3.0
4	2	1993	3	1	3.0	4.0	3.0	3.0	3.0	3.0
5	2	1994	3	1	3.0	2.0	3.0	3.0	3.0	2.0
6	1	1991	3	1	3.0	4.0	4.0	3.0	3.0	3.0
7	1	1989	3	2	2.0	2.0	4.0	4.0	2.0	2.0
8	1	1990	4	2	2.0	4.0	4.0	3.0	1.0	4.0
9	1	1989	2	3	2.0	3.0	3.0	3.0	2.0	2.0
10	1	1986	5	2	3.0	5.0	.	.	2.0	.
11	1	1994	3	3	3.0	4.0	.	3.0	2.0	4.0
12	1	1987	2	3	4.0	5.0	4.0	3.0	3.0	3.0
13	1	1989	3	3	2.0	3.0	4.0	4.0	2.0	3.0
14	1	1988	3	3	5.0	5.0	3.0	3.0	3.0	3.0
15	1	1990	3	2	2.0	4.0	3.0	3.0	3.0	4.0
16	1	1990	3	2	3.0	4.0	4.0	4.0	2.0	3.0
17	2	1993	4	1	3.0	3.0	4.0	3.0	2.0	4.0
18	2	1993	4	2	4.0	4.0	4.0	3.0	2.0	3.0
19	1	1989	3	2	3.0	2.0	4.0	4.0	2.0	4.0
20	2	1991	3	2	3.0	3.0	4.0	4.0	2.0	3.0
21	1	1988	3	3	4.0	5.0	4.0	2.0	3.0	3.0
22	1	1987	3	3	1.0	4.0	3.0	4.0	2.0	2.0
23	2	1993	4	2	3.0	4.0	4.0	4.0	3.0	4.0
24	1	1991	5	2	3.0	4.0	4.0	3.0	3.0	4.0
25	2	1990	3	2	3.0	4.0	5.0	4.0	3.0	4.0
26	1	1989	3	3	3.0	3.0	4.0	4.0	2.0	3.0
27	1	1990	3	3	3.0	4.0	2.0	2.0	3.0	3.0

왼쪽 하단에 있는 **"변수보기"**를 클릭, 변수들의 이름 및 속성들을 지정합니다.

한글 및 텍스트에서 파일 가져 오기

일부 DATA는 텍스트 파일 또는 한글로 저장되는 경우가 있습니다. 이때는 다음의 방법을 이용하여 데이터를 가져올 수 있습니다.

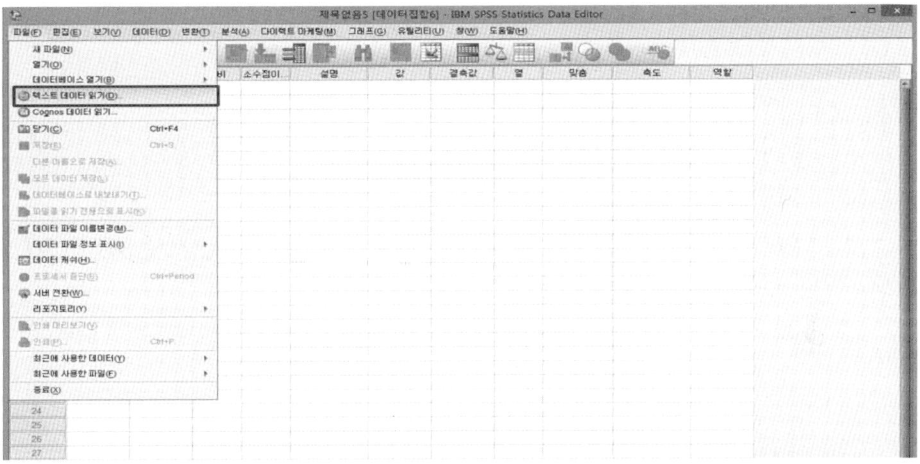

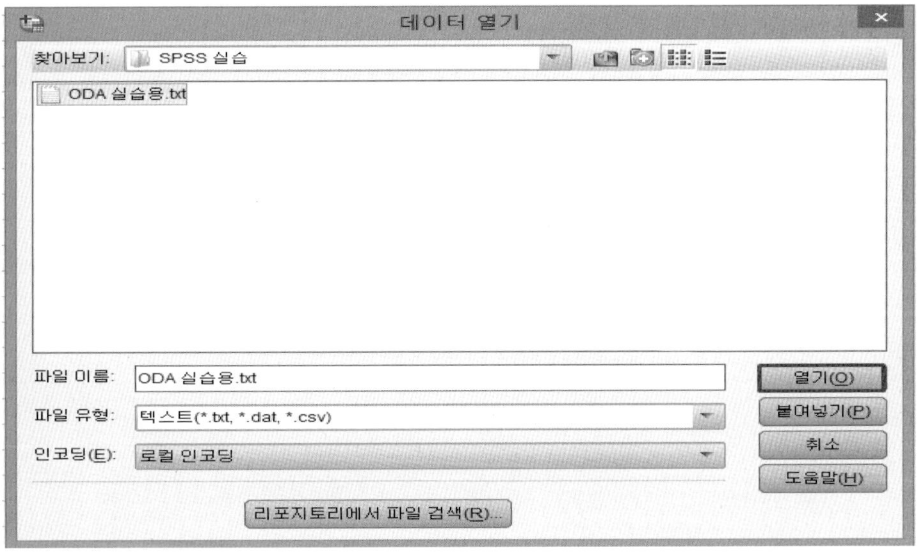

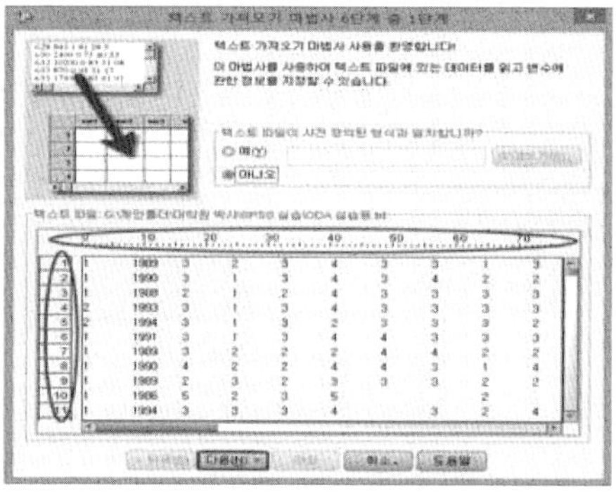

데이터는 행과 열로 구분되어 있음

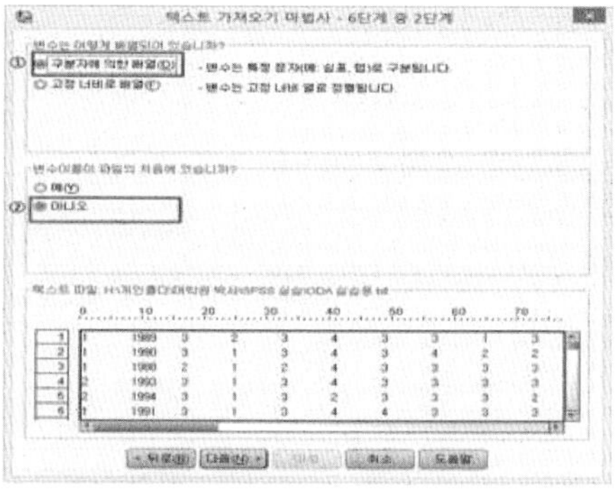

1. 변수의 배열을 설명함
   - 변수의 특성에 따라 배열을 설명
2. 데이터의 첫 번째 행이 변수의 이름으로 있을 경우 선택

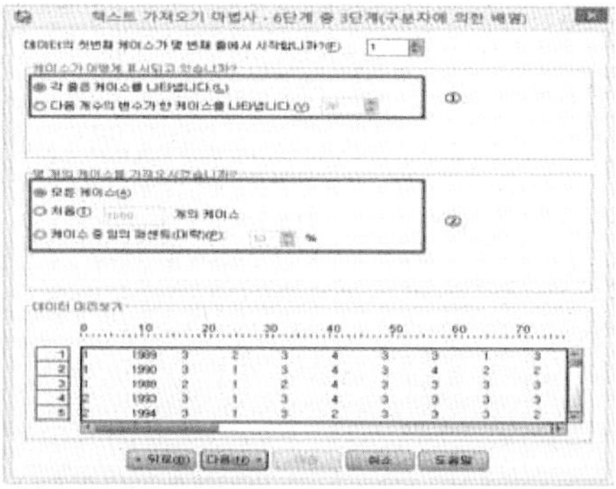

변수의 개수를 설정
케이스의 숫자를 설정

변수간 구분을 선택(탭, 공백, 콤마, 세미콜론 등)
텍스트의 경우 ', ", 기타로 구분

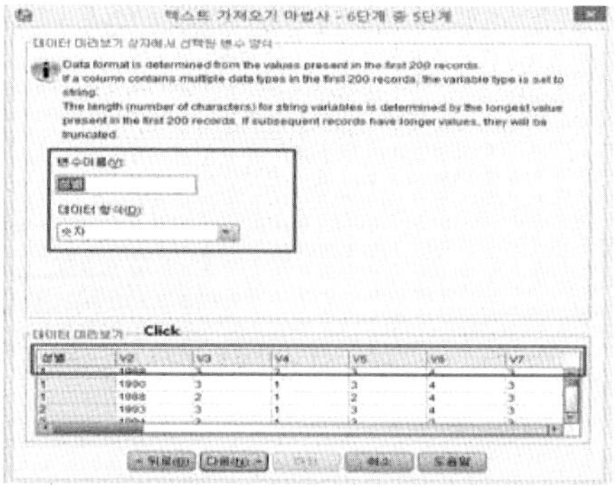

변수이름과 데이터 형식을 설정

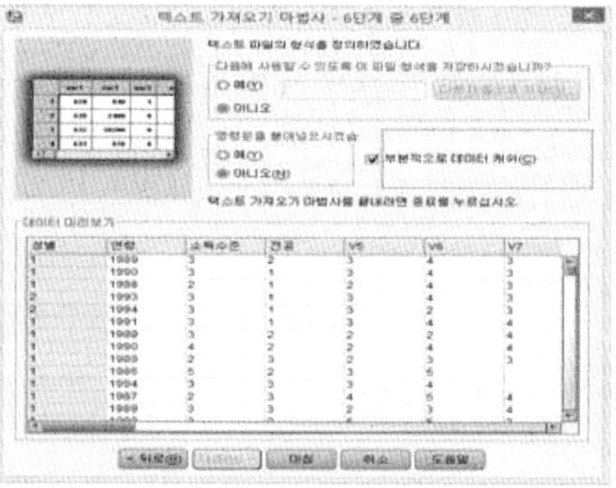

완료

데이터변환하기

데이터 변환 기능은 연구자로 하여금 기존에 입력된 자료를 활용하여 완전히 새로운 데이터를 생성할 수도 있고, 기존에 입력된 자료의 코딩을 변경하여 주어진 자료를 보다 다양한 용도로 사용할 수 있게 하는 유익한 기능이라 할 수 있습니다.

변환(T)의 기능

데이터 변환에서는 두 변수를 하나의 변수로 더하거나 평균을 내서 새로운 자료로 생성할 수도 있고, 연속형(등간, 비율) 자료를 범주형(명목, 서열) 자료로 재구성하거나, 입력된 자료의 순서를 바꿀 수도 있다.

변환(T) Enter↵ 변수계산(C)

기존변수의 변환을 통하여 완전히 새로운 변수의 생성이 가능한 기능입니다.

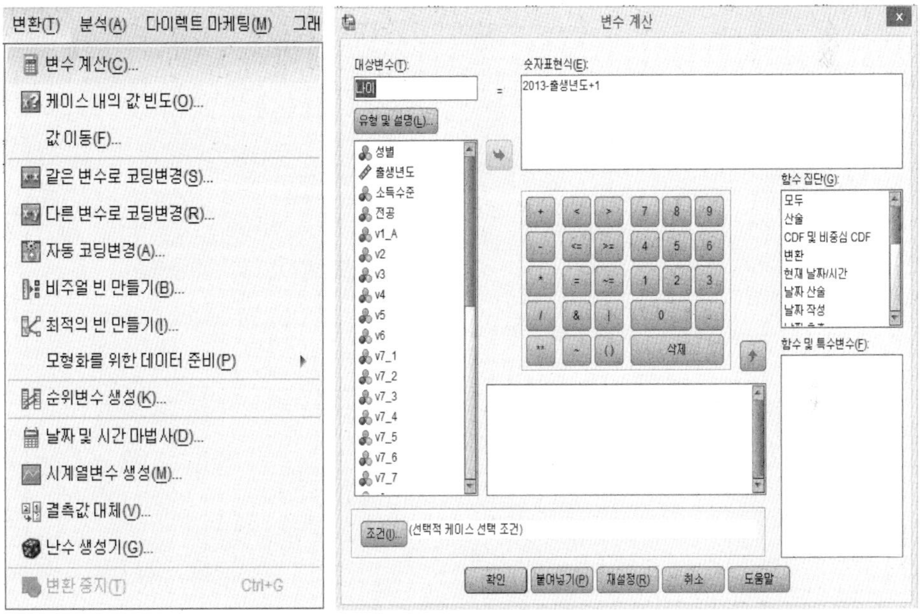

	나이
1	25.00
2	24.00
3	26.00
4	21.00
5	20.00
6	23.00
7	25.00
8	24.00
9	25.00
10	28.00
11	20.00
12	27.00
13	25.00
14	26.00
15	24.00
16	24.00
17	21.00
18	21.00
19	25.00
20	23.00

예제설명 **변환** Enter↵ **변수계산**. 대상변수(T)에 새로운 생성될 변수명을 정하고, 기존의 변수들을 선택하여 원하는 계산을 통해 새로운 변수를 생성합니다. 내장된 여러 가지 함수와 계산 기호를 이용할 수도 있으며, 특정한 조건을 연구자 스스로 줄 수도 있습니다. 예를 들면 현재 엑셀데이터에는 출생년도를 실제 현재 나이로 수정해 보도록 하자. 대상변수에 '나이'를 입력하고 숫자표현식에 2013년-출생년도+1을 하여 다음과 같이 나이 변수를 표현해 봅시다.

변환(T) Enter↵ **다른변수로 코딩변경(R)**

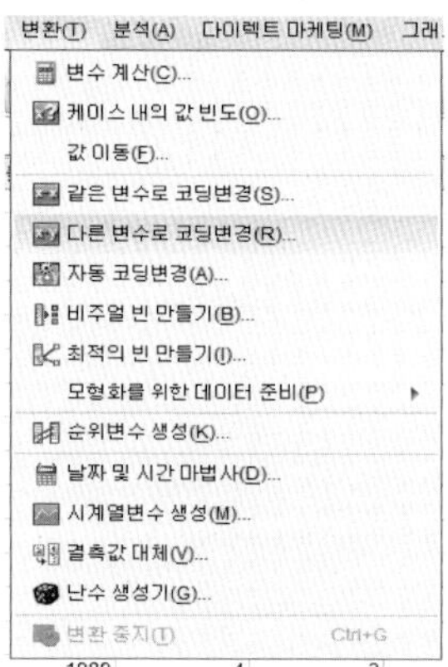

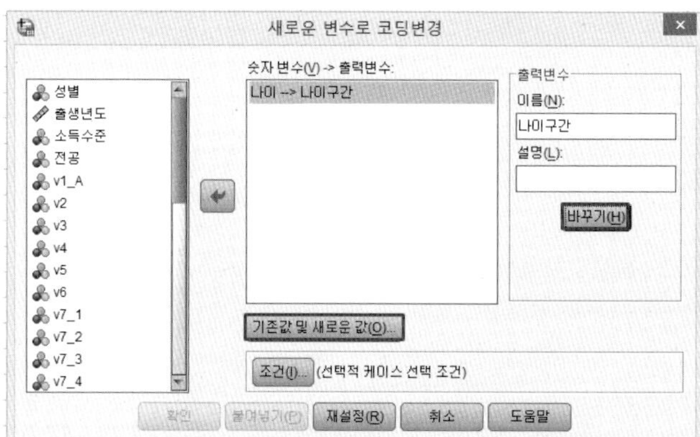

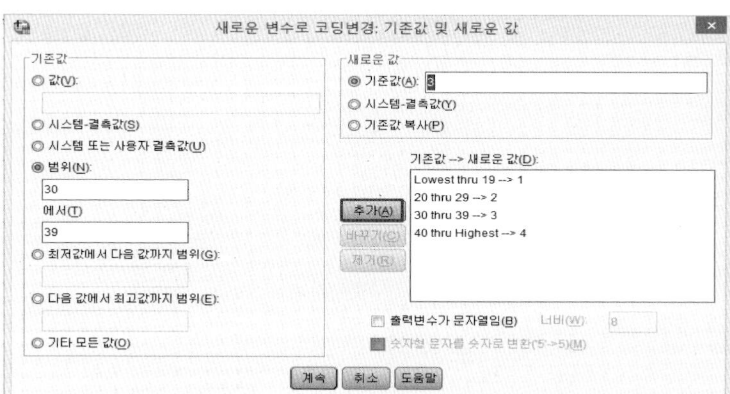

	나이구간
1	2.00
2	2.00
3	2.00
4	2.00
5	2.00
6	2.00
7	2.00
8	2.00
9	2.00
10	2.00
11	2.00
12	2.00
13	2.00
14	2.00
15	2.00
16	2.00
17	2.00
18	2.00
19	2.00
20	2.00

예제설명 **변환** [Enter↵] **다른변수로 코딩변경**. 코딩변경은 기존의 응답항목의 형식을 바꾸는 것을 의미합니다. 입력된 데이터를 전체적으로 변경이 가능하며 이때는 기존의 변수에 데이터만 변경할 수도 있고, 변경된 데이터를 새로운 변수이름으로 생성할 수 있다. 예를 들면 앞서 계산한 나이를 1세 이상 19세 이하를 1로, 20세 이상 29세 이하를 2로, 30세 이상 39세 이하를 3으로, 40세 이상을 4로 지정하는 것을 의미합니다(범위를 지정시 최저값에서 다음 값까지의 범위 또는 다음 값에서 최고 값까지 범위를 적절하게 사용하여 구간을 설정한다.).

연습문제

1. 다음의 데이터 값을 Excel에 입력하고, SPSS로 옮겨 봅시다.

ID	출석점수	시험점수	ID	출석점수	시험점수
1	20	36	11	24	25
2	32	28	12	36	36
3	31	49	13	15	46
4	34	45	14	21	46
5	32	38	15	39	36
6	15	35	16	34	24
7	39	25	17	35	49
8	17	33	18	42	23
9	18	28	19	23	45
10	32	36	20	44	49

2. 입력된 데이터를 다음과 같이 처리해 봅시다.
   1) 출석점수와 시험점수를 합한 종합점수라는 변수를 생성하시오.
   2) 60점 이하의 점수는 F학점으로 분류한다.
   3) 70점 이하의 점수는 D학점으로 분류한다.
   4) 80점 이하의 점수는 C학점으로 분류한다.
   5) 90점 이하의 점수는 B학점으로 분류한다
   6) 90점 초과의 점수는 A학점으로 분류한다.

제4장 자료(data)의 종류(척도의 수준)와 그에 따른 통계분석기법

학습목표

척도의 종류: 명목, 서열, 등간, 비율척도의 이해와 구분

- 명목척도 : 예) 성별척도
- 서열척도 : 예) 상 중 하
- 등간척도 : 예) 만족도 척도
- 비율척도 : 예) 절대값 0을 포함한 실제 값 제시
- 기초 통계값의 개념이해 : 분산, 표준편차, 표주오차
- 척도에 관한 생활속 통계 : 체감지표와 객관적 지표
- 국제개발협력조사에서 제시되는 다양한 형태의 척도 수준의 이해

1. 자료(data)의 종류(척도의 수준)

척도란 어떤 현상(변수)의 특성에 대해서 수치를 할당하는 것으로 척도의 종류에 따라서 그 값이 가지고 있는 정보(특징)가 다르기 때문에 척도의 종류에 따라 통계 분석기법이 달라진다. 척도(Scale)는 측정을 위해 부여한 숫자들간의 관계를 의미하며, 그 관계에 따라 4가지의 척도로 분류되고(명목, 서열, 등간, 비율), 이 척도의 종류에 따라 자료의 조작(handling)과 분석상의 제한이 가해집니다. 명목, 서열척도는 범주형 혹은 질적 자료라 할 수 있으며, 등간 혹은 비율척도는 연속형 혹은 양적 자료라 말할 수 있습니다. 범주형 혹은 연속형 자료는 SPSS에 입력된 척도의 유형에 따라 분석방법의 수준(종류)이 변할 수 있으며, 통계분석 결과의 해석에도 차이가 있을 수 있기 때문에 연구자들은 SPSS 분석에 앞서 변수의 척도수준을 이해하는 것이 필수적입니다(부록의 설문지 참고).

- **척도(scale)**
- 척도란 어떤 현상의 특성에 대해서 수치를 할당하는 것으로 척도의 종류에 따라서 그 값이 가지고 있는 정보(특징)가 다르기 때문에 척도의 종류에 따라 통계 분석기법이 달라집니다.

1) 명목척도(nominal scale)

어떤 사물, 사람 또는 속성을 분류하기 위한 목적으로 숫자나 기호를 부여하는 방법으로, 숫자나 기호의 계량적 의미가 없으며 질적인 성격을 가집니다. 단순히 측정대상의 특성을 분류하거나 확인하기 위한 목적으로 숫자를 부여(상호배타적 분류) 합니다. 명목자료를 분석하기 위한 통계분석으로는 빈도, 최빈값, 도수, 교차분석 등이 있습니다.

(예; 운동선수의 등번호, 성별, 종교, 취미, 직업의 종류)

〈설문 예〉 귀하의 성별은? ① 남성 ② 여성

2) 서열(순위)척도(ordinal scale)

어떤 사물의 속성에 대하여 크기나 양의 많고 적음, 크고 작음의 순서를 비교해주는 척도로, 두 수치 사이의 거리는 반드시 같지는 않으며, 단순히 대 소 또는 높고 낮음 등의 순위만 제공할 뿐 높고 낮음의 정도를 알 수 있는 양적인 비교는 할 수 없습니다. 서열자료는 단위들 간에 간격을 정확히 정량화하기가 어려운 경우에 이용되는 측정방법입니다. 서열자료를 분석하기 위한 통계분석으로는 빈도, 중위수, 백분위수, 계층별 분포, 순위상관계수, 교차분석 등이 있습니다.

(예: 학력(초, 중, 고, 대), 사회계층(상류, 중류, 하류), 자동차(경차, 소형차, 중형차, 대형차), 상품에 대한 선호순위 1,2,3, 순위 등)

〈설문 예〉 귀 가정의 소득수준은? ① 상 ② 중상 ③ 중 ④ 중하 ⑤ 하

3) 등간척도(interval scale)

서열화된 척도이며 동시에 척도(구간)간의 간격이 동일합니다. 따라서 등간자료는 가감연산은 할 수 있지만 절대적인 영점이 존재하지 않기 때문에 관측값 사이의 비율 계산은 무의미합니다. 온도가 등간자료의 대표적인 예인데 섭씨 60도와 30도의 차이는 섭씨 30도와 0도의 차이는 같지만 섭씨 60도가 섭씨 30도 보다 뜨거운 정도가 2배라고는 할 수 없습니다. 그 이유는 섭씨를 화씨로 전환하면 2배가 되지 않기 때문

입니다. 등간자료를 분석하기 위한 통계분석으로는 기술통계, 분산, 평균비교, 상관분석, 회귀분석 등의 추리통계분석이 가능합니다.

(예; 온도계 수치, 물가지수, 주가지수, 5-point Likert scale, IQ, 시험점수, 온도계 등)

〈**설문 예**〉 귀하는 본 수업의 만족도를 어떻게 평가하고 계십니까?

① 매우 만족 ② 만족 ③ 보통 ④ 불만족 ⑤ 매우 불만족

4) 비율척도(ratio scale)

절대적인 영점이 존재하여 측정값 사이의 비율계산이 가능한 척도이며, 동시에 등간척도의 속성을 가지고 있습니다. 비율자료는 비율계산이 가능하기 때문에 다른 자료에 비해 가장 높은 수준의 측정 자료입니다. 이 말은 비율척도 자료는 다양한 분석방법의 적용이 가능하며 많은 정도를 줄 수 있다는 장점이 있습니다. 비율척도 자료는 SPSS 프로그램에서 제공되는 어떠한 통계적 분석방법도 적용이 가능합니다.

(예; 시험득점, 가격, 생산원가, 키, 나이, 수입 등)

〈**설문 예**〉 이번 여행의 전체 여행경비를 적어 주십시오. (US$)

〈**설문 예**〉 이번 여행에서 쇼핑에 사용하신 금액을 적어 주십시오. (US$)

【설문지】 설문지는 각각의 변수에 대한 속성을 측정하기 위해 측정항목과 응답범주를 명시한 측정도구로써 일반적으로 설문조사나 현상의 측정에 사용되는 구조화된 측정도구로서 설문지는 다양한 척도수준의 설문문항(변수)으로 구성되는 것이 보통입니다. 이렇게 수집된 자료를 바탕으로 명목 대 서열, 등간 대 비율 등의 자료를 조합하여 연구자들의 연구의도에 적절한 분석방법을 선택할 수 있습니다. 자료의 형태가 반드시 어느 하나의 척도수준으로 통일되어야 한다는 것은 없으며, 다양한 척도수준으로 이루어진 자료의 형태가 될 때 보다 활용도가 많은 자료라 할 수 있습니다.

척도별 특성 및 자료적용 예

		척도에 내포된 가정				비교방법	분석유형	예
		분류	순위	등간격	절대0점			
명목형 (질적자료)	명목척도	○	×	×	×	확인, 분류	빈도분석 교차분석	성별, 종교, 직업
	서열척도	○	○	×	×	순위비교	빈도분석 교차분석	사회계층, 소득수준, 학력
연속형 (양적자료)	등간척도	○	○	○	×	간격비교	기술통계 추리통계	5점 리커트척도, 만족도, 인지도, 성적
	비율척도	○	○	○	○	절대크기	기술통계 추리통계	실제 값(연소득액), 지출액

2. 기초 통계값의 이해 : 기술통계량

집단의 특성을 설명하는데 사용되는 것이 평균(mean), 분산(variance), 표준편차(standard deviation), 왜도(Skewness), 첨도(Kurtosis) 등이 있습니다. 일반적으로 우리가 어떠한 변수의 특성을 살펴볼 때 고려하는 것 중에 하나가 평균입니다. 그러나 평균으로 그 변수의 특성을 완벽하게 파악할 수는 없습니다. 예를 들어 영어성적에서 반평균의 얼마냐에 따라 학급의 특성 중 하나를 설명할 수 있습니다. 평균으로 설명할 수 없는 것이 분산 혹은 변동(dispersion)의 폭입니다. 이것을 설명하기 위해서 분산과 표준편차를 이용하는 것입니다.

- 평균이 관측한 값의 종합적인 설명이라면, 개개의 관측값과 평균과의 차이는 개개의 관측치가 분포속에서 차지하는 위치에 대한 설명이 가능하고, 이것들을 통해서 관측치가 어느 지점에 어느 정도 모여있는지를 설명할 수 있게 됩니다. 간단하게 설명하면, 평균과 관측값들 사이의 차이값들의 합으로 집단의 분산을 설명합니다. 여기서 문제점은 차이값들의 부호의 문제가 발생합니다. 차이값이다 보니 +와 -가 서로 상쇄되는 문제입니다. 이것을 해결하기 위해서 제곱을 하는데 이것을 제곱합($\sum(X-\overline{X})^2$)이라고 합니다.

분산(variance)은 평균과 개별 관측값의 차이값의 제곱합을 평균($\sum(X-\overline{X})^2/\mathrm{N}$)하거나 표준편차의 제곱과 같습니다. 공식에서 N과 $N-1$을 다르게 사용하는 이유는 표본의 분산이나 표준편차를 모집단의 분산이나 표준편차를 예측하는 추정치로 사용하려는 의도 때문입니다. 표본의 크기가 작은 경우 표본의 분산이나 표준편차는 n을 사용할 경우, 모집단의 분산이나 표준편차를 작게 추정하는 경향을 보이기 때문입니다. 좋은 추정치, 즉 불편추정치(unbiased estimate)를 만들기 위해 $n-1$을 사용한다고 볼 수 있는데, 분산을 계산할 때에는 반드시 평균을 먼저 계산하게 되고 평균을 알고 나면, 원래 자료 중의 한 값을 잃어도 정보는 전혀 손실되지 않습니다. 다시 말해 평균을 알고 나면 자료 중에 어느 한 값은 항상 잉여정보가 되므로 자유도는 '관측수-1'이 됩니다. 따라서 평균을 계산할 때에는 자유도가 '관측수'이고, 분산을 계산할 때는 자유도가 '관측수-1'이 됩니다. 그런데 관측수가 커지면 관측수를 사용하든 자유도를 사용하든 별차이가 생기지 않습니다. 다만 자유도 개념을 기초로 한 분산이 관측수를 기초로 만든 평균제곱편차보다 수리적으로 우월한 점이 있기 때문에 통계학에서는 주로 자유도를 이용한 분산을 사용하고 학교에서는 간편하게 관측수를 이용한 평균제곱편차를 분산으로 사용하고 있을 뿐입니다.

SPSS는 데이터 파일을 표본으로 가정하기 때문에 $n-1$을 사용합니다. 쉽게 이해가 되겠지만, 표본크기(표본의 수)가 커지면 n과 $n-1$의 차이는 실제로 없어지며, 단지 표본의 크기가 작을 때 실제적인 차이가 발생하는 것입니다. 분산은 평균과 각 관찰치와의 편차의 제곱의 합을 변량의 개수로 나눈 값을 의미합니다. 분산은 자료의 흩어짐(퍼짐)의 정도를 나타내기 때문에 분산=0일 때 자료는 모두 평균값에 집중되어 있어서 흩어짐이 없다고 말할 수 있습니다.

분산(variance) 산정 공식: $s^2 = \dfrac{\sum_{i=1}^{n}(x_i - \bar{x})^2}{n-1}$

표준편차(Standard Deviation)는 분산의 제곱근을 계산한 것으로 관측치 중 평균으로부터 일정정도 떨어진 구간에 관측치가 존재할 확률을 구하는데 사용됩니다. 분산값은 자승(제곱)한 값이기 때문에 본래의 관찰치보다 커지게 되는데 분산값을 본래의 측정단위로 복귀시키기 위해서 분산의 제곱근을 구하는데, 이것을 표준편차(Standard Deviation)라고 부릅니다. 표준편차가 0일 때는 관측값의 모두가 동일한 크기이고(자료는 모두 평균값과 동일하고) 표준편차가 클수록 관측값 중에는 평균에서 떨어진 값이 많이 존재한다는 의미입니다. 따라서 표준편차는 관측값의 산포(散布)의 정도를 나타내는 통계값입니다.

다음 예시 자료는 어느 반의 영어 점수에 대한 SPSS 분석결과표에 나타나는 기술통계값들입니다.

N	영어점수	평균	편차(원점수-평균)	편차의합 $(X-\overline{X})^2$
1	66	72.3	-6.3	39.69
2	89	72.3	16.7	278.89
3	41	72.3	-31.3	979.69
4	98	72.3	25.7	660.49
5	76	72.3	3.7	13.69
6	77	72.3	4.7	22.09
7	69	72.3	-3.3	10.89
8	60	72.3	-12.3	151.29
9	60	72.3	-12.3	151.29
10	66	72.3	-6.3	39.69
11	69	72.3	-3.3	10.89
12	66	72.3	-6.3	39.69
13	98	72.3	25.7	660.49
14	52	72.3	-20.3	412.09
15	74	72.3	1.7	2.89
16	66	72.3	-6.3	39.69
17	89	72.3	16.7	278.89
18	95	72.3	22.7	515.29
19	66	72.3	-6.3	39.69
20	69	72.3	-3.3	10.89
	평균=72.30		0	$\sum(X-\overline{X})^2$=4,358.2

	N	범위	최소값	최대값	평균
	통계량	통계량	통계량	통계량	통계량
영어성적	20	57.00	41.00	98.00	72.3000
유효수	20				

표준편차	분산	왜도		첨도	
통계량	통계량	통계량	표준오차	통계량	표준오차
15.14526	229.379	.185	.512	-.137	.992

[SPSS 실습]

영어점수의 기초통계량을 구해 봅시다.(기술통계를 이용한 기초 통계량 구하기)

기초 통계량은 일반적으로 최소값, 최대값, 평균값, 표준편차, 분산, 왜도, 첨도 등을 의미하며, 이 값은 SPSS 프로그램에서 다양한 방법으로 구할 수 있으나, 본 실습코너에서는 기술통계를 이용하여 값을 구해보도록 하겠습니다.

먼저 영어점수를 입력합니다. 입력의 경우 3장에서 나온 방법들을 활용하여 작성해 보도록 하십시오.

입력이 완료되었으면 다음과 같이 분석 → 기술통계량 → 기술통계를 클릭합니다.

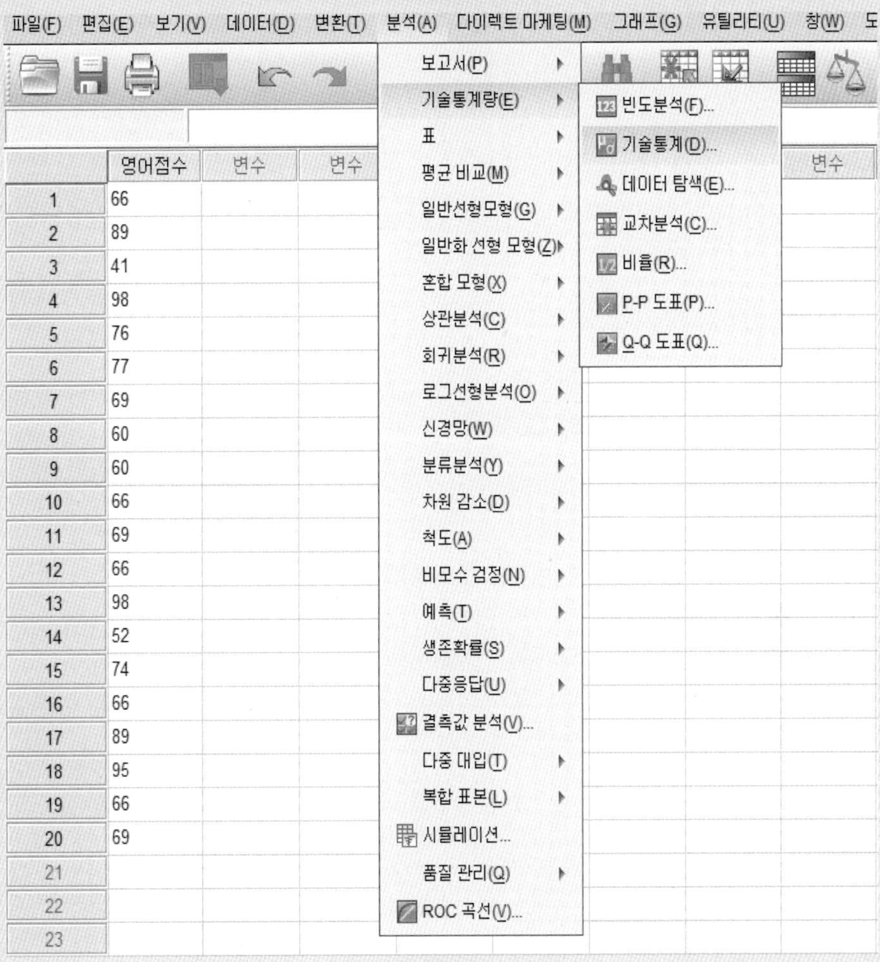

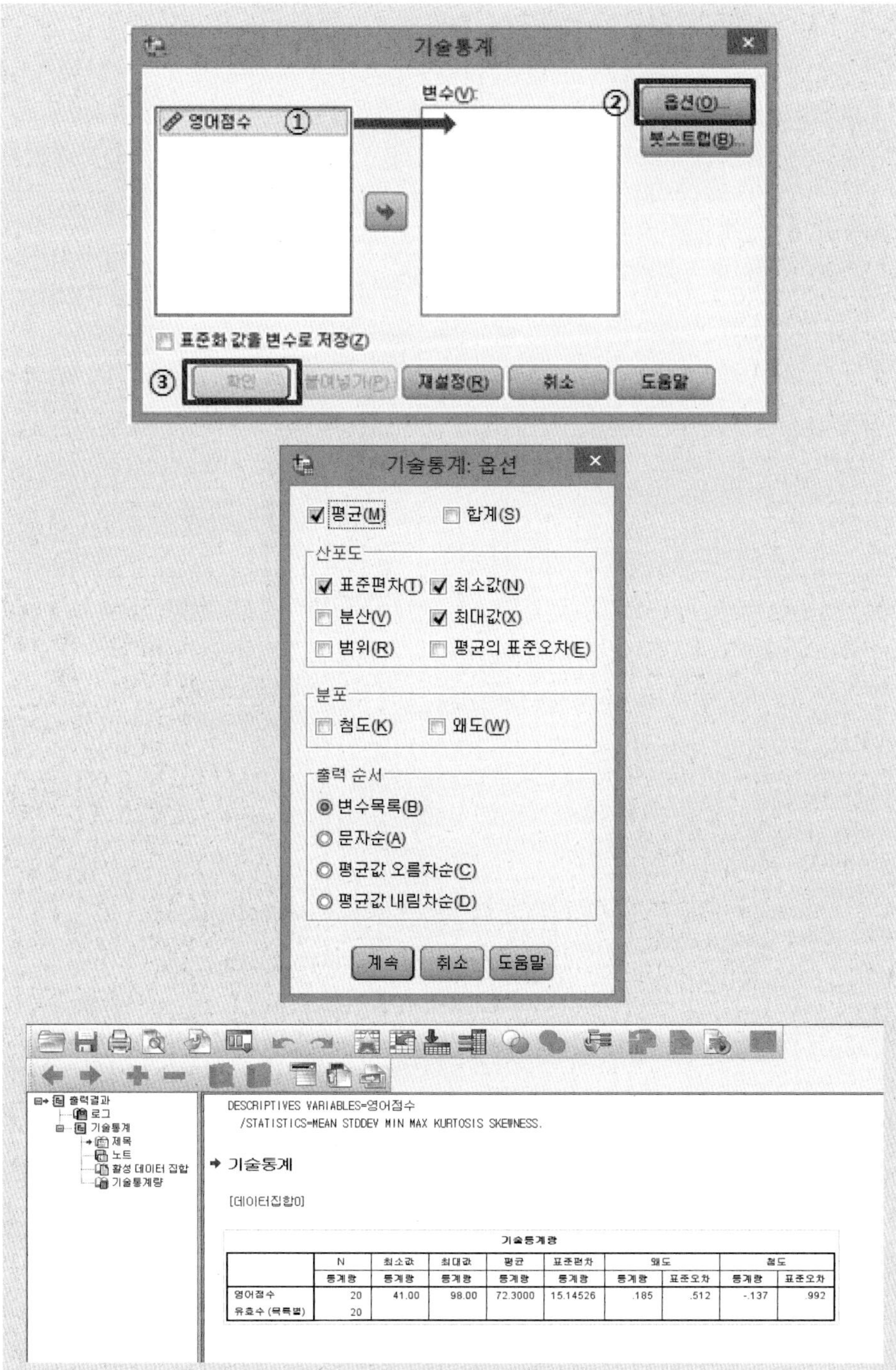
기술통계
영어점수 ①
변수(V):
② 옵션(O)...
붓스트랩(B)...
표준화 값을 변수로 저장(Z)
③ 확인
붙여넣기(P)
재설정(R)
취소
도움말
기술통계: 옵션
평균(M)
합계(S)
산포도
표준편차(T)
최소값(N)
분산(V)
최대값(X)
범위(R)
평균의 표준오차(E)
분포
첨도(K)
왜도(W)
출력 순서
변수목록(B)
문자순(A)
평균값 오름차순(C)
평균값 내림차순(D)
계속
취소
도움말
출력결과
로그
기술통계
제목
노트
활성 데이터 집합
기술통계량
DESCRIPTIVES VARIABLES=영어점수
/STATISTICS=MEAN STDDEV MIN MAX KURTOSIS SKEWNESS.
기술통계
[데이터집합0]
기술통계량
N
최소값
최대값
평균
표준편차
왜도
첨도
통계량
표준오차
영어점수 20 41.00 98.00 72.3000 15.14526 .185 .512 -.137 .992
유효수 (목록별) 20

분산은 표준편차의 제곱과 같습니다. 분산과 표준편차를 계산하면 다음과 같습니다. 15.1452^2 = 229.371(분산 = 편차 제곱합(4358.2) ÷ N-1(19)). 분산이 크면 관찰값들이 평균에 멀리 떨어져 있는 것이고, 분산이 작으면 관찰값들이 평균에 가깝게 있는 것입니다.

표준편차(Standard Deviation) 산정 공식: $s = \sqrt{s^2}$

표준편차(Standard Deviation)는 평균(mean, average)으로부터 떨어진 점수들의 흩어진 정도를 나타내는 지표가 되며, 전체 표본에서 결과들의 변량에 대한 추정치가 됩니다. 표준편차는 상이한 집단들의 변량을 비교할 때 유용하게 사용됩니다. 예를 들면, 아래의 집단 A와 집단 B의 평균은 같지만, 분산의 정도는 집단 A가 더 넓은 범위를 가지고 있습니다. 집단 A는 집단 B보다 아마도 더 큰 표준편차를 가질 것이며, 집단 B는 매우 작은 개인차를 가지며 점수들이 평균에 매우 가까워서 매우 작은 표준편차를 갖게 될 것입니다.

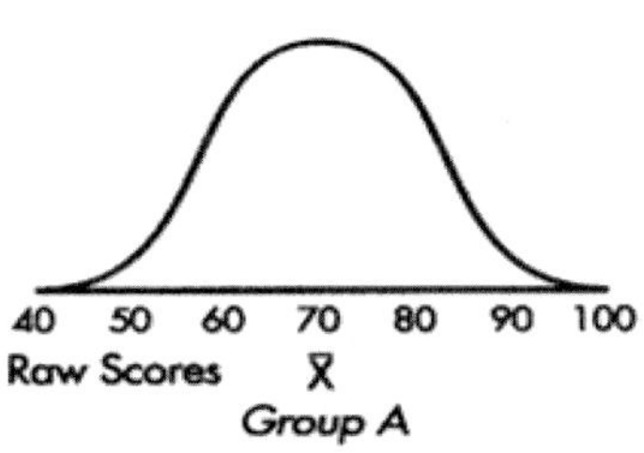

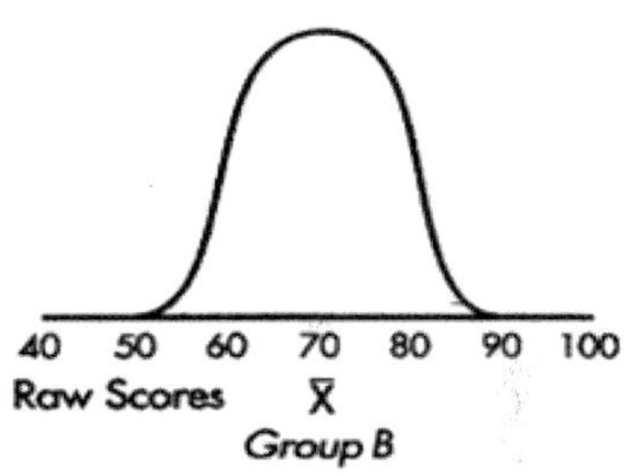

관찰값들의 분포가 **정규분포**(nomal distribution)로부터 얼마나 벗어나 있는가를 나타내는 통계량으로 왜도(Skewness)와 첨도(Kurtosis)가 있다.

왜도(Skewness)는 자료가 좌우 어느 쪽으로 치우쳤는가를 판단하는 측도입니다. 왜도(Skewness)값이 0이면 정규분포와 마찬가지로 좌우대칭인 경우이고, 0 보다 크면 오른쪽 꼬리(오른쪽에 많은 분표)를 가지는 분포, 0 보다 작으면 왼쪽 꼬리(왼쪽에 많은 분표)를 가지는 분포를 나타낸다. 대략적으로 왜도값이 표준오차의 두 배를 넘는 것은 대칭에서 벗어난 정도를 나타냅니다.

첨도(Kurtosis)는 자료가 얼마나 중심에서 집중(뾰족한가)되어 있는가를 측정하는 것으로, 관측값이 중심점 주위에 군집하는 범위에 대한 측도입니다. 정규분포의 경우 첨도 통계량값은 0입니다. 양의 첨도는 관측값이 정규분포에서의 관측값보다 더 많이(높게, steep) 군집되어 있으며, 음의 첨도는 관측값이 더 넓게(flat) 분포되었다는 의미입니다.

표준편차/표준오차

우리나라 성인 남성의 평균 혈압을 조사하기 위하여, **500명을 랜덤하게 뽑아서** 500**개의 혈압을 측정**하였다고 가정해 봅시다. 위의 예에서는 우리나라 **전체 성인 남성**(**모집단**, population)의 평균 혈압을 알고 싶은 것입니다. 모집단의 특성을 설명하는 값으로는, 모평균, 모분산, 등 매우 다양합니다. 이처럼 우리는 모집단의 특성을 설명하는 어떤 값을 알고 싶어 하는데, 모집단에 속하는 모든 개체들을 다 조사하는 전수조사를 한다면, 우리는 그 값을 알 수 있겠지만 대부분의 경우, 전수조사는 시간과 비용의 문제 때문에 전수조사 대신, 모집단을 잘 대표하는 **표본**(sample)을 뽑아서 그 표본만을 조사하게 됩니다.

전수조사 대신 표본조사를 하게 되면, 통계학이 필요하게 됩니다. 통계학 관련 서적을 보면 맨 앞부분에는 〈기술통계량〉이라는 부분이 나오는데, 이는 단지 표본에 있는 자료를 요약하여 표본자료의 일반적 특성을 보여주는 기능을 합니다. 표준편차는 자료를 요약하는 행위에 속하는 것으로 위의 혈압 예에서 **표준편차**는 500개 혈압 측정치가 **표본의 평균**으로부터 얼마나 떨어져 있는지를 측정하는 수치입니다. 표준편차가 클수록, 자료는 **표본의 평균**으로부터 멀리 산포(분산)되어 있는 것이고, 표준편차가 작을수록 자료는 표본평균의 근처에 밀집되어 있게 됩니다. 달리 표현하면, 표준편차란 표본(sample)의 자료에 해당하는 개념인 것입니다.

현대통계학이란 한 마디로 표현하면, 표본에 속한 제한된 정보를 사용하여 미지의 값인 모집단의 모수(parameter)를 추정(inference) 및 검정(test)하고자 하는 학문입니다. 추정이란 한 마디로 모르는 값을 미루어 짐작하는 행위로 추정에는 필연적으로 오차가 수반될 수밖에 없습니다. 이는 전수조사가 아니라 표본조사이기 때문입니다. 표준오차는 표본의 값으로 모집단의 값을 추정하는데서 발생할 수 있는 오차를 나타내는데 사용되는 개념입니다. 다시 말하면, 표준오차는 추정량에 의한 추정의 정확성을 나타내 주는 수치로 표준오차가 적을수록 그 추정값은 미지의 모수를 보다 정확하게 추정할 것이고, 표준오차가 크다면 그 추정값은 미지의 모수값과 상당한 차이를 가질 것입니다. 따라서 표준오차는 그 표본의 사례수와 편차에 많은 영향을 받는데 표준편차가 클수록 표준오차는 커지고, 사례수가 많을수록 표준오차는 작아집니다. 그러므로 표준오차가 무엇이냐고 물으면, 반드시 어느 추정량의 표준오차냐고 되물어야 합니다. 모든 추정량은 자신만의 표준오차 공식을 갖고 있는 것입니다. 예를 들어, 통계 프로그램을 사용하여 기술통계(데이터 탐색)의 경우 평균, 왜도, 첨도의 각각의 표준오차를 볼 수 있으며, 그리고 회귀분석을 해 본 경험이 있는 사람이라면, 각각의 회귀계수 옆에 표준오차가 계산되어 나오는 것을 보았을 것입니다. 즉 각각의 회귀계수(즉 추정량)마다 표준오차가 존재하는 것입니다.

표준오차를 구하는 공식은 표준편차를 표본사례수(N)의 제곱근으로 나누어 구할 수 있습니다. 그러므로 동일한 표준편차에서 표본의 사례수(N)를 늘리면 보다 적은 표준오차 값을 구할 수 있습니다. 다른 말로 하면 사례수가 많으면 많을수록 모수를 추정하는 과정에서 오차를 줄일 수 있다는 의미입니다. 그러나 항상 사례수에 의해서만 오차를 줄일 수 있다는 의미는 아니기 때문에 다시 한 번 고민해 봅시다. 또한 표준오차는 모수값을 추정할 때의 신뢰구간을 산정할 수 있는 기본 정보입니다. 예를 들면 90%, 95%, 99% 신뢰수준에서 모수값을 추정할 때 그 각각의 하한값과 상한값은 다음과 같습니다.

신뢰수준	모수값의 신뢰구간
90%	통계값(예, 평균) ± 1.65×표준오차
95%	통계값(예, 평균) ± 1.96×표준오차
99%	통계값(예, 평균) ± 2.58×표준오차

그러나 실제 SPSS분석결과에서 모수를 추정할 때 사용하는 95% 신뢰구간의 하한값과 상한값은 미세하지만 약간의 차이가 발생하는 것을 볼 수 있는데, 그 이유는

사례수(n)가 30 보다 작은 경우 t값들이 조금씩 차이를 두기 때문입니다. 이를 논리적으로 생각해보면 표준오차는 사례가 많을수록 오차의 범위는 줄어들 수 있는데 사례수에 관계없이 t값을 동일하게 적용한다는 것은 논리에 맞지 않기 때문입니다. 그래서 일부 통계학 서적들은 편의상 1σ, 2σ, 3σ 을 사용하기도 합니다.

	성별			통계량	표준오차
연령	남자 (n=433)	평균		23.69	0.099
		평균의 95% 신뢰구간	하한	23.496	
			상한	23.883	
		중위수		24	
		분산		4.21	
		표준편차		2.05	
	여자 (n=553)	평균		21.32	0.091
		평균의 95% 신뢰구간	하한	21.137	
			상한	21.495	
		중위수		21	
		분산		4.62	
		표준편차		2.15	

상기 표의 95% 신뢰구간의 하한값과 상한값이 의미하는 것을 생각해 봅시다. 표준오차의 개념을 **평균의 95% 상·하한 신뢰구간**를 해석한다면 표본의 평균을 기준으로 추론할 때 95%(100에 95번은) 신뢰수준에서 모집단의 평균이 속할 범위는 상한 23.883이며, 하한 23.496이라는 의미입니다. 다시 말해 모집단의 평균이 속할 범위는 23.883~23.496이라는 의미입니다.

표준오차(standard error) 산정 공식: $se = \frac{s}{\sqrt{n}}$

***Z*값(표준화 점수)**, 각각 다른 평균과 표준편차를 고려하여 분포간의 점수를 비교하려면 표준화된 점수, 즉 흔히 말하는 Z값을 사용합니다. 이렇게 되면 어느 분포의 값도 Z값 분포의 평균은 항상 0 이되며, 표준편차는 항상 1이 됩니다. Z값의 산출은 기술통계에서 표준화값을 선택하면 SPSS 프로그램에서 산출됩니다.

정규분포와 95%신뢰구간이란

- 수집된 자료가 정규분포(normal distribution)를 따른다 할 때 정규분포란 분석에 사용될 자료들의 분포정도가 종모양의 정규분포 곡선을 나타내는 것을 의미합니다. 정규분포곡선은 평균이라는 점을 중심으로 좌우대칭이 되고 그 점을 중심으로 좌우대칭을 이루며 평균의 좌우중심에서 빈도가 가장 높게 나타나고, 평균에서 멀어질수록 그 빈도가 낮아지는 것을 의미합니다.
- 어떤 변수의 평균값으로부터 표준오차(Standard Error : SE)의 -1.96배에 해당하는 점과 +1.96배에 이하가 되는 점 사이의 (정규곡선 아래) 면적은 전체 면적의 95%에 해당된다는 뜻입니다.(보통은 표본의 수에 따라 1.96배 대신 2배를 사용하기도 함)

[SPSS 실습]

	성별			통계량	표준오차
연령	남자 (n=433)	평균		23.69	0.099
		평균의 95% 신뢰구간	하한	23.496	
			상한	23.883	
		중위수		24	
		분산		4.21	
		표준편차		2.05	
	여자 (n=553)	평균		21.32	0.091
		평균의 95% 신뢰구간	하한	21.137	
			상한	21.495	
		중위수		21	
		분산		4.62	
		표준편차		2.15	

목표 : 위의 표에 도출된 값들을 SPSS 프로그램을 통하여 계산해 봅시다.

현재까지 배워온 부분의 경우 실제적인 검정에 대한 프로그램의 활용이 이루어지지 않았기 때문에 본 실습과정에서는 기초통계표 작성을 통하여 값을 도출하는 것으로 실습을 실시하도록 하겠습니다.(추후 신뢰구간의 도출 등에 관해서는 관련 차수에 맞는 실습 과정을 통하여 학습하도록 합니다.)

1. 분석(A) → 표 → 통계표작성을 클릭합니다.

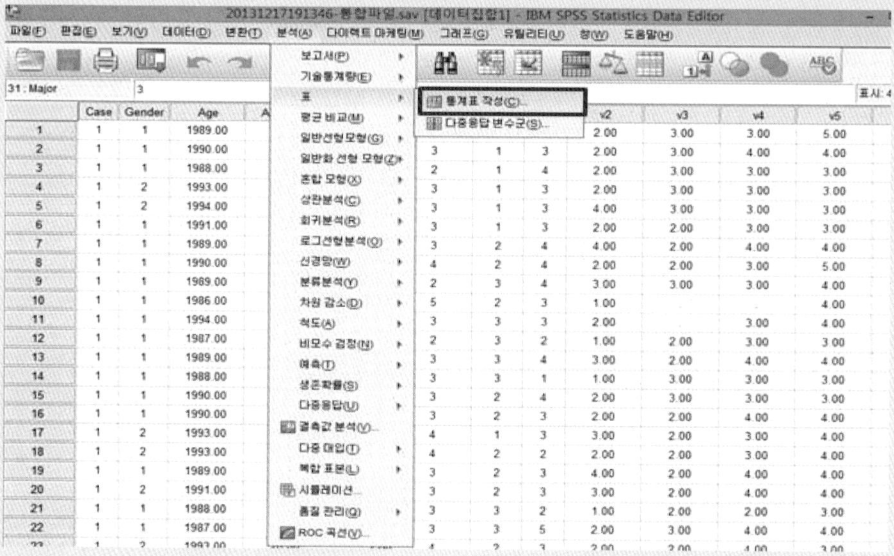

2. 통계표 작성이라는 창이 뜨게 됩니다. 본 실습에서 구하고자 하는 변수들을 드래그하여 행과 열에 배치해 봅시다.
(본 실습에서는 성별 별로 나이에 대한 기초통계를 알아보고자 함으로 행에 성별인 Gender을 열에는 나이인 Age를 넣어 봅니다.(변수에서 드래그하여 옆쪽 열과 행에 넣어 봅시다.)

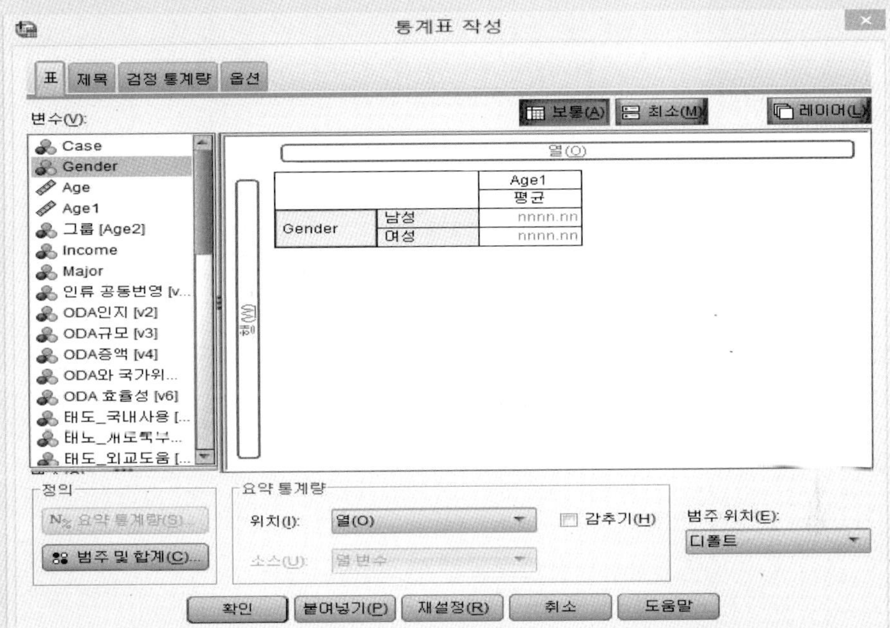

3. 위의 그림과 같이 되었다면 평균 이외의 기초통계량을 확인하기 위해서 다음의 과정을 따라해 봅시다.
먼저 구하고자하는 기초통계량의 경우 나이에 관한 것이므로 드래그하여 넣은 Age1을 클릭해 봅시다. 클릭시 아래 정의에 요약통계량(S)가 활성화되는 것을 보실 수 있습니다. 이제 클릭해 보시면 요약통계라는 창이 하나 생깁니다.

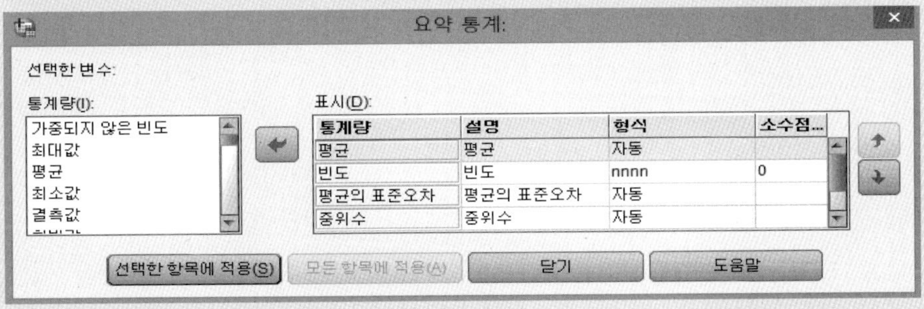

4. 요약통계에 본 실습에서 원하는 기초 통계량들을 통계량(I)에서 클릭하여 추가를 합니다. (본 실습에서는 빈도, 평균의 표준오차, 중위수, 분산, 표준편차를 사용하겠습니다.) 선택한 항목에 적용(S)를 클릭하고 통계표 작성 창에 확인을 눌러 닫아주면, 다음의 값이 출력되는 것을 확인하실 수 있습니다.

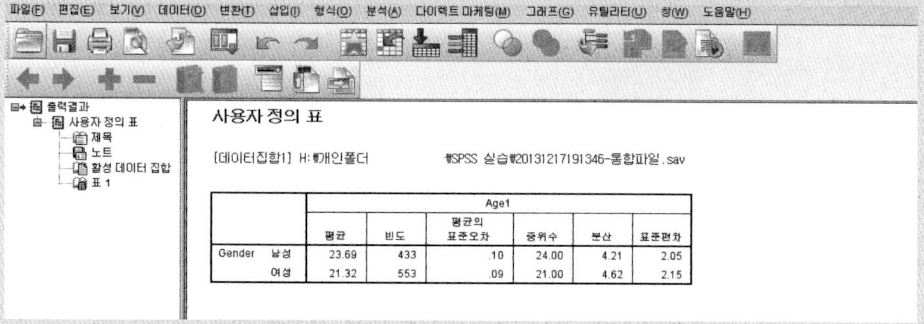

		Age1					
		평균	빈도	평균의 표준오차	중위수	분산	표준편차
Gender	남성	23.69	433	.10	24.00	4.21	2.05
	여성	21.32	553	.09	21.00	4.62	2.15

출력된 값을 이용하여 실습에서 제시된 표와 확인해 봅시다. 동일한 값이 도출되는 것을 확인할 수 있습니다(평균의 95% 신뢰구간의 값의 경우 이후 학습할 내용에서 손쉽게 도출할 수 있으나, 현재 과정에서는 앞서 학습한 수식을 통하여 도출하는 것으로 대신합니다.).

3. 생활 통계의 이해

농촌개발분야 국제개발협력사업의 경우를 예를 들어 살펴봅시다. 어떤 사업의 최종적인 목표를 지역사회의 소득증대를 통한 삶의 질을 향상하고자 한다면 연구자들께서는 어떻게 소득이 증대되고 삶의 질이 향상되었는지 측정하시겠습니까? 우선 소득의 변화를 조사해야 합니다. 월평균 임금 혹은 소비량 등 객관적인 통계값을 가지고 사업집행 이전 혹은 이후에 주민들의 소득이 얼마나 변화했는지 비교해야 합니다. 특히 사업의 순수한 효과를 측정하는 것이 가장 중요한 작업입니다. 그러나 현실적으로는 소득변화에 있어서 사업의 순수효과 만을 따로 찾아내기란 쉽지 않습니다. 그러므로 이러한 사업의 효과를 정확하게 파악하기 위해서는 사업이전의 소득수준은 어떠했으며 사후에 종료되고 나서 어떠한 변화가 있었는지 통계조사를 위한 계획을 수립하는 것이 중요합니다.

상기에 설명한 내용이 객관적인 통계조사라면 설문지를 통한 사업의 효과를 측정하는 만족도 조사라든지 소득이 얼마나 증대되었는지를 묻는 리커트 설문조사 등은 응답자들이 느끼는 체감의 정도를 나타내는 것이기 때문에 실제 소득의 변화를 측정하기에는 부족한 부분이 있습니다. 그러므로 연구자들은 실제 객관적 통계자료와 체감통계를 함께 비교하는 것이 필요하다고 생각합니다.

연습문제

1. 척도의 종류에 간단하게 설명하시오.

① 명목척도 (   )
② 서열척도 (   )
③ 등간척도 (   )
④ 비율척도 (   )

2. 다음의 표를 완성해 보시오.

구 분		척도에 내포된 가정				비교방법	분석유형
		분류	순위	등간격	절대0점		
명목형 (질적자료)	명목척도						
	서열척도						
연속형 (양적자료)	등간척도						
	비율척도						

3. 다음 설명 중 틀린 것은 무엇입니까?

① 왜도 : 정규분포가 얼마만큼 대칭적인가를 보는 척도

② 평균(산술평균) : $\bar{x}=\frac{1}{n}\cdot\sum_{i=1}^{n}x_i$

③ 표준편차 : $\frac{\sum_{i=1}^{n}(x_i-\bar{x})^2}{n-1}$

④ 첨도 : 자료가 얼마나 중심에 집중되어 있는가를 측정

4. 다음 DATA의 기초통계(평균, 분산, 표준편차)값을 구해보십시오.

113.8	105.3	114.0	120.0	92.8	115.5	119.0	87.3	89.8	118.0
109.8	99.5	100.3							

① 평균 (   )
② 분산 (   )
③ 표준편차 (   )

제3부
기술통계의 이해

제5.1장 기술통계분석이란 (1)

학습목표

입력된 자료의 일반적 특성을 서술하기 위한 기술통계 분석이해

- 기술통계와 추리통계의 기본적 차이란
- SPSS 프로그램의 기술통계분석 방법의 종류
- 빈도분석(Frequency)의 실행 그 결과 해석
- 중심경향치(평균, 중위수, 최빈값)의 차이점 이해, 평균의 함정
- 산포도(분산, 표준편차)의 이해
- 데이터 탐색을 활용한 도표의 이해(줄기와 잎 그림, 히스토그램)
- 행과 열이 나타내는 교차분석의 기술통계 이해
- 이분형과 범주형의 다중응답 분석 이해
- 국제개발협력사업과 기술통계의 활용방법

기술통계분석은 입력된 자료의 일반적 설명이나 자료의 전반적 특성을 알고자 할 때 이용하는 분석 방법입니다. 이러한 기술통계분석의 기능은 엑셀이나 다른 프로그램에서도 이용할 수 있는 것으로 매우 기본적인 분석 방법입니다. 기술통계분석의 가장 일반적인 분석방법은 빈도분석, 기술통계, 데이터 탐색, 교차분석 그리고 이러한 분석결과의 분포를 보여주는 P-P 도표, Q-Q 도표를 볼 수 있습니다.

데이터의 입력은 연구자들이 통계적 분석을 위한 사전 단계입니다. 입력 후에는 SPSS의 가장 기본적인 통계분석 기법인 기술통계를 실행할 수 있어야 합니다. 즉 빈도분석(Frequency)과 기술통계(Descriptive)라 할 수 있습니다. 빈도분석은 변수들

에 대한 다양한 통계량과 도표를 출력하여 각각의 변수에 대한 특성과 설문결과의 일차적 특성(응답의 분포와 그 비율)을 보여줍니다. 기술통계분석은 빈도분석의 통계량과 거의 유사하지만, 빈도분석은 이산적(discrete) 혹은 범주형(categorical) 변수값(명목, 서열척도)을 다루는데 비해 기술통계분석은 연속적인(continuous) 변수값(등간, 비율척도)을 다룬다는 점에서 빈도분석과 다릅니다. 또한 기술통계에서는 연속형 변수값을 분석하기 때문에 평균을 포함하여 평균에서 떨어져 있는 정도를 나타내는 산포도(분산과 표준편차)도 중요한 분석 대상입니다.

기술통계 분석을 통해서 알 수 있는 대표적 통계값은 중앙경향치(평균, 중앙값, 최빈값), 사분위수(데이터를 가장 작은 값에서 큰 값의 순서로 나열했을 때 25%, 50%, 75%에 위치하는 값), 분산과 표준편차, 그리고 이들 결과를 도표(막대, 원, 히스토그램)로 나타냄으로써 분석결과의 시각적 이해를 도울 수 있습니다.

SPSS의 분석(A)의 가장 기본이라 할 수 있는 **기술통계량**이란 데이터들이 어떤 특성을 갖고 있는지 보기 위한 것입니다. 평균, 중위수, 최빈값과 같은 중심 경향과 관련된 통계량, 분산과 표준편차 같은 퍼짐의 정도를 나타내는 통계량, 왜도와 첨도 등과 같은 분포의 형태(치우침)를 나타내주는 통계량과 여러 가지 수치나 도표, 차트 등과 같이 데이터의 특성을 보기 위한 분석도구라고 볼 수 있겠습니다. 기술통계량에는 **빈도분석**, **기술통계**, **데이터탐색**, **교차분석**, **비율**, **P-P 도표**, **Q-Q 도표** 등의 분석법들로 이루어져 있습니다.

기술통계량 분석방법들은 데이터 분석에 앞서 가장 먼저 시행되어야 할 부분이며 가장 기초가 되는 부분입니다. 어떤 데이터들을 가지고 있으며 그 데이터들이 어떠한 특성을 가지고 있는지를 보는 것인데, 데이터들의 특성에 따라 분석방법이 달라지기 때문에 가장 기초적인 부분이지만 가장 중요한 부분이라고 말할 수 있습니다. 그러나 SPSS 사용자들에게 있어서 중요한 것은 기술통계량 분석방법을 선택할 때 입력된 혹은 측정된 자료의 형태(수준)가 어떠한지 즉 척도의 수준(명목, 서열, 등간, 비율)에 맞는 분석방법을 선택하는 것이 무엇보다 중요합니다.

(분석 → 기술통계량)

빈도분석의 경우는 주로 명목척도나 서열척도로 측정된 변수를 분석할 때 유용하며, 기술통계는 양적(연속형)자료인 등간척도나 비율척도로 측정된 변수를 분석할 때 주로 이용합니다. 5점 혹은 7점 척도로 이루어진 만족도나 인식의 정도를 나타내는 리커트형 척도는 엄밀한 의미에서는 서열척도지만 일반적으로 등간척도로 가정하여 기술통계 분석에 사용할 수 있습니다.

기술통계량의 분석은 먼저 적절한 자료를 입력하였거나 입력된 자료를 활용하기 위해 SPSS 프로그램을 오픈하여 분석한 자료를 선택한 다음 SPSS 프로그램의 분석 메뉴에서 시작합니다.

1. 빈도분석(F)

빈도분석(F)이란 수집한 자료의 특성을 파악하기 위한 첫 번째 단계로 원자료의 분포현황을 파악하여 변수들의 빈도, 중심경향치, 분포도 등 변수의 개략적 특성을 살펴보는 분석방법입니다. 빈도분석은 표로 기술하는 것보다는 그래프로 기술하는 것이 시각적으로 편리하며, 이해하기가 쉽습니다. 따라서 빈도분석은 분석자료에 대한 가장 간편하고, 중요한 기초정보를 제공해주는 분석기법이라 할 수 있습니다.

(분석 → 기술통계량 → 빈도분석 → 통계량 or 도표 → 원하는 값 클릭 → 확인)

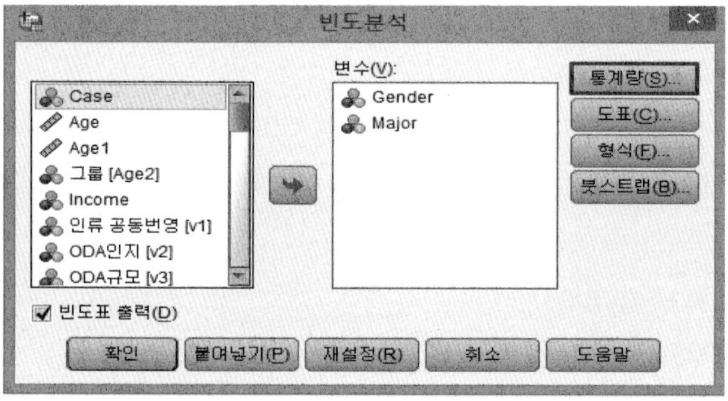

예제설명 예를 들어 성별(Gender)에서 남자(1)는 몇 명에 몇 %인지, 여자(2)는 어떠한지, 분석자료 중에서 각각의 학과(Major, 1, 2, 3, 4)에 해당하는 빈도와 그 비율(%)은 어떻게 분포되어 있는지 등을 보여줍니다. 통계량(S) 옵션을 통해 다양한 통계정보를 선택할 수 있습니다. 빈도분석은 명목 혹은 서열척도 변수에 적합한 분석방법이지만 등간이나 비율척도로 측정된 변수도 분석은 할 수 있습니다. 하지만 측정된 변수의 범위가 지나치게 넓은 경우는 적절한 구간으로 코딩 변경하여 분석하는 것이 필요합니다.

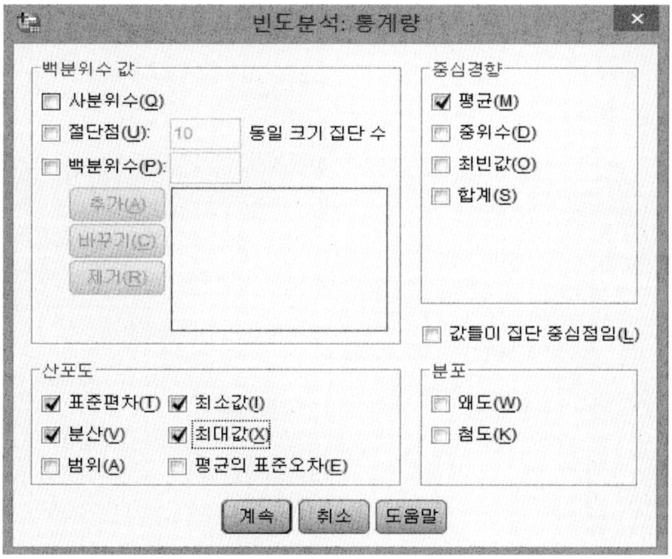

백분위수 값은 측정된 자료에서 나타나는 일정한 누적백분위 값을 보여줍니다. 사분위수(Q)는 측정변수 집단에서 25%, 50%, 75%에 해당하는 변수의 값을 나타내며, 절단점(U)은 예를 들면 10%라고 입력하면 10%, 20%, 30% …… 100%에 해당하는 변수의 값 즉 10개의 동일 그룹으로 나누어서 보여 줍니다. 백분위 수(P)는 1~100% 사이에 알고 싶은 % 해당하는 값을 입력하여 추가(A)하면 그에 해당되는 변수의 값을 보여줍니다.

중심경향은 측정변수가 전체에서 나타나는 분포(특성, 위치)의 특성을 보여주는 것의 하나로써 중심(중앙)적 위치를 나타내는 것이 평균, 중위수, 최빈값입니다. **평균**(M)은 산술적 평균을 의미하며, **중위수**(D)는 측정변수를 순서로 나열할 때 중앙에 위치하는, 즉 50%에 해당하는 값입니다. 그리고 **최빈값**(O)은 측정변수에서 가장 많은 빈도를 나타내는 값입니다. 그러므로 중심경향 값을 선택할 때는 척도의 수준에 따라 적절한 중심경향 값을 선택하여 그 결과를 설명하는 것이 필요합니다.

▶ **중위소득** : 전국 가구의 소득을 한 줄로 세웠을 때 맨 가운데(50%)에 해당하는 값으로 2014년(4인 가구 기준) 중위소득은 404만원이었다. 우리나라는 중위 소득의 50~150% (202~606만원)에 해당하는 가구를 중산층이라고 본다.

산포도는 다음 장(기술통계)에서 설명하겠습니다.

빈도분석 결과 출력

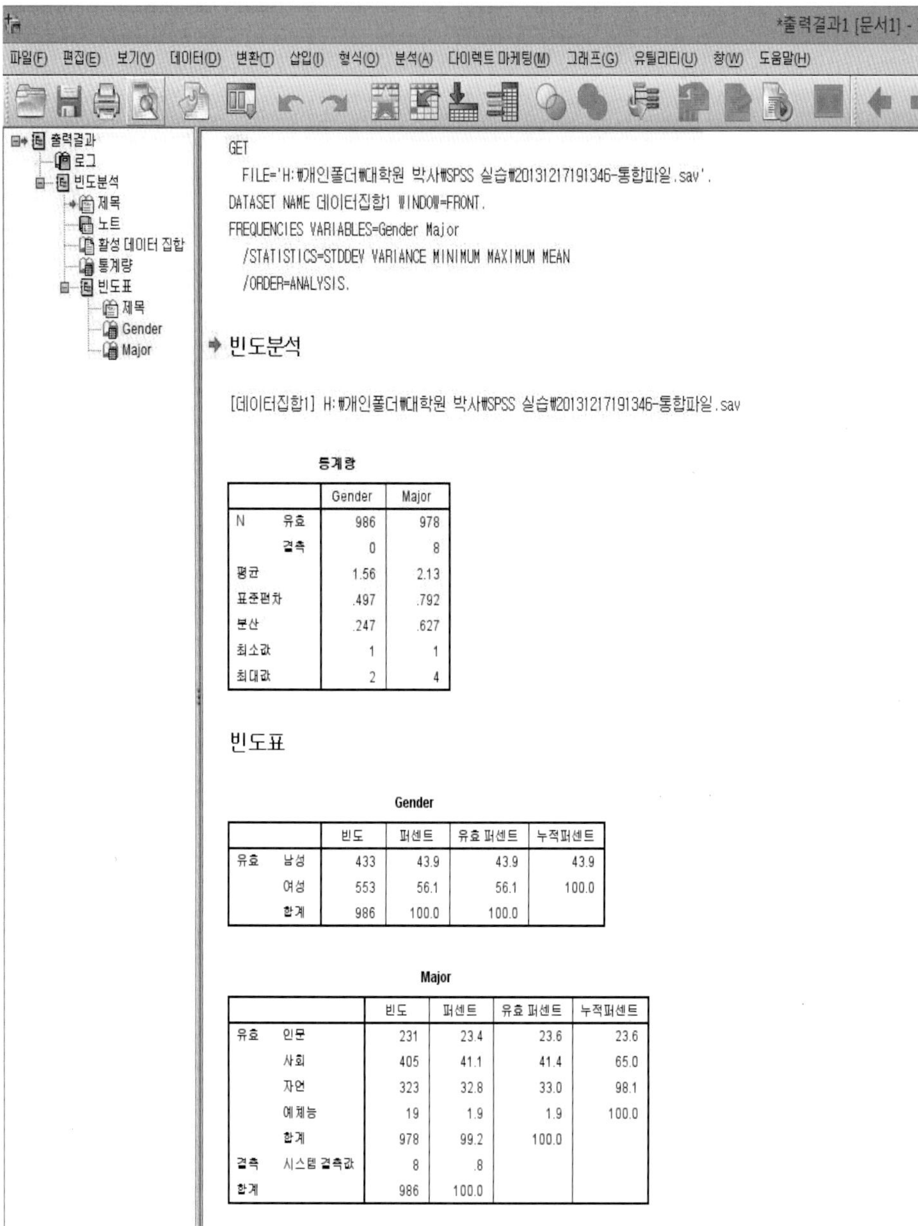


```
GET
  FILE='H:₩개인폴더₩대학원 박사₩SPSS 실습₩20131217191346-통합파일.sav'.
DATASET NAME 데이터집합1 WINDOW=FRONT.
FREQUENCIES VARIABLES=Gender Major
  /STATISTICS=STDDEV VARIANCE MINIMUM MAXIMUM MEAN
  /ORDER=ANALYSIS.
```

빈도분석

[데이터집합1] H:₩개인폴더₩대학원 박사₩SPSS 실습₩20131217191346-통합파일.sav

통계량

		Gender	Major
N	유효	986	978
	결측	0	8
평균		1.56	2.13
표준편차		.497	.792
분산		.247	.627
최소값		1	1
최대값		2	4

빈도표

Gender

		빈도	퍼센트	유효 퍼센트	누적퍼센트
유효	남성	433	43.9	43.9	43.9
	여성	553	56.1	56.1	100.0
	합계	986	100.0	100.0	

Major

		빈도	퍼센트	유효 퍼센트	누적퍼센트
유효	인문	231	23.4	23.6	23.6
	사회	405	41.1	41.4	65.0
	자연	323	32.8	33.0	98.1
	예체능	19	1.9	1.9	100.0
	합계	978	99.2	100.0	
결측	시스템 결측값	8	.8		
합계		986	100.0		

예제설명 빈도표에 나타난 성별, 학과별 빈도분석 결과를 살펴보면 성별(Gender)과 학과(Major)의 유효 사례수는 986명과 978명으로 남성에 해당하는 경우가 433명 유효 사례수의 43.9%이며, 여성에 해당하는 사례가 전체의 56.1%인 553명으로 나타났다. 마찬가지로 학과의 경우 인문, 사회, 자연, 예체능에 해당하는 빈도가 각각 231명, 405명 그리고 323명, 19명으로 분석되었다. 빈도분석은 설문조사대상 혹은 분석에 포함된 유효 사례수를 기준으로 측정기준에 해당하는 빈도와 유효 사례에서 차지하는 비율을 제시하고 있습니다. 퍼센트(결측값이 있는 경우 이를 포함하여 산정한 비율), 유효 퍼센트(결측값이 있는 경우 결측값을 제외하고 실제 분석에 사용된 사례를 기준으로 한 비율), 누적 퍼센트는 전체사례, 유효사례, 그리고 유효 퍼센트의 누적을 기준으로 산정된 퍼센트를 나타냅니다.

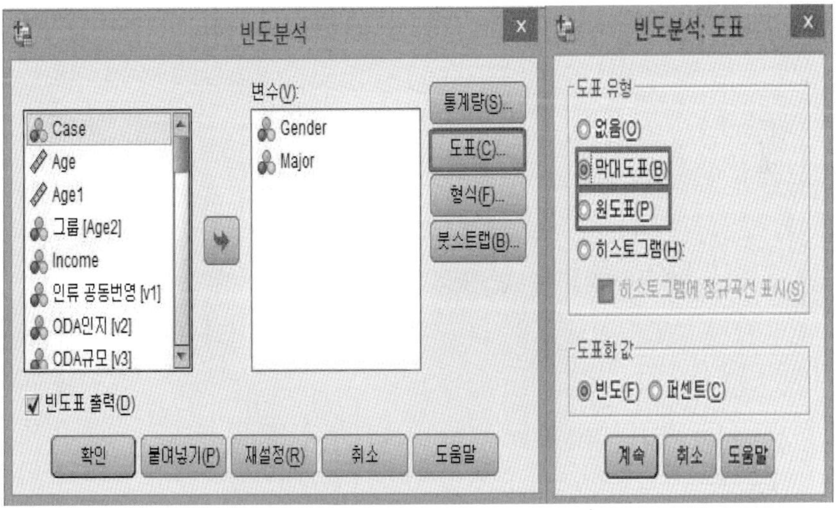

예제설명 빈도분석의 경우 도표(C) 기능을 선택하여 분석결과를 막대도표(B), 원그래프(P), 히스토그램(H)으로 표시하여 분석결과를 시각적으로 나타낼 수도 있습니다. 도표의 유형은 분석자료의 형태에 따라 알맞은 도표유형을 선택하고 편집기능을 통해 시각화된 자료를 편집할 수 있는 기능이 있습니다. 히스토그램은 일반적으로 등간척도 이상의 자료분석에 적절한 도표 유형입니다.

결과값 출력

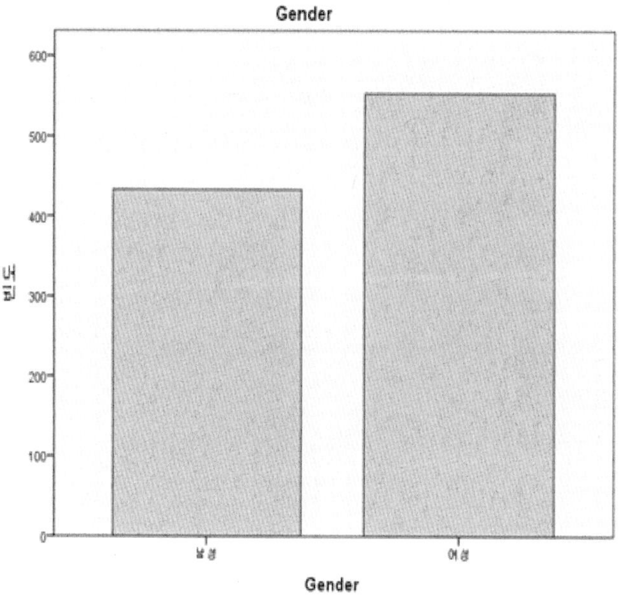

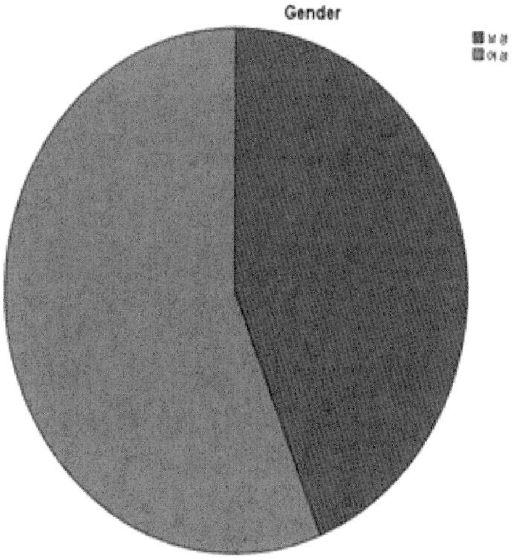

일반적으로 빈도분석이나 기술통계는 아래의 표와 같이 연구 분석에 사용된 자료의 일반적 특성을 요약해서 보고할 때 주로 사용되는 분석 기법입니다. 이러한 응답자의 일반적 특성은 분석에 사용된 자료의 속성이나 표본 구성의 일반적 현황을 소개함으로써 실제 모집단의 속성과 얼마나 유사한 형태를 보여주고 있는지 혹은 실질적인 분석에 앞서 분석 자료의 속성을 파악하는데 도움이 되는 표입니다. 여러분들도 어떠한 자료를 분석할 때 분석자료의 일반적 특성을 먼저 밝힐 것을 권장하며, 이러한 표를 구성하기 위해서는 빈도분석이나 기술통계 혹은 교차분석을 할 수 있어야 합니다.

응답자의 일반적 특성		
변수	**구분**	**빈도(%)**
Gender (성별) N=986	남성	433(43.9)
	여성	553(56.1)
Age(연령그룹) N=985	20세이하	218(22.1)
	21~24세	601(61.0)
	25세 이상	166(16.9)
Income(소득수준) N=968	상	13(1.3)
	중상	149(15.4)
	중	625(64.6)
	중하	146(15.1)
	하	35(3.6)
Major(전공) N=978	인문	231(23.6)
	사회	405(41.4)
	자연	323(33.0)
	예체능	19(1.9)

2. 기술통계(D)

기술통계(D)는 등간, 비율척도 변수의 기초적인 값들을 계산할 수 있습니다. 평균, 표준편차, 최대값, 최소값, 최빈값, 중위수, 첨도, 왜도, 사분위수 등이 바로 그것입니다. 일반적으로 교차분석, t-test, ANOVA 등의 분석에서는 기본적으로 기술통계값이 함께 나오는데, 각 값의 유효 퍼센트나 분포의 형태 등을 알아볼 때는 기술통계 분석을 실시하여야 합니다. 기술통계(D)도 빈도분석(F)과 마찬가지로 자료(등간 혹은 비율척도)의 구조와 특징을 알아보기 위한 기초적인 탐색적 자료분석이라 할 수 있습니다.

(분석 → 기술통계량 → 기술통계 → 옵션 → 원하는 값 클릭 → 확인)

기술통계는 분석할 자료의 요약정보를 제시해 주는데, 옵션의 대화상자를 이용하여 다양한 통계값을 알아볼 수 있습니다. 그러나 중요한 것은 각각의 통계값이 무엇을 의미하는지 사전에 이해하는 것이 선행되어야 합니다. 특히나 산포도의 경우 각각의 통계값이 의미하는 정보의 내용이 반드시 이해되어야 기술통계를 정확히 이해할 수 있으며, 다음 장에서 다루는 추리통계도 이해할 수 있습니다. 출력문서의 옵션은 분석 결과를 보여줄 때 기준이 되는 것으로 지정된 선택을 그대로 사용하거나 데이터의 특성에 맞게 조절하여 활용할 수 있습니다.

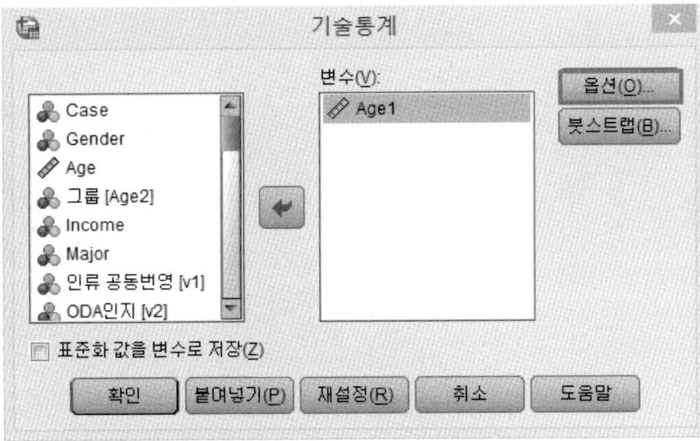

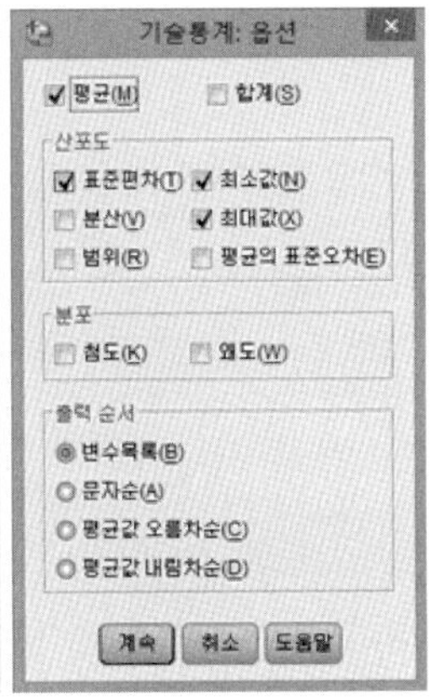

산포도란 측정변수의 분포(분산) 형태를 의미하는 통계값으로 평균으로부터의 분산(퍼져있는 정도)을 의미하는 분산과 표준편차, 측정변수의 최소값과 최대값 그리고 이들 사이의 거리를 나타내는 범위, 평균의 표준오차로 구성되어 있습니다. 그리고 분포의 모양을 나타내는 왜도, 첨도 등으로 나눌 수 있습니다.

분산(Variance), **표준편차**(Standard Deviation)는 평균값에서 어느 정도 떨어져 있는지를 알 수 있는 산포도 측정 도구이며, 표준편차를 구하는 공식은 '분산의 제곱근'입니다. 분산과 표준편차 값이 작을수록 평균값 주변에 몰려 있음을 의미하고, 클수록 평균값에서 떨어져 있음을 의미합니다. 또한 변수값의 단위가 커지면 표준편차도 커지게 됩니다. 분산이 평균을 중심으로 퍼짐(분산)의 총합을 나타내는 통계라면 표준편차는 관측변수의 개별값과 평균과의 이격(분산) 정도를 나타내는 통계값이라 할 수 있습니다.

예제설명 아래의 기술통계 결과 값은 공적개발원조(ODA)에 관한 대학생 의식조사 중 연령(Age)의 기술통계 분석결과표입니다. 3차에 걸친 설문조사에서 조사대상 학생 985명의 평균 나이는 22.3574세이며, 최저연령 18세~최고령자 49세까지 분포되어 있으며, 분산은 5.825이며 표준편차는 2.41359임을 알 수 있습니다.

기술통계 결과 값 출력

기술통계량

	N	최소값	최대값	평균	표준편차	분산
Age 1(나이)	985	18.00	49.00	22.3574	2.41359	5.825
유효수(목록별)						

예제설명 표준편차의 이해를 보다 정확하게 하기 위해서 다음의 예를 들어봅시다. 상기 집단 A와 B를 통해 알 수 있듯이 두 집단의 평균값은 동일하지만 개별 값들과 평균과의 관계를 알 수 있는 분산과 표준편차 값은 큰 차이가 있음을 알 수 있습니다. 우리는 두 학급의 평균점수가 동일하지만 표준편차 값이 적은 A 학급이 훨씬 우수한 학업수행실적을 보여준다고 할 수 있습니다. 따라서 분산과 표준편차는 평균이 보여주지 못하는 다른 부분을 설명할 수 있는 통계값입니다.

집단	값	통계량	설명
집단 A	4, 5, 5, 6, 6, 7	평균 : 5.5 분산 : 1.0816 표준편차 : 1.04	집단 A와 B의 평균은 각각 5.5로 두 집단이 동일하다. 그러나 표준편차를 보면, 집단 A가 1.04, 집단 B가 3.78로 집단 B의 표준편차가 집단 A의 표준편차보다 크다. 따라서 집단 A의 점수가 평균값 주변에 몰려있다는 것을 알 수 있으며 이것은 집단 A의 점수들이 집단 B에 동질적이라는 것을 말해준다.
집단 B	1, 1, 5, 8, 9, 9	평균 : 5.5 분산 : 14.2884 표준편차 : 3.78	

3. 데이터 탐색(E)

데이터 탐색(E)은 특정 변수 혹은 변수의 그룹별 기술통계값을 그래프와 함께 비교할 때 유용한 분석방법입니다.

데이터가 특이값을 포함하고 있을 경우 평균, 분산과 같은 통계량들은 특이값에 크게 영향을 받습니다. 따라서 이러한 특이점이 존재하는지 미리 확인을 하고 조치해야 합니다. 데이터 탐색은 모든 케이스나 분리된 케이스 집단에 대한 요약 통계량, 예외적인 값이나 극단 값, 데이터 간 간격, 기타 특성을 볼 수 있습니다. 또한 데이터 분석에 사용하려는 통계기법이 적합한지 여부를 결정할 수 있습니다. 즉, 데이터 탐색은 말 그대로 데이터의 특성을 알아보는 분석법이라고 할 수 있습니다. 상자도표

(Boxplot)나 줄기잎(Stem-and-Leaf Polt) 그림 도표 등의 시각적인 도표도 활용할 수 있습니다.

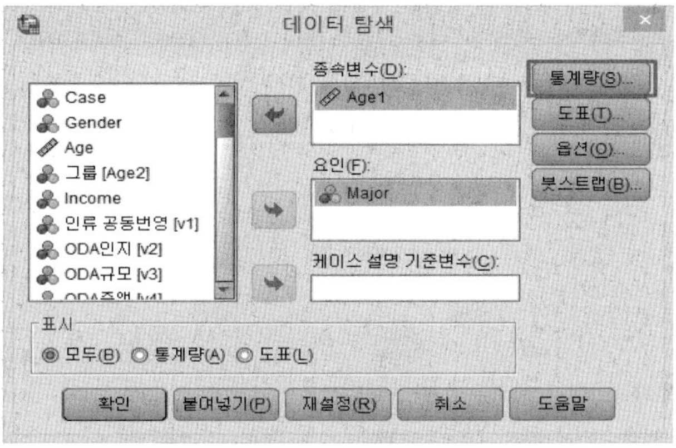

데이터 탐색분석은 요인(F)인 독립변수의 각 집단별 종속변수(D)의 중앙경향치(평균, 중앙값), 산포도(분산, 표준편차. 최소값, 최대값 등), 표준오차, 평균의 95% 신뢰구간, 그리고 상자도표(Boxplot)를 통해 요인변수인 집단간의 평균과 분산을 비교해 볼 수

있습니다. 여기서 요인에 해당하는 변수의 척도는 명목 혹은 서열척도가 되어야 하며 종속변수는 등간 혹은 비율척도로 측정된 변수가 사용되어야 합니다. 그렇지만 요인 변수의 지정 없이 종속변수만을 지정하여 연속형 변수의 다양한 통계값을 구할 수도 있습니다.

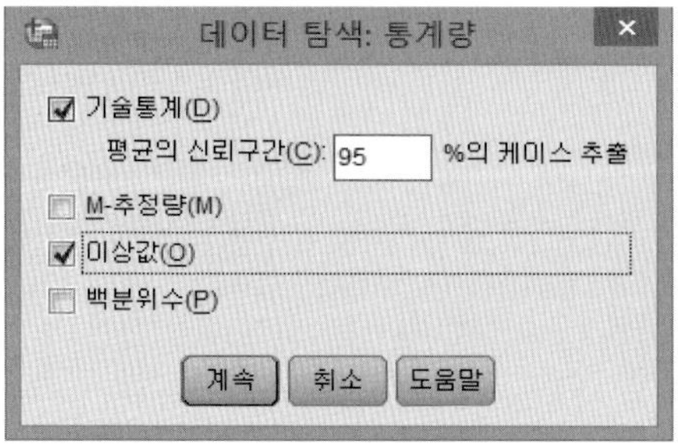

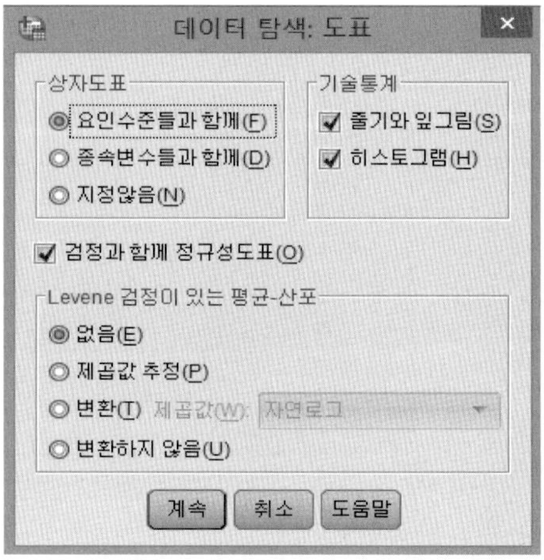

데이터 탐색의 통계량 옵션을 통해 기술통계값과 이상값을 선택하였으며 도표 대화창을 통해 줄기와 잎 그래프(S), 히스토그램(H)을 선택하였습니다.

결과 값 출력

케이스처리요약

문/이과 구별		케이스					
		유효		결측		전체	
		N	퍼센트	N	퍼센트	N	퍼센트
Age 1(나이)	인문	230	99.6%	1	0.4%	231	100.0%
	사회	405	100.0%	0	0.0%	405	100.0%
	자연	323	100.0%	0	0.0%	323	100.0%
	예체능	19	100.0%	0	0.0%	19	100.0%

예제설명 데이터 탐색을 통해 사례수 977명 중 문과/이과별 내신 성적을 분석한 기술통계 결과표를 제시하면 다음과 같습니다.

기술통계

문이과구별				통계량	표준오차
내신	인문	평균		21.5826	.14332
		평균의95% 신뢰구간	하한	21.3002	
			상한	21.8650	
		5% 절삭평균		21.4227	
		중위수		21.0000	
		분산		4.725	
		표준편차		2.17361	
		최소값		18.00	
		최대값		30.00	
		범위		12.00	
		사분위수범위		3.00	
		왜도		1.070	.160
		첨도		1.116	.320
	사회	평균		22.7506	.12940
		평균의95% 신뢰구간	하한	22.4962	
			상한	23.0050	
		5% 절삭평균		22.5885	
		중위수		23.0000	
		분산		6.782	
		표준편차		2.60417	
		최소값		19.00	
		최대값		49.00	
		범위		30.00	
		사분위수범위		2.50	
		왜도		4.594	.121
		첨도		39.871	.242
	자연	평균		22.4799	.12529
		평균의95% 신뢰구간	하한	22.2334	
			상한	22.7264	
		5% 절삭평균		22.4811	
		중위수		22.0000	
		분산		5.070	
		표준편차		2.25172	
		최소값		18.00	
		최대값		27.00	
		범위		9.00	
		사분위수범위		3.00	
		왜도		.064	.136

	첨도		-.907	.271
예체능	평균		21.2105	.35524
	평균의95% 신뢰구간	하한	20.4642	
		상한	21.9568	
	5% 절삭평균		21.1784	
	중위수		21.0000	
	분산		2.398	
	표준편차		1.54844	
	최소값		19.00	
	최대값		24.00	
	범위		5.00	
	사분위수범위		3.00	
	왜도		.210	.524
	첨도		-1.010	1.014

예제설명 기술통계량(E) 분석의 한 형태인 데이터 탐색(E)의 분석결과를 살펴보면 인문/사회/자연/예체능 수강생의 나이는 인문계열의 경우 평균 21.58세, 사회계열은 22.75세, 자연계열은 22.48세, 예체능계열은 21.21세로 나타났으며, 표준편차는 각각 0.143, 0.129, 0.125, 0.355로 나타나 대부분의 계열의 평균 연령은 비슷하나, 사회계열의 연령이 다른 계열보다 높은 것으로 나타났으며, 집중도의 경우에도 대부분이 비슷하였으나 자연계열의 평균 집중도가 가장 높고, 예체능 계열은 집중도가 다른 계열보다 떨어지는 것으로 나타났다. 이러한 분석결과 히스토그램을 통해 인문/사회/자연/예체능 별 연령대를 비교하여 평균을 중심으로 좌우 분포의 형태도 비교할 수 있습니다.

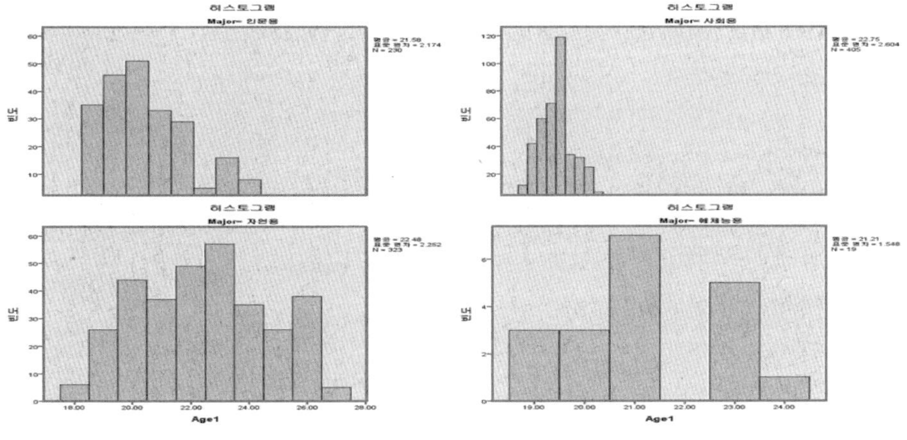

예제설명 줄기와 잎 그림은 히스토그램을 옆으로 뉘어놓은 것과 같은 결과를 보여주고 있습니다. 아래의 도표는 인문계열의 줄기와 잎그림 도표이며 여기서 Frequency는 잎의 빈도를 나타내며, Stem을 의미하는 줄기는 평균점수의 1단위 자리수를 의미합니다. Leaf을 의미하는 잎은 단위 자리수를 의미하는 실제 숫자입니다. 즉 Stem 아래는 18세부터 27세까지를 나타내고 있으며, Leaf는 앞의 Frequency를 그림으로 설명하고 있습니다. 그러므로 히스토그램과 줄기 잎 그래프는 함께 이해할 필요가 있으며 이러한 도표의 의미는 두 집단간 평균을 중심으로 한 좌우 대칭의 정도를 파악할 수 있는 통계정보라 할 수 있겠습니다.

줄기와 잎그림 도표

Age1 Stem-and-Leaf Plot for

Major= 인문

Frequency	Stem &	Leaf
1.00	18 .	0
35.00	19 .	00000000000000000000000000000000000
46.00	20 .	0000000000000000000000000000000000000000000000
51.00	21 .	000000000000000000000000000000000000000000000000000
33.00	22 .	000000000000000000000000000000000
29.00	23 .	00000000000000000000000000000
5.00	24 .	00000
16.00	25 .	0000000000000000
8.00	26 .	00000000
2.00	27 .	00
4.00 Extremes		(>=28.0)

예제설명 상자도표(boxplot)는 한 묶음의 통계값을 정리하는 것으로 최소값, 최대값, 중위수, 1사분위(하위 25%), 3사분위(하위 75% 혹은 상위 25%)의 위치와 함께 이상값(특이점)을 함께 그래프로 보여주는 것이다. 인문계열의 중위수 21.00, 1사분위수, 3사분위수, 최소값, 최대값을 나타내며 나이의 이상치 값을 보여주는 사례의 번호는 번째 246, 467, 640, 902번째임을 그래프로 함께 나타내고 있습니다.

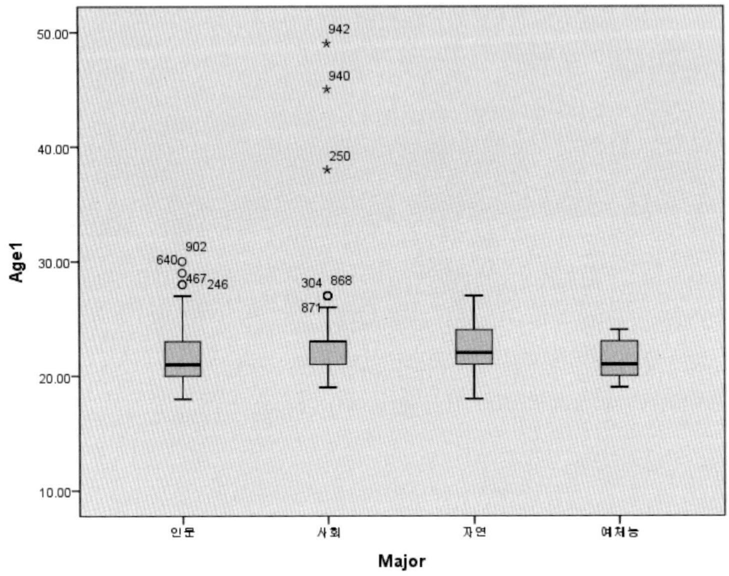

제5.2장 기술통계분석이란 (2)

1. 교차분석(C)

범주형 자료(명목 혹은 순서척도)인 두 개 혹은 그 이상의 변수에 대한 변수들의 관련성을 알아보기 위해, 결합분포를 나타내는 **분할표**를 작성함으로써 변수 상호 간의 독립성과 관련성 존재 여부를 분석하는 것을 **교차분석**이라고 합니다. 교차분석의 일차적 목적은 명목 대 명목, 명목 대 서열척도 혹은 서열 대 서열척도 변수의 교차빈도와 그 비율을 탐색하기 위한 것입니다.

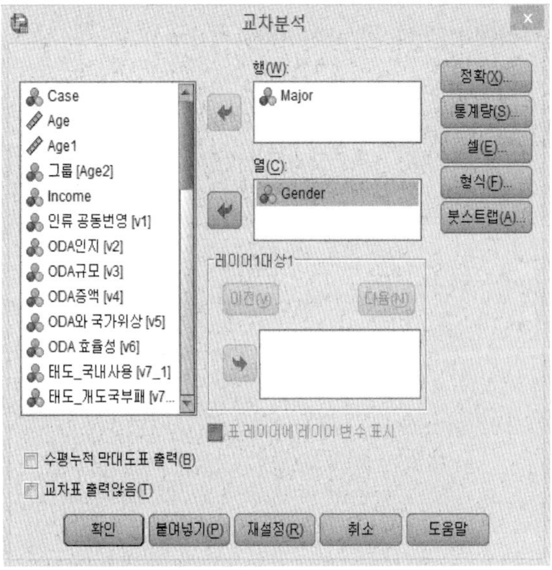

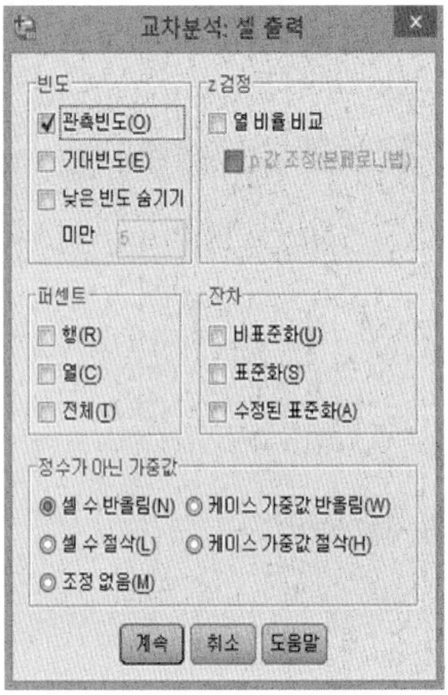

명목형 변수인 전공과목별 성별을 살펴보면 다음과 같습니다. 성별(Gender)은 명목 척도라 할 수 있으며 성별(남성, 여성)이 명목변수인 전공별로 어떻게 분포하고 있는지 혹은 전공별로 성별의 차이를 살펴볼 수 있는 분석기법이라 할 수 있습니다.

예제설명 전공별로 성별을 교차분석한 결과 조사대상 학생 978명에 대해 인문계열(231명), 사회계열(405명), 자연계열(323명), 예체능계열(19명) 학생들의 성별 분포를 살펴보면, 전체에서는 여성비율이 약간 높은 것(56.0%)인 것으로 알 수 있으며, 각 전공별로는 자연과 예체능계열의 경우 남성의 비율이 57.0%와 52.6%로 높은 것으로 조사되었습니다. 이처럼 교차분석은 단순히 행과 열의 두 변수간 분포와 그 비율을 1차적으로 알아볼 수 있는 분석기법입니다. 퍼센트 옵션은 예시에서처럼 행(R)을 선택할 경우는 행에 해당하는 변수(전공) 전체를 100%로 놓고 각 열에 해당하는 변수(성별)의 비율을 표시해주는 반면, 열(C)을 선택하는 경우는 반대로 열에 해당하는 변수 전체를 100%로 놓고 그 중에서 각각의 행에 해당하는 변수의 비율을 표시해줍니다. 전체를 선택할 경우 행과 열의 비율을 다 함께 보여줍니다.

전공 * 성별

			성별(Gender)		전체
			남성	여성	
전공 (Major)	인문	빈도	70	161	231
		전공중%	30.3%	69.7%	100.0%
	사회	빈도	166	239	405
		전공중%	41.0%	59.0%	100.0%
	자연	빈도	184	139	323
		전공중%	57.0%	43.0%	100.0%
	예체능	빈도	10	9	19
		전공중%	52.6%	47.4%	100.0%
전체		빈도	430	548	978
		전공중%	44.0%	56.0%	100.0%

가설검정을 위한 교차분석의 카이제곱검정은 다음 장 추리통계에서 살펴보도록 하겠습니다.

2. 다중응답자료 분석(U)

- 질문지는 일반적으로 한 질문에 한 개의 응답을 하도록 되어 있는데 때로는 하나의 질문(변수)에 여러 개의 응답을 할 수 있도록 설계된 질문항목이 있습니다. 예를 들면 선호하는 운동을 모두 선택할 수 있도록 설계된 질문지의 경우가 이에 해당될 수 있는데, 이러한 다중응답의 경우 자료를 입력하는 방법에 따라 이분형과 범주형으로 나눌 수 있는데, 이분형은 모든 응답항목을 변수처럼 생각하여 해당하는 항목에 0(No) 혹은 1(Yes)의 값을 부여하는 형식이며, 범주형 입력방법은 전체의 응답항목 중에서 해당하는 몇 개(보통 2~3개) 항목만을 선택하여 실제 해당 번호를 입력하는 방법입니다.

예 다음 중 귀하가 평소에 즐기는 운동의 종류를 모두 선택하세요.(이분형질문)

① 축구 ② 등산 ③ 야구 ④ 헬스 ⑤ 조깅 ⑥ 테니스 ⑦ 배드민턴 ⑧ 수영

예 다음 중 귀하가 평소에 즐기는 운동의 종류를 3개만 선택하세요.(범주형질문)

① 축구 ② 등산 ③ 야구 ④ 헬스 ⑤ 조깅 ⑥ 테니스 ⑦ 배드민턴 ⑧ 수영

이분형의 경우는 해당하는 운동에 1이라는 숫자를 입력하고 해당되지 않는 응답항목에는 0을 입력하는 경우이며, 범주형의 경우는 3개의 해당 운동번호를 입력하는 방법을 말합니다.

SPSS 프로그램에서 다중응답 분석을 하기 위해서는 먼저 「다중응답변수군」으로 지정을 하여야 하며, 이러한 방법에는 이분형과 범주형의 두 가지 방법이 있습니다. 두 방법의 차이는 단지 데이터를 입력하는 방법에서의 차이이며, 다중응답 지정 후 분석방법은 동일합니다.

1) 다중응답 : 이분형 변수

모든 경우의 응답항목을 변수로 가정하고 각 변수에 대하여 0 또는 1의 값을 부여하여 분석하는 방법입니다. 해당되는 항목에 1, 그렇지 않은 경우 0을 입력합니다.

(코딩 시 질문에 대한 응답항목이 10개 이면 10개 변수를 생성 후 0 또는 1 입력)

C16_1	C16_2	C16_3	C16_4	C16_5	C16_6	C16_7	C16_8	C16_9	C16_10
0	0	1	0	0	0	0	0	0	0
0	0	0	0	0	1	0	0	0	0
0	1	1	0	0	1	0	1	0	0
0	1	0	0	0	0	0	0	0	0
0	0	1	0	0	0	0	0	0	0
1	0	0	0	0	0	0	0	0	0
1	0	0	0	0	0	0	0	0	0
0	0	1	0	0	0	0	0	0	0
1	0	0	0	0	0	0	0	0	0
0	0	0	0	0	1	0	0	0	0
0	1	0	0	0	0	0	0	0	0
0	0	1	0	0	0	0	0	0	0

2) 다중응답 : 범주형 변수

예를 들어 "귀하께서는 공적개발원조 방식 중 가장 바람직하다고 생각하시는 2가지를 선택하여 순위에 따라 번호를 적어주십시오"라는 문항이 있다면 이분법과는 다르게 2개의 변수를 만들어 직접 해당숫자를 입력하는 하는 것입니다.

(코딩 시 2개 변수를 생성 후 1~6 번호 중에서 해당하는 번호 입력)

v13_1	v13_2
1.00	2.00
3.00	4.00
5.00	4.00
3.00	3.00
3.00	1.00
2.00	3.00
1.00	2.00
5.00	1.00
1.00	5.00
1.00	4.00

(분석 → 다중응답 → 변수군 정의 클릭)

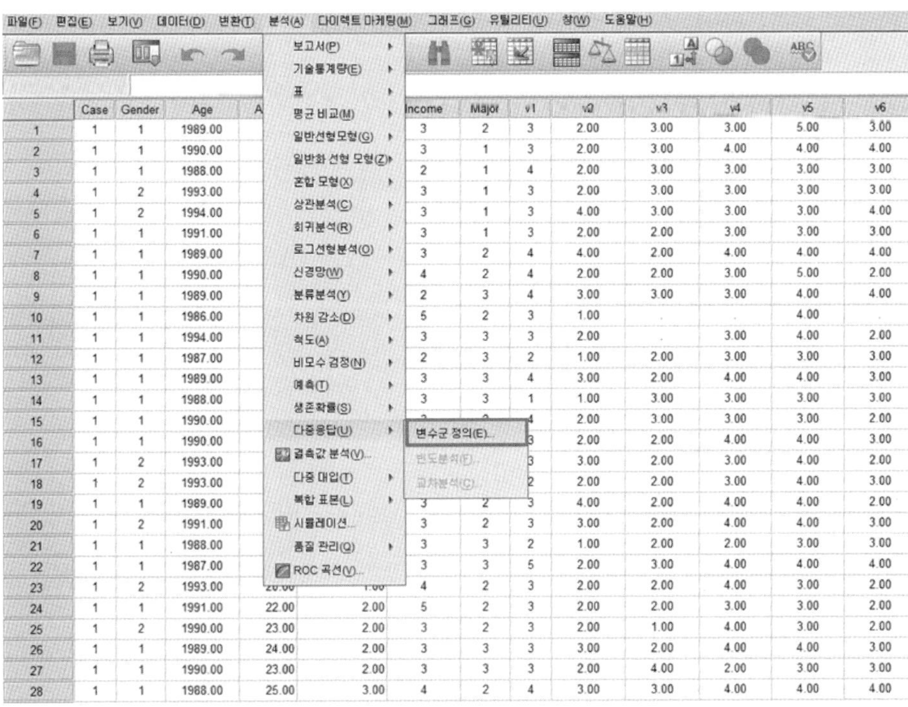

3) 다중응답 지정방법

(1. 이분형 변수의 경우 : 다중응답변수군에 포함된 변수(V) 지정 → 지정변수들의 코딩형식에서 이분형 선택 → 빈도화 값에 1입력 → 이름 및 설명 입력 → 추가(A) 클릭)

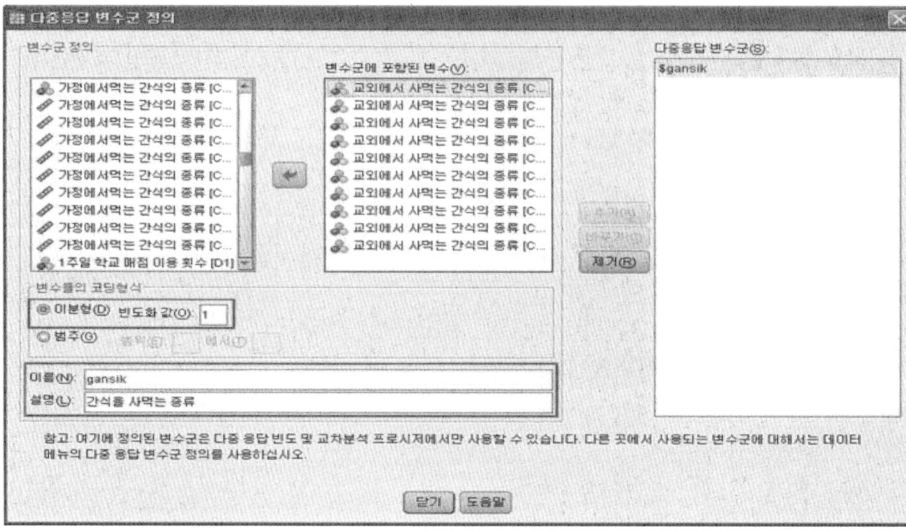

(2. 범주형 변수의 경우 : 변수들의 코딩형식에 범주 선택 → 범위 입력 → 이름 및 설명 입력 → 추가(A) 클릭)

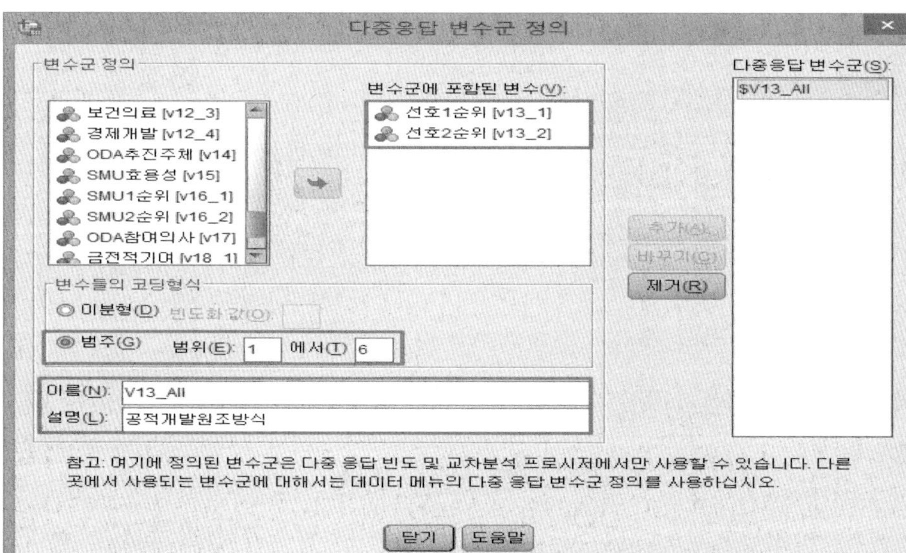

4) 다중응답 분석방법(빈도분석/교차분석) 및 분석결과

(다중응답분석을 위해서 다시, 분석 → 다중응답 → 빈도 분석 또는 교차분석 선택)

1. **다중응답 빈도분석** 경우 다중응답변수군에 있는 변수를 표작성 응답군으로 지정 후 확인

2. **다중응답 교차분석** 경우 행에 다중응답변수군을 지정, 열에 성별(혹은 다른변수) 지정, 범위지정에서 값 입력

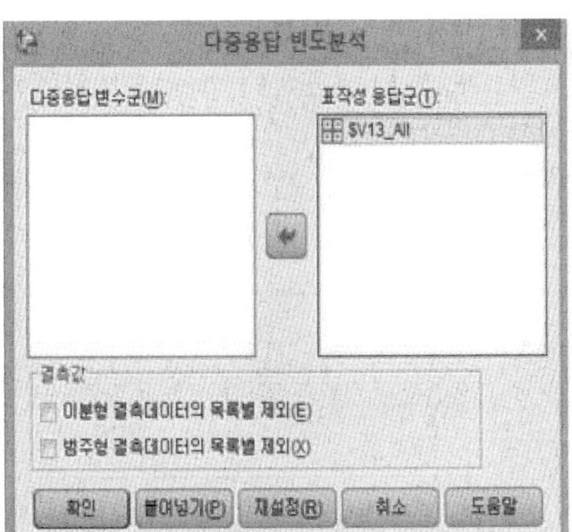

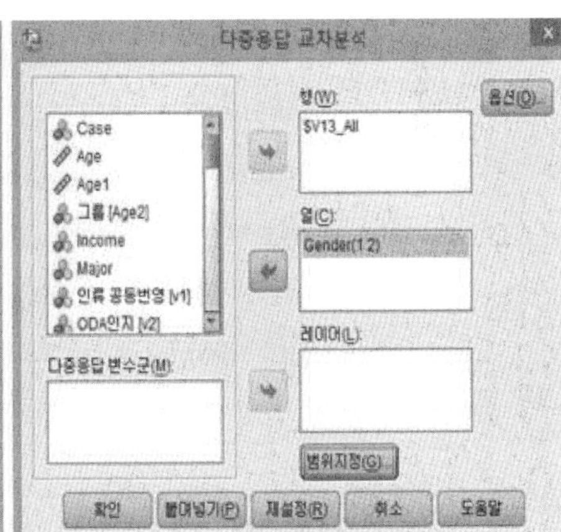

예제설명 다중응답의 빈도분석결과 전체 유효응답자(케이스)의 수보다 응답빈도가 더 많게 나오는 것은 케이스 수에 대한 분석보다는 다중응답빈도에 기초하여 분석하기 때문에 실제 케이스 수보다 많게 나오는 것이 일반적입니다. 다시 말해 한 사람이 2번 혹은 3번을 응답할 수 있기 때문에 응답빈도가 사례수보다 많게 나올 수 있습니다.

공적개발(ODA)의 원조방식에서 첫 번째인 기술지원이 691회 응답하여 가장 높은 빈도를 나타내고 있으며, 두 번째인 전문가 파견이 24.6%%인 481회로 다중응답하였습니다. 다중응답의 케이스 퍼센트는 유효사례수를 기준으로 산정된 퍼센트를 의미하기 때문에 유효 사례수의 98.7%는 한번 이상 응답하였음을 알 수 있습니다.

다중응답 빈도분석 결과

케이스요약

	케이스					
	유효		결측		합계	
	N	퍼센트	N	퍼센트	N	퍼센트
$V13_ALL[a]	983	99.7%	3	0.3%	986	100.0%

$gansik 빈도

		응답		케이스 퍼센트
		N	퍼센트	
공적개발원조방식[a]	기술지원	691	35.4%	70.3%
	전문가파견	481	24.6%	48.9%
	인력지원	201	10.3%	20.4%
	물품지원	228	11.7%	23.2%
	자원봉사자	291	14.9%	29.6%
	현금지원	61	3.1%	6.2%
합계		1,953	100.0%	198.7%

예제설명 다중응답변수를 분석하고자 할 때는 먼저 다중응답변수군으로 지정을 하고 난 이후 빈도분석이나 교차분석을 실시하여야 하며 프로그램을 종료하고 난 이후 다시 분석을 실시하고자 할 때는 다시 다중응답변수군으로 지정하여야 합니다.

다중응답의 교차분석 결과표를 살펴보면 남·여 간의 응답형태를 비교할 수 있습니다. 본 설문에서는 남성과 여성의 공적개발원조방식의 선택에는 크게 차이가 없는 것으로 나타났습니다. 하지만 비율과 함께 살펴보면 그 결과가 전혀 다를 수 있으므로 주의 깊게 결과 해석을 하여야 합니다(교차분석시 옵션을 통하여 결과치의 비중을 출력하도록 선택할수 있습니다.).

다중응답 교차분석 결과

케이스요약

	케이스					
	유효		결측		합계	
	N	퍼센트	N	퍼센트	N	퍼센트
$V13_ALL*Gender	983	99.7%	3	0.3%	986	100.0%

$V13_ALL*Gender(성별) 교차표

			성별		합계
			남	여	
공적개발원조방식[a]	기술지원	총계	297	394	691
	전문가파견	총계	211	270	481
	인력지원	총계	78	123	201
	물품지원	총계	94	134	228
	자원봉사자	총계	155	136	291
	현금지원	총계	21	40	61
합계		총계	432	551	983

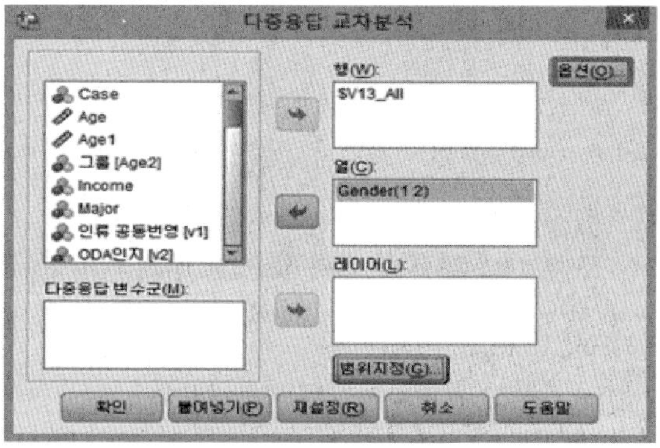

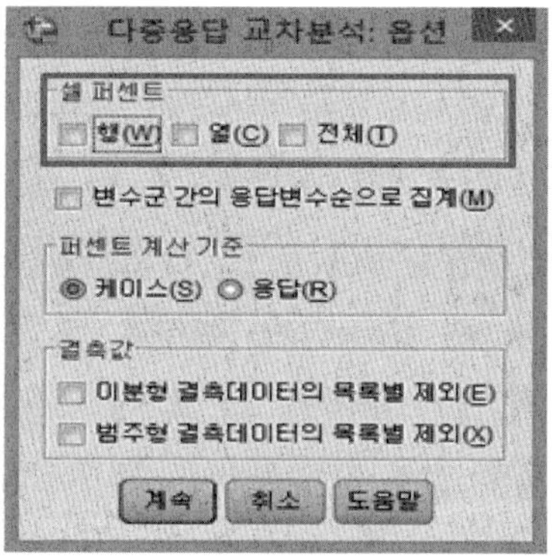

국제개발협력사업과 기술통계의 활용방법

기술통계는 입력된 자료를 일목요연하게 표로 정리할 수 있도록 도와줍니다. 많은 양의 자료를 알기 쉽게 그리고 일반적인 경향을 보여줄 수 있도록 합니다.

예) 기술통계를 활용한 응답자의 일반적 특성

변 수		실험집단		
		1차 사전조사	**2차 사후설문**	**비교집단**
성별	남	135(49.3%)	111(45.5%)	62(30.0%)
	여	139(50.7%)	133(54.5%)	145(70.0%)
	소계	**274(100.0%)**	**244(100.0%)**	**207(100.0%)**
나이	20세 이하	54(19.7%)	54(22.2%)	56(27.1%)
	21~24세	169(61.7%)	149(61.3%)	124(59.9%)
	25세 이상	51(18.6%)	40(16.5%)	27(13.0%)
	소계	**274(100.0%)**	**243(100.0%)**	**207(100.0%)**
전공	인문	64(23.7%)	55(22.7%)	48(23.3%)
	사회	102(37.8%)	97(40.1%)	108(52.4%)
	자연	104(38.5%)	90(37.2%)	50(24.3%)
	소계	**270(100.0%)**	**242(100.0%)**	**206(100.0%)**
ODA참여 의지 (평균)	ODA참여의사	3.166	3.187	2.886
	금전적기여의사	2.662	2.774	2.517
	노동기여의사	3.097	3.084	2.718
	재능기여의사	3.364	3.372	3.153

연습문제

1. SPSS의 분석 메뉴 중 기술통계량 메뉴의 설명 중 틀린 것은?

① 빈도분석 : 중심경향 및 백분위수 값 등을 분석할 수 있음
② 기술통계 : 변수의 분산 및 표준편차를 확인 할수 있음
③ 데이터 탐색 : 도표를 통해 요인변수인 집단간의 평균 및 분산을 비교하는데 용이
④ 교차분석 : 명목대 서열척도의 변수의 교차분석은 할수 없다.

2. SPSS의 기술통계량을 이용하여 다음 값을 구하시오?

113.8 105.3 114.0 120.0 92.8 115.5 119.0 87.3 89.8 118.0 109.8 99.5 100.3

① 최소값( ) ② 최대값( )
③ 왜도( ) ④ 첨도( )
⑤ 중위수( )

3. 다음은 복수응답에 대한 설명입니다. 설명 중 틀린 것은 ?

① 범주형(Categories) 복수응답은 선택된 변수값만 코딩하는 방법이다.
② 양분형(Dichotomies) 복수응답은 Yes나 No처럼 둘 중에 하나는 선택하고 하나는 선택하지 않는 방법이다.
③ '다음 중 귀하가 평소에 즐기는 운동의 종류를 모두 선택하세요' 는 범주형 질문이다.
④ 우선순위 분석방법은 각 항목에 따라 가중치를 주어 분석하는 방법이다.

4. 다음의 데이터 값을 이용하여 빈칸을 채워 넣으시오?(SPSS 실습)

<경험한 구기종목>

성별	농구	축구	야구	배구	탁구
1(남성)	0(경험없음)	1	1	0	1
0(여성)	1(경험)	0	0	0	1
0	1	1	1	0	1
1	0	1	1	1	0
1	1	1	1	0	0
1	0	0	0	0	0
0	0	1	0	0	1
0	1	0	0	1	1
0	1	0	1	0	1
1	0	0	1	1	1

경험구기종목 빈도				
		응답		케이스 퍼센트
		N	퍼센트	
경험구기종목a	농구			
	축구			
	야구			
	배구			
	탁구			
합계				

성별*$경험구기종목 교차표

			경험구기종목					합계
			농구	축구	야구	배구	탁구	
성별	여성	총계						
		성별 중 %						
		경험구기종목 중 %						
		전체 중 %						
	남성	총계						
		성별 중 %						
		경험구기종목 중 %						
		전체 중 %						
합계		총계						
		전체 중 %						

5. 위 값을 간단하게 설명하시오

제4부
추리통계의 이해 I

제6장 추리통계와 가설의 검정이란?

학습목표

추리통계의 개념 이해와 가설 검정의 판단 기준을 이해한다.

- 추리통계와 기술통계의 차이점 구별
- 추리통계를 위한 가설 검정의 개념 이해
  - 표본과 모집단의 관계
  - 영가설, 연구가설, 연구문제의 개념 이해
- SPSS 프로그램의 추리통계분석 방법 구별
- 유의수준(α)과 유의확률(p)의 비교를 통한 가설검정의 이해
- 제1종 오류, 제2종 오류란
- 모집단(모수)과 표본(통계)의 이해
- 국제개발협력분야에서 가능한 연구문제 혹은 가설 정립

추리통계란

앞 장에서 우리는 입력된 변수의 일반적 특성을 살펴보기 위해 빈도(frequency), 분포(percent), 중앙경향치(central tendency), 분산(variance), 표준편차(standard deviation) 등 기술통계분석의 빈도분석, 기술통계, 데이터 탐색 및 교차분석을 공부하였습니다. 이제 추리통계를 시작하고자 합니다.

여기서 추리통계란 무엇을 의미할까요? **추리통계란 표본의 통계값을 이용하여 모집단의 특성에 대한 예상, 예측을 하는 통계적 검정이라 할 수 있습니다.** 여기서 검정이란 표본자료의 통계분석 결과를 통해 연구자가 수립한 가설(hypothesis)의 채택 혹은 기각여부를 판단하기 위한 정보를 구하는 것입니다.

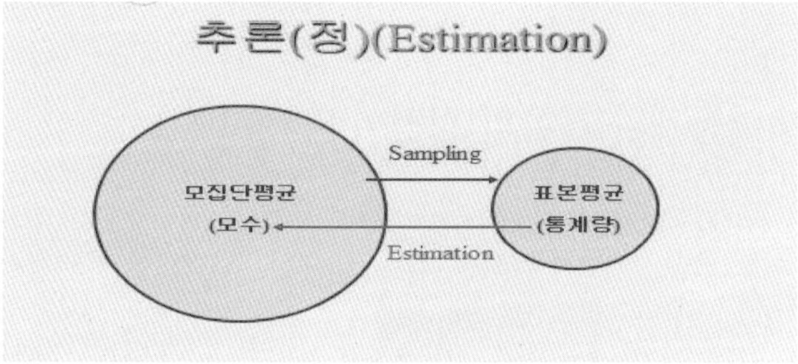

많은 연구자들의 관심은 통계학 혹은 통계프로그램을 통해서 알고자 하는 것은 표본자료의 분석을 통해 산출된 통계값으로 미지의 수인 모수의 값을 얼마나 정확하게 또는 어떻게 추론하는가일 것입니다. 통계적 분석은 우리가 알고 있는 정보인 표본(sample)을 통한 각종 통계량(statistics)을 일차적으로 산출한 다음, 이를 연구대상의 전체집단(population)의 모수(parameter)를 추론(inference)하는 일련의 논리적이며 과학적 활동이라 정의할 수 있습니다. 다시 말해 추론이란 표본의 통계값을 이용하여 모집단의 특성에 대해 예상, 또는 추측하는 지적 활동이며, SPSS 프로그램은 이러한 추리통계(가설검정)를 가능하게 도와주는 통계분석 프로그램의 일종입니다.

통계적 검정의 가장 기본적인 방법이 평균비교 분석과 범주형 변수의 행과 열 변수간의 분포와 그 비율의 차이를 분석하는 교차분석(Chi-square, χ^2)을 통해 모수를 추정(estimation)하는 것입니다. 교차분석과 t-test는 언제, 어떤 경우에 하는 것일까요? 교차분석은 분석변수의 척도 수준이 명목 대 명목, 명목 대 서열 혹은 서열 대 서열척도로 이루어진 집단 간의 분포의 차이가 있는지를 검정할 때 사용하는 분석방법입니다.

평균비교는 종속변수(평균을 분석하고자 하는 변수)가 등간 혹은 비율척도로 측정된 변수를 대상으로 집단내부의 평균 혹은 집단간 평균에 차이가 있는지를 검정하는 분석방법입니다. 단 비교하고자 하는 집단의 수가 2집단 이상일 때는 일원배치분산분석(ANOVA)을 활용합니다.

가설의 검정이란?

가설이란 변수들 사이의 관련성에 대한 가정적 서술로서 실제 검정을 위해서 잠정적으로 진술하는 것이며, 연구의 방향과 연구범위를 제시해 주는 역할을 합니다. 추리통계에서는 가설을 설정을 하는 것이 매우 중요합니다. 영가설은 변수들 사이의 관련성(영향력)을 부정하는 서술문이며 영가설을 기각한다는 의미는 연구가설을 채택한다는 의미입니다. 연구가설은 영가설과는 달리 변수들 사이의 관련성을 직접적으로 제시하거나 예측하는 의미로 서술해야 합니다. 영가설과 연구가설은 연구자에 의해 그리고 연구의 주제에 따라 결정되는 것이며, 경우에 따라서는 포괄적인 개념으로 **연구문제**의 형태로 서술되는 경우도 있습니다.

추리통계는 가설이 필요합니다. 가설은 이론으로부터 이끌어 낸 현상의 본질에 대한 기대입니다. 즉, 가설은 궁극적으로 모수(모집단)에 대한 잠정적인 주장이나 가정을 의미합니다. 가설은 영(귀무)가설과 연구(대립)가설로 나눌 수 있는데 영가설은 연구대상 변수들 간에 아무런 관련이 없거나 현실세계에서 일반적으로 받아들여질 수 없는 기대 상황입니다. 반대로 연구가설은 연구대상 변수간의 연관성이나 현실세계에서 나타날 수 있는 일반적 서술에 해당합니다. 즉 연구가설은 변수들 사이의 관련성을 직접적으로 제시하고, 예측되는 관련성을 그대로 가설로 설정하고 이를 채택함으로서 관련성을 증명하는 것입니다. 다시 말해 영가설(null hypothesis)은 모집단의 특성에 대해 옳다고 제안하는 잠정적인 주장 또는 명제를 말하고, 연구가설(alternative hypothesis)은 영가설의 주장이 틀렸다고 제안하는 가설로서 영가설이 기각되면 채택되는 가설입니다.

모집단의 분산이나 평균은 알기가 힘듭니다. 모집단을 전수조사하기도 어렵고 정확히 모르는 경우가 많습니다. 이런 경우 실시하는 분석방법이 가설의 검정입니다. 우리는 흔히 표본의 평균이나 분산이 실제 모집단의 차이에 의한 것인지 아니면 표본을 추출하는 과정에서 발생된 오차에 의한 것이지 확률적 검정을 해야 합니다. 여기서 말하는 검정의 기준이 되는 수단이 바로 유의수준과 유의확률입니다. 유의확률은 두 집단의 평균의 차를 표준오차로 나누어 계산합니다(집단간 평균비교의 경우). SPSS 프로그램에서는 이 값이 계산되어 출력됩니다.

유의수준(α값; 0.01, 0.05, 0.1)이란 영가설을 기각하게 되는 확률의 크기로 흔히

"영가설이 참(true)인데도 불구하고 이를 기각하는 확률의 크기"로 정의할 수 있어요. 예를 들어 유의수준 0.05라는 것은 영가설이 참인데도 불구하고 이를 기각할 확률이 5%라는 의미입니다 이러한 종류의 오류를 제1종오류[1](type I error)라고 하죠.

아무런 효과나 평균 차이가 없는데 있다고 판단할 제1종 오류를 줄이려고 노력하는 것이 연구자의 일반적인 관심이다. 때문에 제1종 오류가 발생할 확률을 줄인다는 것은 0.05보다는 0.01에서 영가설을 기각 혹은 채택의 판단을 하는 것이 제1종 오류를 줄이는 방법일 것입니다. 다시 말해, 유의수준(significant level)이란 제1종 오류가 발생될 수 있는 최대허용 범위로 해석할 수 있으며, α값이 0.01, 0.05라는 것은 오류의 허용범위를 5% 혹은 1%로 정한다는 것을 의미하는 것입니다.

유의확률(significant probability: p값)은 "표본에서 관측된 값을 근거로 영가설을 기각할 수 있는 유의수준의 실제 최소값(확률)"을 의미하는 것으로, SPSS 분석결과표가 제시하는 유의수준(검정통계량)의 다른 표현 형태로 이해할 수 있습니다. 유의확률은 제1종 오류를 범할 수 있는 확률을 의미하는 것으로, SPSS 분석결과표에 제시된 유의확률(p값)이 유의수준보다 작으면 영가설을 기각할 수 있습니다. 일반적으로 연구자들은 분석결과표에 나타나는 유의확률은 0에 가깝기를 희망하고 있습니다. 그렇지 않으면 유의수준(0.01, 0.05)보다 작은 유의확률값이 나타나기를 희망합니다.

예를 들어 유의수준(α값)이 0.05 수준일 때 통계분석결과표에 제시된 유의확률값이 0.02라는 것은 영가설이 참인데도 불구하고 영가설을 기각할 확률은 오직(겨우) 2% 임을 의미하겠죠. 이는 연구자가 제1종 오류를 범할 수 있는 용인허용치 5%(α값, 0.05)보다 적기 때문에 연구가설을 받아들일 수 있다는 것을 의미합니다.

구분		진실	
		H_o 참일때	**H_o 거짓일 때(H_1이 참일 때)**
판단	H_o 기각 안함	올바른 추론	2종오류
	H_o 기각	**1종오류**	올바른 추론

1 오류의 종류: 영가설(H_0)이 참인데도 불구하고 검정에 의해 그것을 기각하는 것이 **제1종 오류**이고, 둘째는 영가설(H_0)이 거짓인데도 검정에서 H_0을 기각하지 못하는 것이 **제2종 오류**이다.

가설검정의 절차

1. 귀무가설과 대립가설을 세운다
2. 검정통계량을 정한다
3. 표본자료로부터 검정통계량의 값을 계산한다
4. 계산된 값이 속하는 영역에 따라 결론을 내린다

통계학이란?

많은 연구자들이 통계학 혹은 통계프로그램을 통해서 얻고자하는 것은 표본분석을 통해 산출된 통계값으로 미지의 수인 모수의 값을 얼마나 정확하게 또는 어떻게 추론하는가일 것입니다.

우리가 알고 있는 정보는 표본(sample)을 통한 각종 통계량(statistic)을 일차적으로 산출한 다음 이를 연구대상의 전체집단인 표본의 모집단(population)의 모수(parameter)를 추론(inference)하는데 활용합니다.

다시 말해 추론이란 표본의 통계값을 이용하여 모집단의 특성에 대한 예상 또는 추측을 하는 것으로 통계적 검정을 통해 가능합니다. 통계적 검정의 가장 대표적 방법은 t검정, χ^2검정 등으로, 이는 모수 추정의 판단 기준(혹은 확률)이 됩니다. 더 정확하게 말하면 p-value와 유의수준(α)의 비교는 영(귀무)가설의 기각 혹은 채택여부의 통계적 판단기준으로 활용됩니다.

많은 논문에서 제시되고 있는 95%(90% 혹은 99%) 신뢰수준이란 표본 통계량이 모수의 어떤 범위에 포함되는지를 나타내는 지수입니다. 예를 들면 신뢰수준 95%라는 의미는 ±1.96×표준오차(σ)라는 뜻입니다. 여기서 구간의 추정식은 〈통계값 ± 1.96×σ〉을 통해 산정할 수 있다. 혹은 추정한 신뢰구간이 모집단을 포함할 확률을 의미합니다.

유의수준(α)이 의미하는 것은 영가설을 기각할 때 발생할 수 있는 오차(류)의 한계를 나타내는 것이며, 역으로 신뢰수준이라는 것은 오류를 범하지 않을 영역을 나타내는 것입니다.

영가설 기각의 기준

if, 유의확률(p) < 유의수준 (α)

유의확률 값은 분석의 결과표에 자동으로 나타나지만 유의수준은 통상 0.10, 0.05, 0.01을 기준으로 함.(0.001을 기준으로 하기도 함)

【신뢰수준과 오차범위】

실제생활에서 접하는 표본과 모집단의 사례를 살펴봅시다. 선거결과를 예측하는 경우 전국적으로 1,000명을 표본으로 하여 민심을 측정했다고 가정해 봅시다. 신문에서 A 후보자의 지지율 40%, B 후보자의 지지율 30%, C 후보자의 지지율 20%, 무응답 40%라고 합시다. 이때 여론조사는 **"95% 신뢰수준에서 오차범위** ±2.5% **포인트"** 라고 했다면 이는 무엇을 의미하는 이해할 수 있습니까?

1) 표본과 모집단 : 대선의 경우 모집단은 전국의 유권자(중앙선거관리위원회에 따르면 제18대 대통령선거의 경우, 전국의 유권자 수는 4,046만4,641명)를 의미합니다. 그리고 여기서 표본이란 이들을 대표하는 1,000명이 됩니다.

2) 95% 신뢰수준 : 여론조사는 실제로 전체 유권자를 조사한 결과가 아닌 표본조사를 통한 실제값(모수, 미지수 혹은 실제결과)을 추론하는 것입니다. 때문에 신뢰수준이란 동일한 조건에서 100번의 조사를 반복했을 때 95번은 비슷한 결과가 나올 확률을 의미합니다.

3) 오차범위 ±2.5% 포인트 : 1,000명을 대상으로 조사한 어떤 결과(값)를 중심으로 + 혹은 -의 오차범위를 나타내는 것이며, 상기 예를 들어 설명하면, A 후보자의 지지율의 범위가 37.5~42.5%가 될 것이라는 것이며, 95% 신뢰수준과 함께 생각하다면 실제 선거결과에서 A 후보자의 지지율(37.5~42.5%)이 나올 확률이 95%라는 것이다.

연습문제

1. 괄호 안에 알맞은 말을 적으시오.

① 통계적 검정의 가장 기본적인 방법이 평균비교 분석과 범주형 변수의 행과 열 변수간의 분포와 그 비율의 차이를 분석하는 ( ) 검정을 통해 모수를 추정

② ( ) 분석은 분석변수의 척도 수준이 명목 대 명목 혹은 명목척도와 서열척도로 이루어진 집단 간의 분포의 차이가 있는지를 검정할 때 사용하는 분석방법

③ ( )는 종속변수가 등간 혹은 비율척도로 측정된 변수를 대상으로 집단내부의 평균 혹은 집단간 평균에 차이가 있는지를 검정하는 분석방법

④ ( )은/는 모집단의 특성에 대해 옳다고 제안하는 잠정적인 주장 또는 명제를 말하는 가설

2. 다음을 설명하시오.

① 귀무가설 : ( )

② 대립가설 : ( )

③ 1종오류 : ( )

④ 2종오류 : ( )

⑤ 유의수준 : ( )

3. 다음 표를 완성하시오.

구분		진실	
		H_o 참일때	H_o 거짓일 때(H_1이 참일 때)
판단	H_o 기각 안함		
	H_o 기각		

4. 가설의 종류에 따라 귀무가설과 대립가설을 세워 보시오.

① 우리대학의 남학생의 키는 175Cm 이상이다.

H_o ( )

H_1 ( )

② 우리대학의 졸업생의 연봉은 3,000만원 이상이다.

H_o ( )

H_1 ( )

③ 우리대학의 취업률은 100%이다.

H_o ( )

H_1 ( )

제7장 교차분석(카이제곱(χ^2) 검정)

학습목표

교차분석의 서술 및 추리통계 기능이해 및 카이제곱 검정

- 기술통계 교차분석
- 추리통계 교차분석의 기본 원리 이해, χ^2값 산정원리
- 검정통계를 위한 교차분석(카이제곱)의 특징
- 관측빈도와 기대빈도의 의미 이해
- 카이제곱검정의 영(귀무)가설/ 대립가설의 설정
- 영가설과 귀무가설의 채택 혹은 기각 기준
- 국제개발협력사업에서 활용할 수 있는 교차분석 검정 예시

표본을 통해서 모집단을 어떻게 추리할 것인가? 통계적 유의성 검증의 의의는 표본의 관찰을 통해서 얻은 결론이 그 표본이 추출된 모집단에서도 사실로 성립될 수 있는가 하는 합당한 추리를 하는데 있습니다.

어떤 표본에서 두 변수간에 관계가 있는 것을 보여주었을 때 이 표본이 실제로 두 변수간 관계가 없는 모집단으로부터 선정되었을 확률은 어느 정도인가? 만약 표본에서 두 변수간에 관계가 있는 것으로 밝혀졌다 하더라도 모집단에서는 관계가 없을 확률이 상당히 높다면, 두 변수간에 관계가 있다고 결론을 내리기는 대단히 어려울 것입니다. 단지 두 변수간에 관계가 있음을 보여준 표본이 이러한 관계가 없는 모집단으로부터 선정되었을 가능성이 매우 적은 경우에만 조작적 가설을 받아들이게 됩니다. 즉 유의수준의 크고 작음을 의미합니다.

두 변수가 서로 관련되어 있는지를 확인하는 방법은 두 변수가 서로 관련되어 있지 않다는 가설 즉 영가설(허위가설, null hypothesis)을 검증하는 것이다. 우선 두 변수간에 관계가 없다는 영가설을 세웁니다. 이 가설은 이론이나 선행연구에 기초하여 세운 두 변수간에 관계가 있을 것이라는 연구가설과는 반대되는 가설입니다. 만일 표본의 결과가 모집단으로부터 무작위 표집한 결과로 나타났을 가능성이 매우 적다면, 우리는 영가설을 기각할 수 있게 된다. 그렇게 함으로써 우리는 영가설에 대립되는, 즉 모집단에서 실제로 두 변수간에 관계가 있다는 조작적 연구가설을 조건적으로 받아들이게 됩니다.

카이제곱 검정은 교차표의 각 칸의 관찰빈도와 기대빈도(두 변수간에 아무런 관계가 없다는 영가설이 사실일 때 기대되는 빈도)의 비교에 기초를 둔 통계적 검증입니다. 기대빈도는 두 변수가 통계적으로 독립적일 때 기대되는 빈도로 두 변수가 통계적으로 독립적이라면, 교차표의 독립변수의 범주 내에 종속변수가 일정한 비율로 분포되어 있을 것이며 마찬가지로 종속변수의 각 범주 안에도 독립변수가 같은 비율로 분포되어 있을 것이라는 의미입니다.

교차분석 : 카이제곱(x^2) 검정

범주형 자료(명목 혹은 순서척도)인 두 개 혹은 그 이상의 변수에 대한 변수들의 관련성을 알아보기 위해, 결합분포를 나타내는 **분할표**를 작성함으로써 변수 상호 간의 독립성과 관련성 존재 여부를 검정하는 것이 **교차분석의 카이제곱 검정**이라 합니다.

(분석 → 교차분석 → 통계량(카이제곱, 상관관계 등) 및 셀(행, 열, 전체 퍼센트 등)에서 옵션 선택 → 확인)

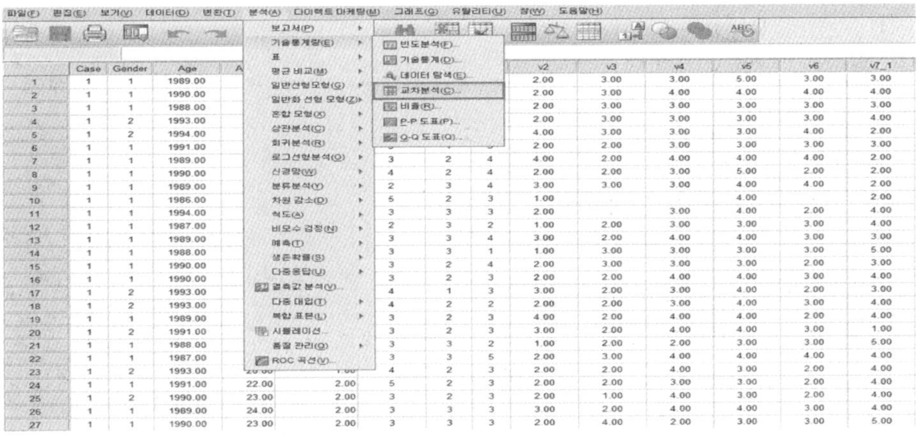

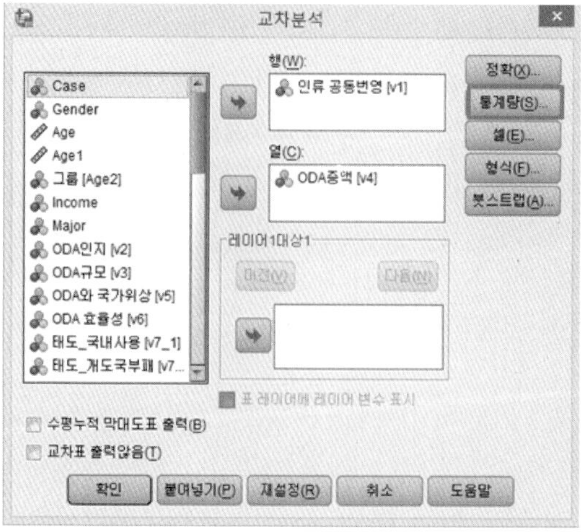

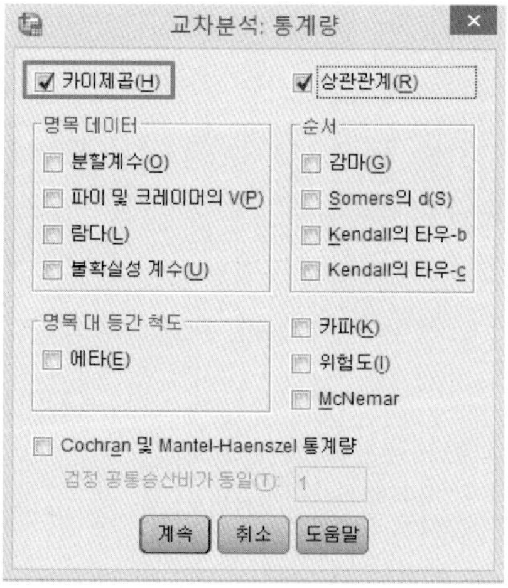

결과값 출력

카이제곱검정

	값	자유도	점근유의확률(양측검정)
Pearson 카이제곱	143.688[a]	16	.000
우도비	117.205	16	.000
선형대선형결합	52.454	1	.000
유효케이스수	981		

a. 9 셀 (36.0%)은(는) 5보다 작은 기대 빈도를 가지는 셀입니다. 최소 기대빈도는 .12입니다.

예제설명 상기 예제는 교차분석 카이제곱 검정을 위해 실시되었으며, 설문자의 인류의 보편적 가치인 "인류의 공동번영"에 대한 관심도가 우리정부의 공적개발원조의 규모 증액에 대해 어떠한 생각을 가지고 있는지 검증하고자 합니다. 연구자는 관심도가 높을수록 규모 증액에 찬성할 것이라고 가정하였을 것입니다. 본 분석의 영가설(H_0)은 "인류공동번영에 대한 관심도와 우리정부의 공적개발원조의 규모증액에 대한 생각은 서로 별개의 것이다." 혹은 "이 두 변수는 서로 독립적일 것이다."입니다. 연구가설(H_1)은 "인류공동번영에 대한 관심도와 공적개발원조 규모증액에 대한 생각은 서로 연관성이 있을 것이다."입니다.

【가설검정 단계】

영가설을 설정한다.

영가설을 검정하기 위한 유의수준을 정한다

Pearson의 카이제곱을 값과 유의확률값을 비교한다.

영가설 기각/채택여부를 결정한다. **영가설 기각조건 = 유의확률(p) 〈 유의수준(α)**

결론추론

【추론】

영가설 : "인류공동번영에 대한 관심도와 우리정부의 공적개발원조의 규모증액에 대한 생각은 서로 별개일 것이다"

유의수준 : 0.05 (영가설이 참임에도 불구하고 이를 기각할 때 범할 수 있는 오류의 한계)

유의확률 : 0.000

영가설 기각 조건 충족 : **유의확률(p)** 0.000 〈 **유의수준(α)** 0.05

결론 : 인류공동번영에 대한 관심도와 우리정부의 공적개발원조의 규모증액에 대한 생각은 서로 상(연)관성이 있다.

교차분석 : 카이제곱(χ^2) 검정 정리

카이제곱 검정이란?

카이제곱(Chi-square) 검정은 실제빈도(실제 조사를 통해 측정한 빈도수)와 기대빈도(특정 집단의 분포가 전체 인구 집단의 분포와 동일한 것으로 간주하여 미리 알아본 특정 집단의 빈도수)의 비교 분석을 통해 두 변수간의 상관관계 여부를 파악하는데 사용하는 하나의 검정 통계값입니다.

교차분석을 통한 가설검정의 원리

교차분석에서 사용되는 피어슨의 카이제곱값은 두 변수(독립 Vs 종속) 간의 독립성 유무를 결정하는 기준으로 사용됩니다. 카이제곱 값에 따른 유의확률 값(P-Value,

Probability Value)은 영가설(귀무가설)을 기각할 때 오류가 발생할 확률 혹은 연구가설(대립가설)이 채택될(혹은 영가설이 참임에도 불구하고 기각될)때 발생할 수 있는 오류의 최대 허용 확률(범위)을 의미합니다.

※ 연구분석(Research Analysis)의 궁극적 목적은 두 집단간 혹은 두 변수간 차이가 있다, 혹은 한 변수가 다른 변수에 미치는 영향력이 있다는 결론을 과학적으로 밝히는 것이기 때문에 연구자들은 궁극적으로는 영가설을 기각하고 연구가설을 채택할 수 있기를 희망합니다.

영가설을 기각하고 연구가설을 채택하는 기준

영가설을 기각하기 위해서는 카이제곱 값에 따른 유의확률 값(P-Value, Probability)이 유의수준 값 0.05(α값)보다 작으면 영가설을 기각하고(다시 말해, 유의확률 값이 0.05보다 크면 기각하지 못하고 결론적으로 영가설을 채택), 연구가설을 채택할 수 있습니다. 그러나 경우에 따라서는 α값의 수준을 0.01, 혹은 0.001로 기준을 삼아 영가설을 기각 혹은 채택하기도 합니다. 다시 말해, 유의수준을 0.01 혹은 0.001로 한다는 것은 확률적 해석의 오류를 그만큼 줄여 정확도를 높이겠다는 연구자의 의도로 볼 수 있습니다. 우리가 흔히 볼 수 있는 신문기사의 내용 중 유의수준 95% 혹은 99%라는 말은 유의수준 0.05 혹은 0.01라는 것과 동일한 의미로 볼 수 있습니다.

교차분석시 주의할 점

교차표에 사용할 수 있는 데이터는 명목 데이터 혹은 서열 데이터의 성향을 가진 변수여야 하며 변수값의 범위는 제한적이어야 합니다. 제한적이라는 것은 변수값의 항목이 무제한적으로 있는 것이 아니라 일정한 항목만큼 있어야 한다는 것을 의미합니다. 그 이유는 교차표 분석에서는 변수값이 아니라 각 변수값이 속한 빈도수(분포)를 가지고 통계분석을 하기 때문입니다. 전체사례수가 30 보다 크면서 각 셀(Cell)의 기대빈도가 5 이상일 때 적용 가능합니다. 또한 5 미만의 기대빈도 Cell이 전체의 20% 이상이면 검정에 한계가 있습니다.

교차분석을 통한 가설검정의 원리

교차분석에서 사용되는 피어슨의 카이제곱값은 두 변수간 독립성 혹은 연관성의 유무를 결정하는 기준으로 사용됩니다. 카이제곱 값에 따른 유의확률 값(P-Value, Probability Value)은 영가설(귀무가설)이 기각될 때 오류가 발생할 확률 혹은 연구가설(대립가설)이 채택될 때 발생할 수 있는 오류의 확률을 의미합니다.

교차분석에서 사용되는 두 가지 가설 :

영가설(귀무가설; Null Hypothesis)은 두 변수간에 "두 변수간에는 연관성이 없을 것이다, 혹은 두 변수는 서로 독립적일 것이다"라고 잠정적으로 내리는 결론입니다*(예를 든다면, 성별에 따라 정당지지도 차이가 없을 것이다, 혹은 정당의 지지도와 성별은 연관성이 없을(독립적일) 것이다.)*.

대립가설(연구가설; Alternative Hypothesis)은 영가설의 반대 개념으로 두 변수간에 "두 변수간에는 서로 연관성이 있을 것이다, 혹은 독립적이지 않을 것이다"라고 잠정적으로 내리는 결론입니다*(예를 든다면, 성별에 따라 정당지지도 차이가 있을 것이다, 혹은 정당의 지지도와 성별은 연관성이 있을 것이다.)*.

카이제곱 검정

	값	자유도	점근 유의확률 (양측검정)
Pearson카이제곱	7.010[a]	2	.030
우도비	7.003	2	.030
선형 대 선형결합	6.758	1	.009
유효 케이스 수	980		

a. 0셀 (.0%)은(는) 5보다 작은 기대 빈도를 가지는 셀입니다. 최소 기대빈도는 49.35입니다.

검정통계량(교차분석의 경우 카이제곱 검정)을 살펴보면, 카이제곱통계량 값이 7.010이고 자유도는 2이다. 이때 유의확률은 0.030으로 만약 검정의 유의수준이 0.05라면 우리는 두 변수의 독립성(무연관성)을 기각할 수 있을 것입니다.

※ 교차분석의 기본원리 :

교차분석(카이제곱(χ^2) 검정 혹은 피어슨(Pearson)의 카이제곱 검정)은 실제 관찰된 관찰빈도와 확률적(이론적)으로 나타날 것으로 예상되는 기대빈도와의 차이를 이용하여 종속변수를 기준으로 집단 간 동질성 혹은 독립성의 관계를 검정하는 통계분석기법입니다.

여기서 관측빈도란 실제 표본(sample)에서 나타난 관측빈도를 의미하며 기대빈도란 종속변수와 독립변수가 독립적이라는 가정하에서 기대되는 빈도를 의미하는 것입니다.

기대빈도 = (행의 합 × 열의 합) / 전체합계

Pearson 카이제곱 통계량(χ^2) = Σ((관찰빈도 − 기대빈도)^2 / 기대빈도)

연습문제

1. 다음의 데이터 값을 이용하여 가설을 설정한 뒤 x^2 검정을 해봅시다.

다음은 우리 대학 학생들 중 A과목과 B과목을 동시에 수강하는 학생을 대상으로 점수를 적은 표이다. 필자는 A 전공 수업 점수와 B 교양수업 점수간은 서로 연관성을 검정하고자 한다.

ID	A 점수	B 점수	ID	A 점수	B 점수
1	30	39	16	75	94
2	27	36	17	2	95
3	47	21	18	82	55
4	24	88	19	13	10
5	33	21	20	40	80
6	89	86	21	36	41
7	51	71	22	42	100
8	58	95	23	59	12
9	99	37	24	59	78
10	20	71	25	100	56
11	81	57	26	59	80
12	24	13	27	59	82
13	9	64	28	28	5
14	81	42	29	43	7
15	19	96	30	68	17

가설

H_o ( )

H_1 ( )

카이제곱 검정			
	값	자유도	점근유의확률(양측검정)
Pearson 카이제곱			
우도비			
선형 대 선형결합			
유효 케이스 수			

검증 (유의수준 0.05)

제8장 평균분석(t-test)

학습목표

평균분석의 종류(일표본, 단일표본, 대응표본)와 활용법 이해

- 평균분석(t-test 혹은 mean test)의 기본 원리 이해
- 평균비교분석의 종류 : 집단별 평균분석, (단)일표본 평균분석, 독립표본
- 집단별 평균분석의 이해
- 평균분석의 대상(종속) 변수가 될 수 있는 변수의 척도 수준
- 집단별 평균분석의 통계량과 추리통계의 관계
- 독립표본 t-test와 분산분석의 유의할 점
  - 동질성 검정의 이해
- 대응표본 t-test의 특징과 적용
  - 대응변수의 규정

◉ 대응표본과 독립표본 t-test와의 차이점
◉ 대응표본 t-test의 사전-사후 비교란
◉ 대응표본의 영가설과 대립가설
◉ 대응표본 t-test의 유의수준(α)과 유의확률(p)의 비교를 통한 가설검정의 이해
◉ 국제개발협력사업의 평균분석기법 활용가능성

평균분석은 추출된 표본의 평균을 기준으로 모집단의 평균을 추론하고, 검정하는 추리통계의 가장 초보적인 분석방법이라 할 수 있습니다. 평균비교(M)의 분석방법은 아래와 같이 5가지로 구별할 수 있으며, 첫 번째 집단별 평균분석(M)은 추리통계분석이라기보다는 집단별 평균을 기술하는 것이며 나머지 4개의 분석은 검정통계라 할 수 있습니다.

국제개발협력사업을 추진함에 있어 사업을 추진하는 지역과 비실시 지역인 주변지역의 소득의 평균이 실제적으로 차이가 있는지 혹은 외부 지원에 여부에 따라서 주민들의 자립심에 차이가 있는지 사업실행의 효과 등을 평가하는데 평균비교는 사용될 수 있습니다. 특히 집단 간 비교를 원하는 경우는 단일표본 평균비교검정을 할 수 있으며 동일한 응답자들의 사전 사후 비교연구를 원할 경우는 대응표본 t-검정을 할 수 있습니다. 그러나 분석방법에 따라 자료의 입력방법이나 설문의 방법이 조금씩 차이가 있기 때문에 평균분석 방법을 정확히 이해하고 적용하는데 주의가 필요합니다.

SPSS 프로그램에서 평균을 통한 검정통계의 종류는 모두 4가지 방법으로 요약할 수 있습니다. 일표본 T검정(S), 독립표본 T검정(T), 대응표본 T검정(P), 그리고 그룹간 평균비교의 대상이 3그룹 이상일 경우 일원배치분산분석(O)이 있습니다. 집단별 평균분석(M)은 평균 검정을 위한 분석이라기보다는 집단간 평균을 일차적으로 비교해 볼 수 있는 기술통계분석이라 할 수 있습니다.

그리고 t-test에서의 연구가설(대립가설, 연구자의 관심가설)은 "표본집단간 평균차이가 존재한다", 혹은 "표본집단간 평균값이 동일하지 않다", 혹은 "~~(평균값)이 ~~이 아니다" 등으로 표현할 수 있습니다.

평균분석은 만약 여러분들이 학위논문을 구상하고 있거나, 학기말의 term paper를 작성하고 있다고 생각해 봅시다. 어떤 학생들은 우리나라 성인 남녀의 독서량의 차이를 추정하고자 할 때 평균비교는 유용한 분석방법이 될 수 있을 것입니다. 또한 성인 남녀의 운동량의 차이 유무를 검정하고자 할 때도 유익한 분석방법이 될 것입니다. 혹은 여러분이 다니고 있는 대학의 남·여 대학생들의 주당 평균 데이트 시간이 얼마나 될 것인지, 대학생들이 지출하는 여행경비는 얼마나 되는지, 남학생들과 여학생들의 평균 데이트 시간에는 서로 차이가 있는지를 과학적이고 논리적으로 증명하기 위해서 각각을 대표할 수 있는 표본을 추출하여 데이트 시간을 측정하고 평균을 비교하여 가설을 검정하고 결론을 추론할 수 있을 것입니다.

검정이란 바로 가설의 검정이며 판단의 기준은 SPSS분석 결과표에 제시된 유의확률값(p값)과 유의수준을 가지고 검정할 수 있습니다. 여기서 검정이라 함은 표본의 자료를 바탕으로 평균값을 기준으로 모평균(모집단의 평균)값을 추론할 때 영(귀무)가설의 기각(만약, 유의확률 $p<\alpha$), 채택(만약, 유의확률 $p>\alpha$) 유무를 결정하기 위하여 사용되는 개념입니다. 다시 말해 영가설을 기각한다는 의미는 표본의 평균값을 가지고 모집단(연구대상, 표본대상의 전체집단)의 평균값을 추론할 때 모집단의 평균값이 그룹 간 차이가 있다(혹은 서로 같지 않다)는 것을 추론할 수 있다는 의미이며, 통계적으로 유의미한 차이가 있을 것이라는 의미합니다.

통상적으로 p값이 0.05(유의수준, α값)보다 적으면 영가설을 기각하고 연구가설을 채택합니다(매우중요). 그러나 유의수준(α값)은 0.05뿐만 아니라 연구자의 기준에 따라 0.001, 0.01, 혹은 0.10을 기준으로 하여 가설을 검정할 수도 있습니다.

1. 집단별 평균분석

집단별 평균분석(M)은 어떤 변수(종속변수)의 그룹별(독립변수) 평균, 표준편차, 중위수, 케이스 수(빈도) 등의 기술통계량을 알아보고자 할 때 사용합니다. 그러므로 집단별 평균분석은 기술통계량의 데이터 탐색(E)과 같이 검정통계량이 없으며 그룹별 분포의 정도를 구별·비교할 수 있는 것이 특징입니다.

집단별 평균분석은 전체 케이스를 어떤 독립변수(그룹분류변수)에 의해 여러 개의 부 그룹으로 나눌 때, 각 그룹 내의 케이스의 수와 종속변수의 평균과 표준편차를 산출하여 부 그룹 간에 서로 비교할 때 사용됩니다.

(분석 → 평균비교 → 집단별 평균분석 → 옵션설정 → 확인)

만약 연구자께서 남녀 성별간의 ODA 지지도를 알고 싶다면 독립변수에는 명목척도 변수인 성별 변수를 선택하여 이동 시키고 종속변수에는 비율척도인 ODA 지지도를 이동 시킵니다. 그리고 옵션을 선택하여 종속변수의 알고 싶은 통계량(S)을 선택하여 오른쪽 칸으로 이동하여 계속과 확인을 선택하면 결과를 볼 수 있습니다.

결과값 출력

케이스 처리 요약

	케이스					
	포함		제외		합계	
	N	퍼센트	N	퍼센트	N	퍼센트
ODA 지지도 *Gender	982	99.6%	4	0.4%	986	100.0%

보고서

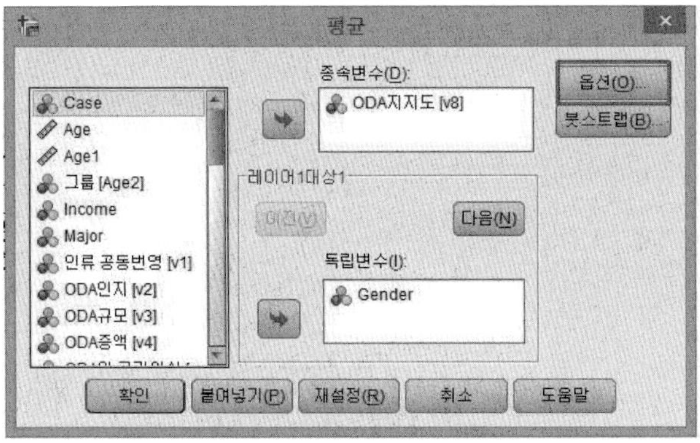

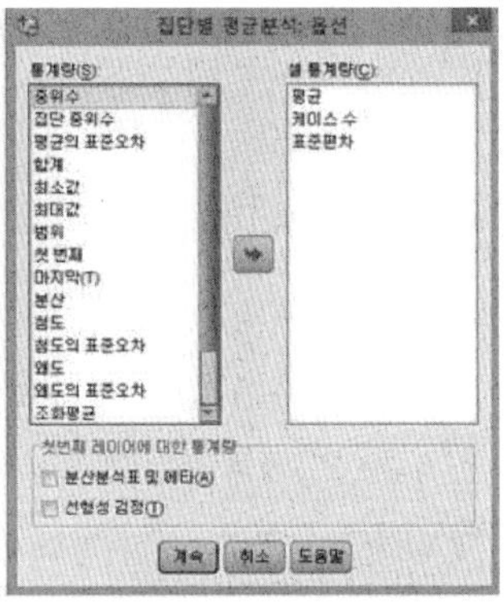

졸업평점

Gender(성별)	평균	N	표준편차
남성	3.5837	430	.69377
여성	3.4819	552	.65697
합계	3.5265	982	.67488

예제설명 성별은 남성과 여성으로 나뉘어져 있고 각각의 ODA지지도의 **평균**, **케이스 수**, **표준편차**들은 볼 수 있습니다. 평균은 각각 3.5837, 3.4819이고 **표준편차**는 0.69377, 0.65697이라는 결과를 볼 수 있습니다. 이처럼 집단별 평균분석은 평균 검정통계를 실행하기 전에 각 그룹별 평균에 차이가 있는가를 일차적으로 볼 수 있는 분석방법입니다. 그리고 차이가 발견될 때 검정통계 분석을 실시하여 통계적 유의성(영가설의 기각, 채택여부)을 확인할 수 있을 것입니다.

2. 일표본 t-test

(단)일표본 t-test란 하나의 모집단에서 확률표본이 얻어진 경우에 모평균에 관한 검정과 추정문제를 다루는 분석기법입니다. 예를 들어 우리나라 청소년들의 평균 TV 시청률이나 운동시간 등을 추정하고자 할 때 단일표본의 검정값을 활용하여 영가설을 검정할 수 있는 것입니다. 그러므로 단일표본의 영가설은 “어떠한 검정변수(TV시청률, 운동시간)의 평균은 검정값을 활용하여 실제 모평균을 추론할 수 있다는 것입니다.” 물론 영가설을 기각하는 기준은 유의확률(p-value)이 유의수준(α)보다 적은 경우에 기각할 수 있습니다.

모집단에서 추출된 표본의 평균과 연구자가 이론적 배경이나 경험적 배경에 의하여 설정한 특정한 수(**검정값**)를 비교하여 분석하고자 할 때 사용하는 어느 한 집단의 평균 비교입니다. 예를 들면, “영남대학교 학생들의 한달 평균 용돈은 **20만원(검정값)**일 것이다.”, 혹은 “우리대학교 학생들의 평균 데이트시간은 주당 40(**검정값**)시간일 것이다.”, “도서관 이용시간은 주당 20(**검정값**)시간일 것이다.”

일표본 t-test는 하나의 모집단 특정(독립)변수를 모평균에 관한 검정과 추정을 하기 위해 사용합니다. 예를 들어 어느 집단의 남학생들의 평균키가 175cm라고 알려져 있습니다. 이를 확인하기 위해 어느 집단의 남학생들의 키를 재어 평균을 냈을 때 기존에 알려져 있던 어느 집단의 남학생들의 키가 175cm가 맞는지 검정과 추정을 하는 것입니다.

여기서, 가설을 세워 검정을 합니다.

영가설(H_0) : 어느 집단의 남학생들의 키는 175cm일 것이다. ($H_0 : \mu = 175(cm)$)
연구가설(H_1) : 어느 집단의 남학생들의 키는 175cm가 아니다 . ($H_1 : \mu \neq 175(cm)$)

위와 같이 가설을 세운 다음 검정을 하게 되는데, 여기서 유의수준($\alpha = 0.05$ or $(1-\alpha)\%$)에서 검정통계량 t값(or 유의확률(p-value))에 따라 영가설(H_0)을 기각을 할 것인지 채택을 할 것인지 결정을 하게 됩니다.

(분석 → 평균비교 → 일표본 T 검정 → 검정값 입력 → 옵션설정 → 확인)

단일표본 t-검정의 특징은 연구자가 추측하는 검정값을 직접 입력하여 분석한 결과, 계산된 표본의 실제 평균값을 검정값과 비교하여 추론하는 분석방법입니다.

결과값 출력

일표본 통계량

	N	평균	표준편차	평균의 표준오차
ODA 인지	986	2.7008	.87997	.02802

일본표 검정

	검정값 = 2.70					
	t	자유도	유의확률 (양쪽)	평균차	차이의 95% 신뢰구간	
					하한	상한
ODA 인지	.029	985	.977	.00081	-.0542	.0558

예제설명 결과값을 보게 되면 평균은 2.7008, 표준편차 0.87997로 나왔고, 검정을 위해서는 검정통계량 t값 0.029, 유의확률 0.977으로 결과값이 나와 있습니다. 그리고 검정값은 2.70로 ODA 인지도 평균값인 2.70이라고 알려진 값을 직접 입력했던 값입니다.

【가설검정 단계】

영가설을 설정한다.

영가설을 검정하기 위한 유의수준을 정한다.

분석결과 계산된 유의확률값을 비교한다.

영가설 기각/채택여부를 결정한다. **영가설 기각조건 = 유의확률**(p)〈**유의수준**(α)

결론추론.

【추론】

가설을 세우면

영가설 : 어느 집단의 ODA인지도 평균은 2.70 이다. $(H_0 : \mu = 2.70)$

연구가설 : 어느 집단의 ODA인지도 평균은 2.70 아니다. $(H_1 : \mu \neq 2.70)$

여기서, 유의확률 〉 유의수준(0.05 or $(1-\alpha)$%) 이 되면 영가설을 채택되고, 유의확률 〈 유의수준이 되면 영가설을 기각(연구가설 채택)하게 됩니다.

위의 결과를 보게 되면 유의확률 값이 0.977으로 유의수준인 0.05보다 크기 때문에 영가설을 채택하게 되어 어느 집단의 ODA 인지도 평균는 2.70이라고 할 수 있습니다.

여기서 잠깐! 제1종 오류, 제2종 오류

유의수준 0.05라는 것이 무엇을 의미한다고 하였습니까?

우리가 어떠한 가설을 선택할 때 범할 수 있는 오류의 범위를 말합니다.

제1종 오류는 영가설이 참인데도 불구하고 이를 기각할 때 범할 수 있는 오류의 최대 허용 범위가 5%라는 의미이며, 제2종 오류란 영가설을 채택할 때 범할 수 있는 오류의 범위가 5%라는 것입니다. 비록 연구가설이 참인데도 불구하고(2.70이 아님에도 불구하고) ....

3. 독립표본 t-test

독립표본 t-test는 2개의 집단 간 모평균의 차이가 있는가를 검정하고자 할 때 사용할 수 있는 분석방법입니다. (단)일표본 t-test가 실제 검정값을 통해 모평균을 추정하는 방법이라면 독립표본 t-test는 두 그룹의 평균의 비교를 통해 모집단의 두 그룹간 평균의 차이유무를 추론할 수 있는 통계분석 방법입니다.

독립표본 t-test는 두 그룹간의 비교를 위한 분석방법이기 때문에 Levene의 등분산 검정을 먼저 이해하여야 합니다. 등분산 검정의 가정이란 두 집단의 분산이 동일하다는 가정을 의미하는 것으로 Levene의 F값에 따른 유의확률값이 유의수준(0.05)보다 큰 경우 두 집단의 분산이 동일하다는 가정을 받아들이는 것을 의미합니다. 따라서 이 경우는 "등분산이 가정됨"의 분석결과를 이용하여 두 집단의 평균의 동일성 여부에 대해 t-test를 실시하여야 합니다. 다시 말해 독립표본 t-test의 Levene 검정은 두 독립집단의 평균의 차이유무를 검정하기에 앞서 분산의 동질성 검정을 통해 비교의 객관성이 확보되었는지 먼저 확인하는 과정으로 이해할 수 있습니다.

두 집단간 평균의 동일성에 대한 t-test의 영가설은 물론 "두 집단의 평균은 동일할 것이다." 혹은 "평균에 차이가 없을 것이다"라는 것이 영가설이며, t-test 통계량의 유의확률(p) 값이 0.05(α) 보다 작다는 것은 영가설을 기각할 수 있다는 의미이며, 결과적으로 모집단의 두 집단 평균값은 서로 차이가 있을 것이라고 통계적 추론을 할 수 있다는 것입니다.

독립표본 t-test는 두 집단의 평균을 비교하고, 두 집단간 평균값의 차이가 통계적으로 유의미한지 알아볼 때 쓰이는 추정 및 검정법입니다. 따라서 독립변수는 두 개의 집단이어야 합니다. 예를 들면, 남녀간, 혹은 저학년(1~2학년), 고학년(3~4학년)간의 한 달 평균 용돈의 차이가 있는가?, 혹은 학업성취도에는 차이가 있는가?

영가설 : 두 집단의 평균은 같다. ($H_0 : \mu_1 = \mu_2$)

연구가설 : 두 집단의 평균은 다르다. ($H_1 : \mu_1 \neq \mu_2$)

위와 같이 가설을 세운 다음 검정을 하게 되는데, 여기서 유의수준($\alpha = 0.05$ or $(1-\alpha)\%$)과 검정통계량 t값(or 유의확률(p-value))에 따라 귀무(영)가설(H_0)을 기각할 것인지, 아니면 채택할 것인지 결정을 하게 됩니다.

(분석 → 평균 비교 → 독립표본 T 검정 → 집단정의(지정 값 입력) → 확인)

독립표본 t-test는 평균을 측정할 수 있는 종속변수를 대상으로 명목 혹은 서열척도인 집단변수를 선택하여 두 집단간 평균을 비교하여 실제 모집단의 평균차이 유무를 추론하는 통계분석 방법입니다. 여기서 집단간의 비교는 반드시 두 집단간으로 한정되지만, 집단변수의 범주는 2 그룹 이상 다양한 집단으로 코딩되어 있어도 상관없습니다. 단지 집단정의(D)에서 비교하고자 하는 집단을 두(2)개로 지정해주면 됩니다.

"집단정의(D)" 방법에는 "지정값 사용(U)"과 "분리점(C)" 기능을 통해 비교집단을 지정할 수 있습니다. 즉 지정값 사용은 비교하고자 하는 집단의 입력된 값을 표시하면 됩니다. 예를 들어 학력변수가 다음과 같이 입력되었다면 1=중졸 이하, 2=고졸,

3=대학졸, 4=대학원 이상으로 코딩되었고, 연구자가 고졸과 대학졸 집단을 비교하고자 한다면 2, 3집단을 각각 입력(지정)하면 됩니다. 그러나 분리점 기능을 이용하여 3을 입력하였다면, 1, 2 집단을 한 그룹, 그리고 3, 4집단을 한 그룹으로 구분하여 두 그룹의 평균을 비교하게 됩니다. 연구자의 목적에 따라 적절한 기능을 선택하면 됩니다.

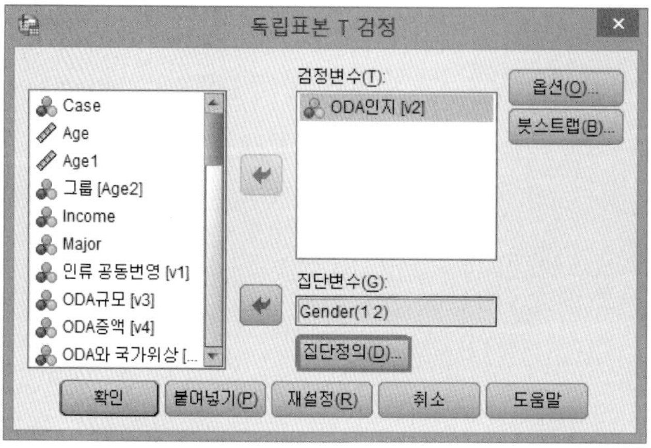

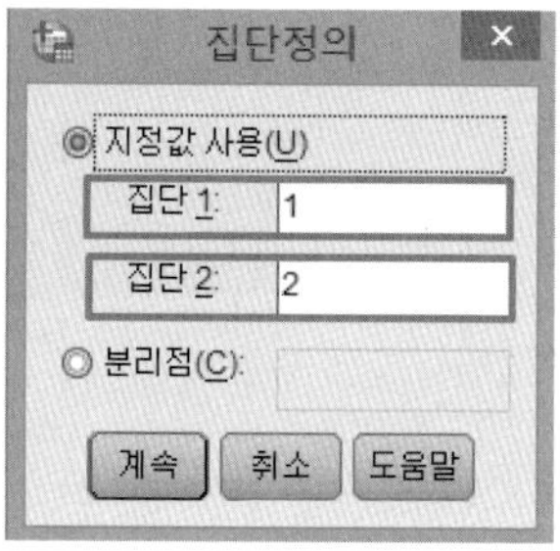

집단통계량

Gender(성별)		N	평균	표준편차	평균의 표준오차
ODA 인지	남성	433	2.8499	.87565	.04208
	여성	553	2.5841	.86638	.03684

독립표본 검정

	Levene의 등분산 검정		평균의 동일성에 대한 t-검정						
	F	유의확률	t	자유도	유의확률 (양쪽)	평균차	차이의 표준오차	차이의 95% 신뢰구간 하한	차이의 95% 신뢰구간 상한
Gender									
등분산이 가정됨	1.602	.206	4.758	984	.000	.26580	.05586	.15618	.37541
등분산이 가정되지 않음			4.752	923.462	.000	.26580	.05593	.15603	.37556

예제설명 상기 사례분석은 남·녀간 ODA 인지의 차이유무를 검정하고자 하였습니다. 남자의 평균 ODA 인지는 2.8499, 여자는 2.5841로 나타나 수치상으로 보았을 경우 일정부분의 차이가 있는 것으로 조사되었으며, 조사대상자는 남성보다 여성의 ODA 인지 평균값이 높은 것으로 분석되었다.

독립표본 검정으로 분석한 결과는 아래 과정에서 살펴보도록 하겠습니다.

【가설검정 단계】

영가설을 설정한다.

Levene의 등분산 검정을 실시한다.

영가설을 검정하기 위한 유의수준을 정한다.

Levene의 등분산 검정 결과에 따라 결정된 t값과 유의확률값을 유의수준과 비교한다.

영가설 기각/채택여부를 결정한다. **영가설 기각조건 = 유의확률**(p)〈**유의수준**(α)

결론추론.

【추론】

검정 가설을 세우면

영가설 : 남·녀 두 집단의 평균은 같을 것이다.($H_0 : \mu_1 = \mu_2$)

영구가설 : 남·녀 두 집단의 평균은 다를 것이다.($H_1 : \mu_1 \neq \mu_2$)

독립표본 t-test를 하기 이전에 두 집단의 분산이 같은지를 먼저 검정을 해야 합니다. 위의 결과를 보게 되면 "Levene의 등분산 검정"결과에 F값과 유의확률값이 나옵니다. 등분산 검정 역시 가설을 세우고 검정을 해야 합니다.

Levene의 등분산 가설

영가설 : 남·녀 두 집단의 모분산은 같을 것이다. ($H_0 : \sigma_1^2 = \sigma_2^2$)

영구가설 : 남·녀 두 집단의 모분산은 다를 것이다. ($H_1 : \sigma_1^2 \neq \sigma_2^2$)

Levene의 F값이 1.602, 유의확률값이 0.206로 영가설을 채택하게 됨으로써 두 집단의 모분산이 같다고 볼 수 있습니다. 따라서 "등분산이 가정됨"으로 통계량 t값(0.000)을 검정하면 됩니다(영가설을 기각하는 조건은 동일합니다.).

※ 만약 Levene의 등분산 F 값의 유의확률값이 0.05 보다 작은 값을 나타낸다면(영가설이 기각된다면) 등분산이 가정되지 않음의 유의확률(양쪽)을 선택해야 합니다.

따라서 *t*값은 4.758, 유의확률은 0.000로 유의수준 0.05 보다 작아서 귀무가설을 기각하게 되어 남녀 두 집단의 ODA 인식은 차이가 있다고 볼 수 있습니다.

4. 대응표본 t-test

대응표본 t-검정은 독립표본 t-검정과 동일한 검정방법이지만 차이가 있는 것은 두 개의 짝을 이루는 변수(쌍채변수)가 있어야 합니다. 독립표본 t-검정의 경우 단일의 종속변수를 대상으로 두 집단으로 나누어 평균을 비교 · 검정하는 방법이라면, 대응표본은 비교할 수 있는 두 개의 종속변수의 평균을 비교 · 검정하는 분석방법이다.

예를 들면 어떠한 처리(treatment) 혹은 실험을 하기 이전의 평균값과 처리 이후의 평균값을 서로 비교(대응)하여 평균의 차이가 있는지를 비교하는 것입니다. 규칙적인 운동을 하기 이전의 복부체지방량과 운동을 시작한지 2개월 이후 지방량의 평균을 비교한다면 운동의 효과를 측정할 수 있습니다. 그러므로 대응표본 t-검정은 독립표본 t-검정과는 달리 비교를 할 수 있는 대응변수가 있어야 합니다. 다시 말하면 SPSS 데이터 창에는 비교할 수 있는 두 변수가 각각 입력이 되어있어야 합니다. 대응표본 t-검정은 두 변수간의 평균을 비교해야 하기 때문에 어떠한 실험(treatment)의 효과를 사전-사후로 비교하고자 할 때 유용한 분석방법입니다.

동일 표본에서 측정된 두 변수값의 평균에 차이가 유의미한가? 특히 대응표본에서는 2개의 연속형 변수(등간, 비율)를 서로 비교하는 형식으로 일표본, 혹은 독립표본 t-test와는 다른 형식의 자료 분석입니다. 예를 들면 한 학급의 어린이들을 대상으로 한 어휘력 향상 교육프로그램의 효과를 알아보기 위해 프로그램을 실시하기 전의 어휘력과 실시 후의 어휘력의 차이를 알아보기 위한 분석이라던가, 사전, 사후 평균값의 차이가 있는가, 다이어트 전 · 후의 몸무게의 차이가 통계적으로 유의미한가를 비교하기에 적절한 분석방법입니다. 따라서 대응표본 t-검정은 시점만을 달리하는 동일한 사람 혹은 사건을 표본으로 선정하고, 시점을 달리하는 동일한 변수의 평균값의 차이유무를 검정하는 분석방법입니다.

대응표본 T 검정은 두 개의 동일한 변수간의 **평균의 차이**를 검정 및 추정하는 것입니다. 주로 하나의 집단을 가지고 **전·후를 비교**할 때 많이 쓰입니다(ex. 약물 복용 전과 복용 후의 차이, 동일한 측정 변수의 다른 시점 조사 자료 등). 이것은 변수들이 짝을 이루고 있다고 해서 간단히 **짝검정**이라는 표현을 쓰기도 합니다.

영가설 : 프로그램 실시하기 전·후의 평균값은 차이가 없다. ($H_0 : \mu_D = 0$)

연구가설 : 프로그램 실시하기 전·후의 평균값은 차이가 있다. ($H_1 : \mu_D \neq 0$)

(μ_D : 변수간의 차이)

(분석 → 평균 비교 → 대응표본 T 검정 → 대응변수 지정 → 확인)

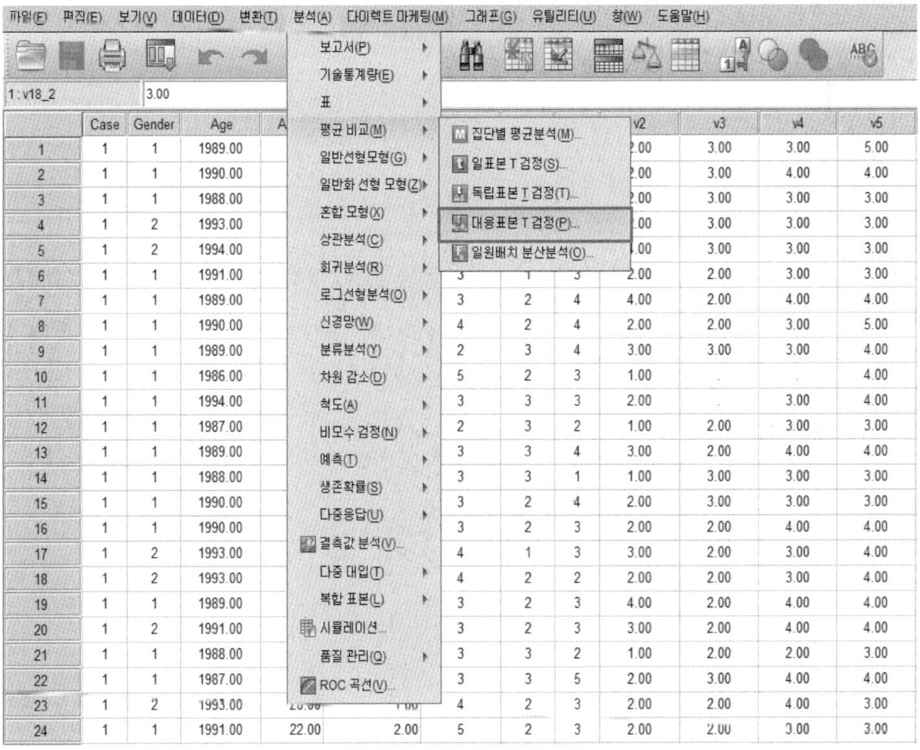

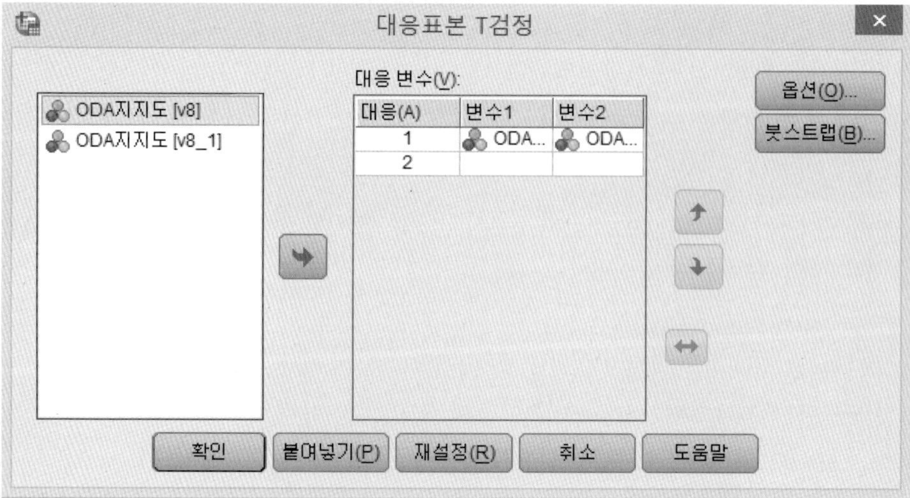

예시된 대응표본 t-검정은 교육이후 ODA에 지지도의 변화를 서로 비교하는 분석입니다. 본 책에서는 공적개발원조(ODA)에 관한 대학생 의식조사를 위하여 1학기 동안의 수업을 하였으며, 수업시간 중 몇회에 걸쳐 설문지를 배부하여 결과값을 도출하였습니다. 본 예시에서는 1번째 설문과 3번째 설문의 대답을 비교하여 어떠한 태도의 변화가 있었는지를 확인하기 위하여 대응표본 분석을 통하여 다음과 같은 결과를 얻었습니다(대응표본 t-검정의 경우 짝을 이루어 주는 변수를 선택하여야 하기 때문에 본 분석에서는 제공되어진 데이터를 약간 조작하여 분석하도록 할 것입니다.).

여기서 잠깐! 분석을 위한 데이터를 생성해 봅시다.

우리는 설문 분석에 있어 다양한 데이터를 사용하고 있습니다. 몇 번에 걸친 실험 데이터의 경우 입력한 변수란에 대부분이 다시 입력하고 난 뒤 변수의 구별을 위해 변수를 하나 생성하여 구분하여 주는 것이 대부분입니다.(본 예제에서 사용된 것처럼 Case로 구별합니다. 1~4)

본 책에서는 이러한 Case로 구분된 변수를 대응표본 t-검정을 위한 자료를 생성할 것입니다.

1. 케이스 별로 데이터를 구성합니다.

(데이터- 케이스 선택- 조건을 만족하는 케이스 클릭- 조건(I)클릭①)

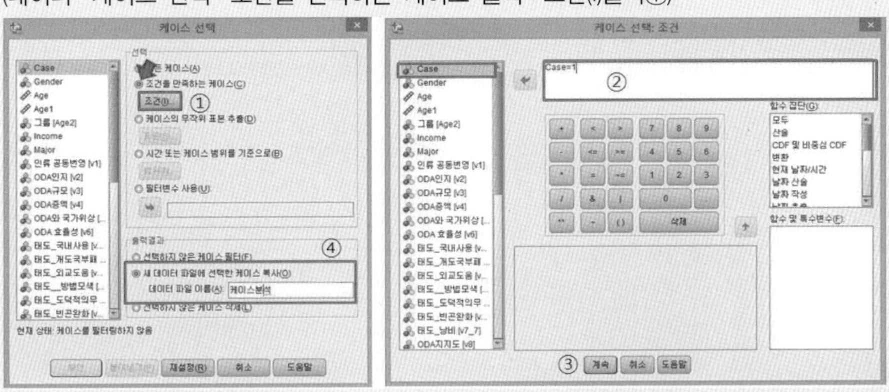

변수 Case를 ② 창에 클릭하여 넣고 =1을 타이핑한뒤, 계속(③)을 눌러 케이스 선택 창으로 복귀한다

출력결과 ④ 칸에 새 데이터 파일에 선택한 케이스 복사를 클릭하고 데이터 파일 이름을 입력하여 새로운 파일을 형성 합니다(ex 케이스1).

새로 생성된 파일에 분석을 위하여 v8 ODA지지도 변수를 제외한 다른 변수들은 삭제 합니다.

1. 1차 설문 조사 케이스가 새로운 파일로 형성됩니다.

다음은 케이스 3을 선택하여 새로운 파일을 만들어 보도록 합니다(앞의 순서와 동일하게 진행합니다.).

2. 변수를 합쳐봅시다.

두 개의 데이터가 새로 생성 되었습니다. 이제는 새로 생성된 파일 두 개를 합쳐 1개의 파일로 만들어 봅시다(대응표본 t-검정의 경우 대응하는 쌍이 있어야 직접적으로 비교가 가능).

변수를 합치기 위해서는 다음과 같은 과정을 거쳐야 합니다.

먼저 SPSS 데이터 둘 중 하나의 변수 이름을 변경합니다(동일 변수명일 경우 변수추가가 되지 않습니다.).

〈데이터→파일합치기→변수추가〉

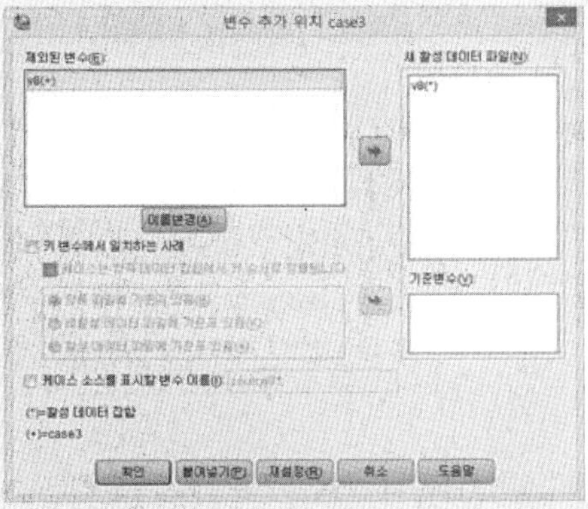

동일 변수명으로 추가된 경우 → X

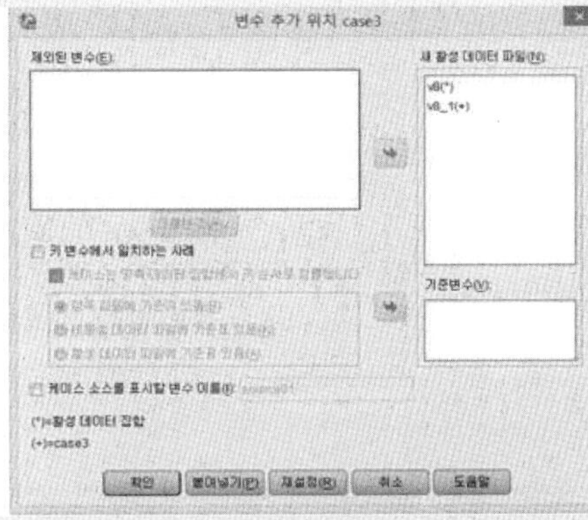

다른 변수명으로 추가된 경우→ O

변수를 추가하여 확인을 눌러주면 변수가 추가되는 것을 알 수 있습니다.

3. 자 이제 위의 대응표본 t-검정을 실시하여 봅시다.

대응표본 통계량

	평균	N	표준편차	평균의 표준오차
대응1 ODA 지지도(1차조사)	3.3860	272	.75985	.04607
ODA 지지도(3차조사)	3.6360	272	.65133	.03949

대응표본 상관계수

	N	상관계수	유의확률
대응1 ODA 지지도(1차조사)&ODA 지지도(3차조사)	272	.017	.786

대응표본 검정

	대응차					t	자유도	유의확률 (양쪽)
	평균	표준편차	평균의 표준오차	차이의 95% 신뢰구간				
				하한	상한			
대응 1차조사・3차조사	-.25000	.99259	.06018	-.36849	-.13151	-4.154	271	.000

예제설명 **1차 조사와 3차 조사** 두 변수간의 차이의 평균은 -0.25, ***t*값은** -4.154, **유의확률은** 0.000로 유의수준 0.05보다 작으므로 대립가설을 채택하게 되어 **두 변수간의 평균의 차이가 있다**고 볼 수 있습니다.

【가설검정 단계】

영가설을 설정한다.

대응표본의 상관계수와 유의확률을 검정한다.

영가설을 검정하기 위한 유의수준을 정한다.

대응표본 검정의 유의확률값을 유의수준과 비교한다.

영가설 기각/채택여부를 결정한다. **영가설 기각조건 = 유의확률**(p)〈**유의수준**(α)

결론추론.

【추론】

검정 가설을 세우면

영가설 : ODA 지지도(1차 조사)와 ODA 지지도(3차 조사)의 교육을 통한 태도(평균값)는 차이가 없을 것이다. ($H_0 : \mu_D = 0$)

대립가설 : ODA 지지도(1차 조사)와 ODA 지지도(3차 조사)의 교육을 통한 태도(평균값)는 차이가 있을 것이다. ($H_1 : \mu_D \neq 0$)

(μ_D : 변수간의 차이)

대응표본 상관계수값이 0.017로 비교하고자 하는 대응변수간의 상관성이 낮은 것으로 나타났습니다. 다시 말해 상관성이 낮다면 유의확률값이 0.05 보다 작은 값이 나올 것이며, 이 경우는 검정의 경유 유의미한 값을 나타내고 있다는 것을 의미합니다.

영가설 검정을 위한 유의수준 0.05와 유의확률값을 비교하면 유의확률값이 훨씬 더 작은 값이 나와 영가설을 기각하고 대립가설을 채택하게 됩니다.

결론적으로 ODA 지지도(1차 조사)와 ODA 지지도(3차 조사)의 교육을 통한 태도(평균값)는 차이가 있다는 결론을 도출할 수 있습니다.

연습문제

1. 다음 내용 중 틀린 것은?

① 집단별 평균분석 : 그룹별 분포의 정도를 구별 · 비교가능

② 단일표본 T검정 : 하나의 모집단에서 확률표본이 얻어진 경우에 모평균에 관한 검정과 추정문제를 다루는 분석기법

③ 독립표본 T 검정 : 3개 이상의 집단 간 모평균의 차이가 있는가를 검정하고자 할 때 사용

④ 대응표본 T 검정 : 비교할 수 있는 두 각각의 종속변수의 평균을 비교 검정

2. 다음 값을 이용하여 검증하시오

성별*시험점수

성별	A 점수	B 점수	성별	A 점수	B 점수
남	30	39	남	75	94
여	27	36	남	2	95
여	47	21	남	82	55
남	24	88	남	13	10
남	33	21	여	40	80
여	89	86	여	36	41
여	51	71	남	42	100
남	58	95	남	59	12
남	99	37	남	59	78
남	20	71	남	100	56
여	81	57	남	59	80
여	24	13	여	59	82
여	9	64	남	28	5
남	81	42	남	43	7
남	19	96	남	68	17

1) A과목에 대한 집단별 평균분석을 실시해 보시오.

A 과목 점수			
성별	평균	N	표준편차
남성			
여성			
합계			

2) 『A과목에 대한 평균은 48점이다.』를 가설을 세우고 일표본 T검정으로 검정해 보시오.

가설

H_o (   )

H_1 (   )

	검정값 =					
	t	자유도	유의확률 (양쪽)	평균차	차이의 95% 신뢰구간	
					하한	상한
A과목						

검증 (유의수준 0.05)

3) 『남성과 여성의 B과목에 대한 평균은 같을 것이다』에 대한 독립표본 T검정을 실시해보자.

가설

H_o (　　　　　　　　　　　　　　　　　　　　　　　　　　　　　　　)

H_1 (　　　　　　　　　　　　　　　　　　　　　　　　　　　　　　　)

집단 통계량

성별	N	평균	표준편차	평균의 표준오차
B 점수 남성 여성				

독립표본 검정

	Levene의 등분산 검정		평균의 동일성에 대한 t-검정						
	F	유의확률	t	자유도	유의확률(양쪽)	평균차	차이의 표준오차	차이의 95% 신뢰구간	
								하한	상한
성별 등분산이 가정됨 등분산이 가정되지 않음									

검증

Levene의 등분산 가설

검증

제9장 분산분석(ANOVA)

학습목표

3그룹 이상의 평균비교분석 방법인 분산분석의 기본원리 이해

- 독립표본 t-test와 ANOVA 분석의 기본적 차이
- ANOVA 분석의 종속변수와 요인(그룹)변수
- ANOVA 분석의 검정을 위한 검정통계값
- ANOVA 분석의 영가설과 연구가설
- ANOVA 분석의 검정 절차
- ANOVA 분석의 사후분석이란?
- ANOVA 분석의 사후분석의 기준
- 사후분석을 통한 동일집단의 구분
- 분산분석을 활용한 국제개발협력사업 분석

1. 일원배치분산분석(F-검정, one-way ANOVA(analysis of variance))의 이해

분산분석은 실험(혹은 집단 간)에서 관측된 분산의 변동량을 어떤 요인에 의해서 발생하는 것인지 아니면 우연에 기인하는 것인지를 전체분산과 비교하여 요인의 영향력의 유무를 통계적으로 검정하는 추리통계 방법입니다.

일원배치분산분석은 2개 이상의 집단 간 평균차이를 비교하고자 할 때 사용할 수 있는 분석방법입니다. 분산분석을 통해서 그룹별 평균의 차이를 검정할 수도 있으며 여러 그룹 중 평균에 차이가 있는 그룹을 사후분석의 다중비교를 통해 알아볼 수 있습니다. 그러므로 t-test(평균검정) 보다 다소 복잡한 분석방법이지만 분석원리는

평균검정과 같은 원리입니다.

일원배치분산분석은 하나의 독립변인(요인변수, 원인, 처리)에 따른 하나의 종속변수(결과, 영향)의 평균차이가 있는지 없는지를 분산의 비율을 가지고 비교하는 방법입니다. 여기서 말하는 3개 이상의 집단(독립변인 혹은 요인변수)이란 어떠한 결과에 영향을 미치는 원인(처리; treatment, program, policy)이 3개 이상의 범주를 의미하는 것으로 예를 들면, 3개의 집단, 각기 다른 3가지 이상의 처리기법, 3가지 이상의 교육방법 등이 될 수 있습니다(독립변인 변수는 3가지 이상의 범주형 변수이여야 함). 분산분석에서의 가설은 다음과 같습니다.

$$H_0 \ : \ \tau_1 = \tau_2 = \cdots \tau_k = 0$$

$$H_1 \ : \ / \ H_0$$

상기의 가설에서 영가설을 기각할 경우 즉, 독립변인간, 원인변수간, 그룹간 평균에 차이가 있을 경우, 어떠한 그룹간에 차이가 있는지를 알아보기 위해서는 사후분석을 하여야 합니다. 이 경우 사후분석의 방법 중에 가장 일반적인 것이 Scheffé-test 집단간 사례수가 거의 동일할 때에는 Tukey-test, 그리고 Duncan-test의 방법을 기준으로 사후분석을 할 수 있습니다. 또한 분산분석의 경우, 변량의 동질성을 확보하기 위해 변량(분산)의 동질성 검사를 함께 함으로서 비교의 객관성을 확보하여야 합니다.

분석결과 해석

분산분석으로 가설을 검정한다는 것은 표본에서 나타난 집단간 평균의 차이가 표본에 의한 우연한 특성인지, 아니면 모집단 자체에 본질적으로 그러한 차이가 있기 때문에 표본에서도 그렇게 나타난 것인지를 분석하고 검정하는 것입니다. 즉 분산분석이란 표본의 분산이 모집단의 분산을 얼마나 정확하게 추론할 수 있는가를 반영하는 통계분석입니다.

분산분석의 주요기능은 3개 이상의 집단에서 얻어진 평균들의 차이가 모집단의 평균차이에 기인한 것인지, 아니면 표본에 의한 우연한 차이인지를 검정하는 것입니다. 따라서 검정결과 그룹간 유의한 차이가 있다는 것은 **"그 차이가 모집단에서 본질적**

으로 그러한 차이가 있기 때문에 표본에서도 그렇게 나타난다는 것을 의미하고", 영가설을 기각할 수 없다는 것은 "그 차이는 표본에 의한 우연한 차이지 모집단의 본질과는 관계가 없다는 의미"라 할 수 있습니다.

기본공식

분산분석은 집단간 분산과 집단내 분산의 추정치인 평균제곱의 비율인 F비를 구하는 것입니다. 즉

F 비는 $F = \dfrac{\text{집단간 분산의 추정치}}{\text{집단내 분산의 추정치}}$ 입니다.

($\text{집단간 분산추정치} = \dfrac{\text{집단간 제곱합}}{\text{집단간 자유도}}$, $\text{집단내 분산추정치} = \dfrac{\text{집단내 제곱합}}{\text{집단내 자유도}}$)

이 F 비는 영가설을 기각하거나 채택할 수 있는 판단의 근거를 제공해주는 기준이 됩니다.

사후검정이란?

분산분석의 일차적인 목적은 하나의 독립변인(원인, 인자, 처리)의 효과 유무를 검정하는 것입니다. 일차적으로 독립변인의 효과를 검정을 하고, 집단간에 '통계적으로 유의한 차이가 있다'는 것을 발견했다면 연구자는 '그러한 차이는 어디에 있는 것인가?'하는 질문을 제기하게 되며 이 질문에 대답하기 위하여 자료를 사후로 다시 분석해야 합니다. 이러한 질문에 대하여 대답할 수 있는 기법이 바로 사후비교(post-hoc comparison) 검정입니다.

일원배치분산분석(one-way ANOVA) 실행

독립표본 t-test는 두 집단의 평균을 비교한 것이라면, **일원배치 분산분석**은 집단의 수가 **2개 이상**일 경우 사용됩니다. 일원배치 분산분석을 실시하기 위해서 분석에서 평균비교(M) 일원배치 분산분석(O)을 선택합니다.

(분석 → 평균 비교 → 일원배치 분산분석 → 요인분석 및 종속변수 설정 → 사후분석 및 옵션 설정 → 확인)

설문 CASE(1차 · 2차 · 3차 · 대조집단)별 ODA인지의 평균에 차이가 있는지를 분석하기 위해 일원배치 분산분석을 실시하기로 하였습니다. 그리고 CASE별 차이가 단순히 표본에서 나타나는 결과인지 아니면 실제 모집단에도 그러한 차이가 존재하는지를 검정하도록 하겠습니다.

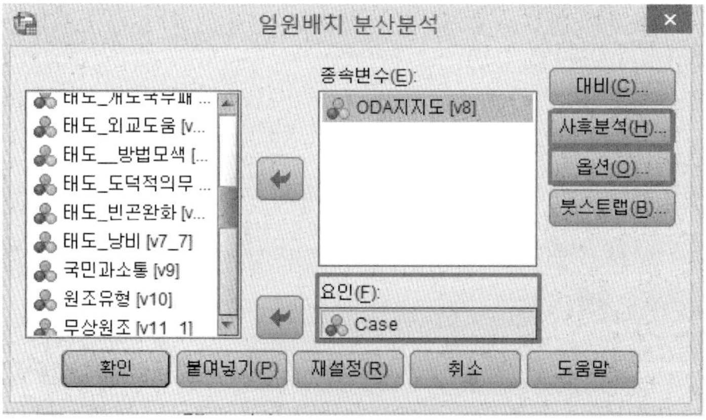

이러한 기본적인 의문에 답하기 위해서 그룹 변수를 의미하는 요인분석에 Case 변수를 보내고, 종속변수에는 ODA지지도[v8] 변수를 보냅니다. 그리고 차이가 있다면 어떠한 그룹간에 차이가 있는가를 보기 위해서 사후분석(H)을 선택하였으며, 그 기준은 LSD, Turkey, Scheffe의 기준에 따라 사후분석을 실시하였고, 옵션으로 분산분석의 기본 가정인 집단간 분산의 동질성 검정을 함께 실시하였습니다.

사후분석

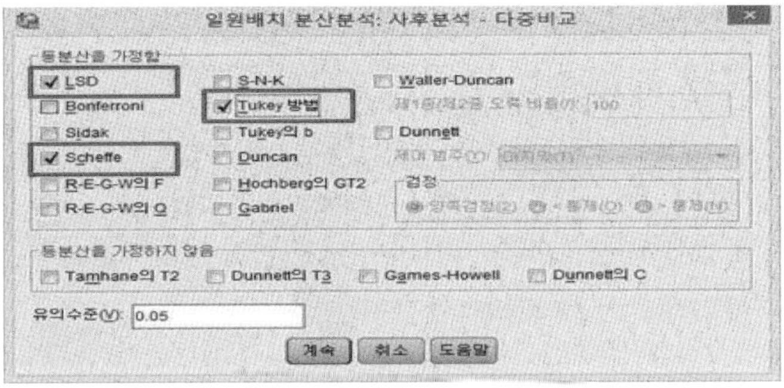

옵션

※ 사후분석의 기준으로는 일반적으로 Duncan, Tukey, Scheffe 등이 주로 사용된다. Duncan은 엄격하지 않은 기준으로 그룹을 구분하는 것이 특징이다. 즉 약간의 차이만 있으면 이질적인 그룹으로 구분하는 것이 특징이며, Tukey의 경우는 독립변수의 각 집단 별 t검정을 반복적으로 실시하여 모든 경우의 수로 사후검정을 실시하는 것이 특징이다.

결과값 출력

분산의 동질성 검정

ODA지지도

Levene 통계량	df1	df2	유의확률
7.117	3	978	.000

분산분석

ODA지지도

	제곱합	df	평균 제곱	F	유의확률
집단-간	21.296	3	7.099	16.316	.000
집단-내	425.515	978	0.435		
합계	446.812	981			

예제설명 우선 분산의 **동질성 검정**에서는 **유의확률이** 0.00이므로 **영가설을 기각**되어 학과별 분산이 동일하지 않으므로 **등분산성이 가정**되지 않습니다. 그리고 **분산분석**에서는 **F값은** 16.316(7.099÷0.435)이며 **유의확률은** 0.000으로 유의수준(α) 0.05보다 작은 값을 가지므로 영가설을 기각하게 되어 Case별 **평균은 동일하지 않다**는 결과를 알 수 있습니다. 그러나 분산분석만으로는 어느 집단의 평균이 동일한지 알 수가 없습니다. 그래서 아래의 사후분석을 실시하였습니다. 사후분석은 어느 집단 간에 차이가 있는지를 보여줍니다.

사후검정

다중비교

종속변수 : ODA지지도

	(I)Case	(J)Case	평균차(I~J)	표준오차	유의확률	95% 신뢰구간	
						하한값	상한값
Tukey HSD	1차조사	2차조사	-.28830*	.05715	.000	-.4354	-.1412
		3차조사	-.27791*	.05816	.000	-.4276	-.1282
		비교집단	.02505	.06101	.977	-.1319	.1821
	2차조사	1차조사	.28830*	.05715	.000	.1412	.4354
		3차조사	.01040	.05874	.998	-.1408	.1616
		비교집단	.31335*	.06156	.000	.1549	.4718
	3차조사	1차조사	.27791*	.05816	.000	.1282	.4276
		2차조사	-.01040	.05874	.998	-.1616	.1408
		비교집단	.30296*	.06249	.000	.1421	.4638
	비교집단	1차조사	-.02505	.06101	.977	-.1821	.1319
		2차조사	-.31335*	.06156	.000	-.4718	-.1549
		3차조사	-.30296*	.06249	.000	-.4638	-.1421
Scheffe	1차조사	2차조사	-.28830*	.05715	.000	-.4484	-.1282
		3차조사	-.27791*	.05816	.000	-.4408	-.1150
		비교집단	.02505	.06101	.982	-.1458	.1959
	2차조사	1차조사	.28830*	.05715	.000	.1282	.4484
		3차조사	.01040	.05874	.999	-.1541	.1749
		비교집단	.31335*	.06156	.000	.1410	.4857

	3차조사	1차조사	.27791*	.05816	.000	.1150	.4408
		2차조사	-.01040	.05874	.999	-.1749	.1541
		비교집단	.30296*	.06249	.000	.1280	.4780
	비교집단	1차조사	-.02505	.06101	.982	-.1959	.1458
		2차조사	-.31335*	.06156	.000	-.4857	-.1410
		3차조사	-.30296*	.06249	.000	-.4780	-.1280
LSD	1차조사	2차조사	-.28830*	.05715	.000	-.4005	-.1761
		3차조사	-.27791*	.05816	.000	-.3920	-.1638
		비교집단	.02505	.06101	.681	-.0947	.1448
	2차조사	1차조사	.28830*	.05715	.000	.1761	.4005
		3차조사	.01040	.05874	.860	-.1049	.1257
		비교집단	.31335*	.06156	.000	.1926	.4342
	3차조사	1차조사	.27791*	.05816	.000	.1638	.3920
		2차조사	-.01040	.05874	.860	-.1257	.1049
		비교집단	.30296*	.06249	.000	.1803	.4256
	비교집단	1차조사	-.02505	.06101	.681	-.1448	.0947
		2차조사	-.31335*	.06156	.000	-.4342	-.1926
		3차조사	-.30296*	.06249	.000	-.4256	-.1803

* 평균차는 0.05 수준에서 유의합니다.

ODA지지도: 동일집단군				
	학과	N	유의수준 = 0.05에 대한 부집단	
			1	2
Tukey HSD[a,b]	비교집단	205	3.3610	
	1차조사	272	3.3860	
	3차조사	244		3.6639
	2차조사	261		3.6743
	유의확률		.975	.998
Scheffe[a,b]	비교집단	205	3.3610	
	1차조사	272	3.3860	
	3차조사	244		3.6639
	2차조사	261		3.6743
	유의확률		.982	.999

동일집단군에 있는 집단에 대한 평균이 표시됩니다.

a. 조화평균표본크기242.665을(를) 사용합니다.

b. 집단크기가동일하지않습니다. 집단크기의 조화평균이 사용됩니다. I 유형오차수준은 보장되지 않습니다.

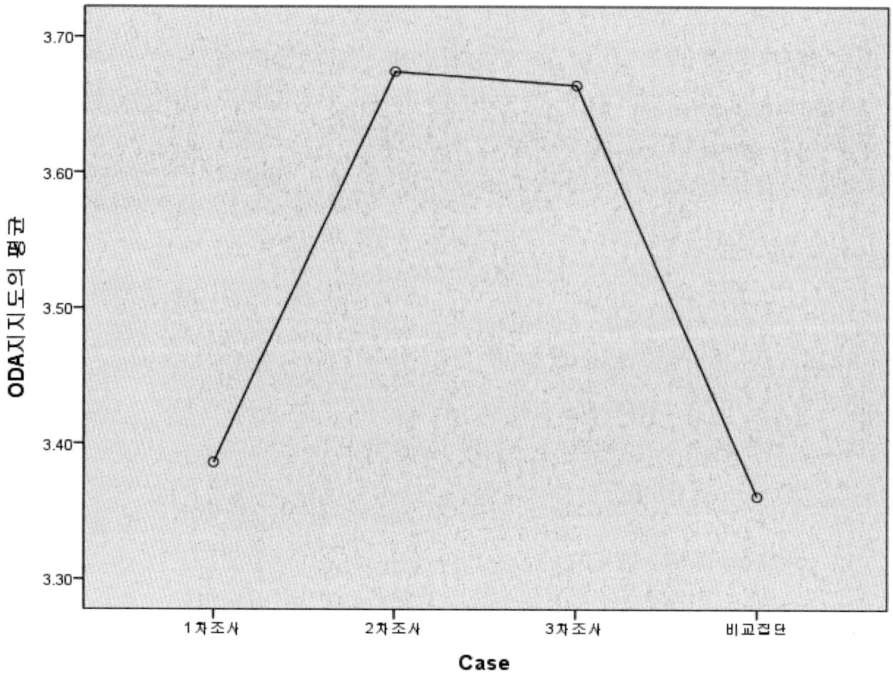

예제설명 사후분석의 결과를 보면 3개의 방법으로 사후분석을 실시했습니다. 밑줄 친 부분을 보게 되면 숫자 뒤에 * 모양의 체크가 되어 있습니다. 이는 그 두 집단간의 차이가 있다는 것을 의미하게 되며 3개의 방법에서 모두 체크가 되어 있습니다. 따라서 분산분석에서 평균의 차이가 생기게 되는 것은 각 조사간의 평균의 차이가 있다는 것을 의미하게 됩니다.

【가설검정 단계】

영가설을 설정한다.

집단간 분산의 동질성 검정을 실시한다. **영가설을 기각할 수 없다면 동질성 확보**

영가설을 검정하기 위한 유의수준을 정한다.

영가설 기각/채택여부를 결정한다. **영가설 기각조건 = 유의확률**(p)〈**유의수준**(α)

영가설이 기각될 경우 사후분석을 실시하여 동질그룹을 확인한다.

결론추론

【추론】

검정 가설을 세우면

영가설 : 설문조사(Case)별 ODA 지지도의 분산은 차이가 없을 것이다.

연구가설 : 설문조사(Case)별 ODA 지지도의 분산은 차이가 있을 것이다.

분산의 동질성 검정에서 유의확률 값이 .000라는 것은 "집단간 분산이 동질적일 것이다"라는 영가설을 기각하기 때문에 분산분석의 동질성 가정을 충족한다고 볼 수 없습니다.

분산분석의 유의확률(p) 값이 .000로 나와 유의수준 .05 보다 작기 때문에 "집단간 분산에 차이가 없을 것이다"라는 영가설을 기각하고 연구가설을 채택합니다. 다음은 집단간에 차이가 있다는 결론을 바탕으로 어떠한 그룹간에 차이가 있는지를 검정하기 위해 사후분석을 실시합니다. 사후분석의 기준으로는 몇 가지의 기준을 통해 종합적으로 판단하였습니다.

사후분석 결과 1차 조사와 2 · 3차 조사가 차이가 있음을 발견할 수 있었고 2차 조사의 경우 1차 조사와 비교집단과의 조사가, 3차 조사의 경우에도 1차 조사와 비교집단과의 조사가 차이가 있음을 발견할 수 있습니다.

동일집단군 검정에서는 비교조사와 1차 조사가 그리고 2차 조사와 3차 조사가 동일집단군임을 알 수 있습니다. 이런 경우 동일집단군의 유의확률이 높은 집단으로 포함시키면 될 것입니다.

이러한 결과는 옵션의 평균도표를 선택하여 시각적으로 그룹간 평균에 차이가 있음을 발견할 수 있습니다. 즉 1차 및 비교집단의 ODA 지지도는 유사한 정도를 나타내기 때문에 동일집단이 형성되며, 2차 및 3차 조사그룹이 동일한 집단으로 묶을 수 있습니다.

2. 추리통계 I(교차, 평균 및 분산분석)을 활용한 실험 및 준실험 연구설계

본 장에서는 χ^2 검정, 평균비교, 분산분석을 활용한 실제 연구모델을 살펴봅니다. 연구자는 준실험 설계법이라 할 수 있는 반복측정 사전-사후 비동질적 통제(비교)집단설계(pretest-posttest control group design)[2] 비교연구 방법을 활용하여 실험집단과 비교집단간의 차이를 분석하고자 합니다. 예를 들어, 실험집단은 사전-사후 검사를 통하여 교육(혹은 처치)의 효과를 비교하는 것이며, 비교를 위해 실험에 전혀 노출되지 않은 통제집단은 동일한 시점에 사전-사후 설문조사를 실시하여 실험의 순 효과를 측정하는데 비교자료로 활용합니다. 이 설계는 피험자를 무선적으로 실험집단과 통제집단에 배치하며 실험에 앞서 두 집단에게 사전검사를 실시하여 이를 사후검사와 비교하는 방법입니다. 이론적으로는 사전검사를 실시하므로 무선적인 할당에 의하여 두 집단의 동질성을 확인할 수 있습니다. 준실험 설계의 예를 [표]로 나타내면 다음과 같습니다.

	사전	실험(Treatment)	사후
EG	O_1	X	O_2
CG	O_3	-	O_4
E	if it is effective, $(O_2 - O_1) \neq (O_4 - O_3)$ if it is not effective, $(O_3 = O_2)$ or $(O_2 = O_4)$		

평균분석 및 분산분석을 활용한 사전-사후검사 통제집단 연구설계

이러한 준실험 연구설계는 실험(수업X)의 영향력을 비교적 정확하고 객관적으로 측정하기 위하여 실험에 노출되기 전(1차 사전조사)과 실험이 종료(2차 사후조사)되는 시점으로 나누어 실험(수업X)의 영향력을 2단계로 나누어 측정하고, 실험집단과 실험에 노출되지 않은 집단을 비교하여 실험의 순효과를 측정하고자 비교(통제)집단을 활용하는 것입니다. 이러한 연구설계는 실험집단의 사전조사(O_1)/사후조사(O_2) 그리고 통제(비교)집단의 설문결과(O_3/O_4)를 교차 비교 분석할 수 있습니다[3].

---

2 사전-사후 비동질적 통제(비교)집단설계는 연구방법론적으로 준-실험 계획법(Quiz-experimental Design)에 해당되며 이러한 연구방법의 특징은 실험조건의 물리적인 통제 없이 통계적인 통제에만 의존하게 된다는 것이다. 실험계획법과의 가장 큰 차이는 연구자가 무작위로 실험집단과 통제(비교)집단을 결정하는 것이 아니라 통제(비교)집단을 임의로 결정한다는 것이다(기정훈·허근숙(2009), "인적자본 집적도시의 형성과 성장에 대한 통계학적 연구", 「도시행정학보」, 22(2): 31-56). 다만 실험집단과 통제집단을 최대한 유사하게 배치한다는 점에서 준실험 설계라 할 수 있습니다. 즉 실험설계와 준실험 설계의 기본적인 차이점은 연구집단의 무작위 추출 여부라 할 수 있습니다.

3 본 연구는 실험집단과 비교집단 간에는 표본 선정의 한계를 극복하지는 못했다. 다시 말해,

실제로 본 저자가 강의를 실시하였던 "지구촌개발협력의 이해"라는 교양과목의 수업효과를 분석하기 위하여 상기와 같은 준실험설계를 실시하여 사전-사후 비동질적 비교연구를 실시하였다. 실험집단의 학기초와 학기말, 그리고 비교집단에 동일한 설문지를 이용하여 ODA 태도에 대하여 측정하였으므로 단일표본 평균검정(one sample t-test)을 실시하여 평균값을 비교할 수 있습니다. 단일표본 평균검정은 한 집단의 평균이 특정 평균과 동일한 수준이라고 평가할 수 있는지를 검정하는 것으로 본 연구의 목적인 수강생들의 ODA 태도에 대해 수강 전·후에 이해력이 향상되었는지를 평가한다는 점에서 적절한 방법입니다. 단일표본 평균검정에서는 검정값(평균)을 통해서 분석이 가능합니다.

또한 실험집단간 ODA 태도의 변화를 검증하기 위해 t-test를 실시하였으며, 응답집단(실험집단 대 비교집단, 남/여, 혹은 학년별 그룹) 간 ODA 참여의사 비교는 χ^2 검증을 실시할 수 있습니다[4]. 그리고 사전-사후검사 통제집단설계의 자료처리기법으로는 분산분석(F 검증)을 실시하면 됩니다.

본 연구는 실험의 순수한 효과를 측정하기 위해서는 비교집단(수업X)도 사전·사후로 구분하여 조사하였습니다. 만약 비교집단의 사전·사후분석 결과 통계적으로 유의미한 차이를 발견할 수 없었고 반면에 실험집단의 사전·사후분석 결과에는 통계적 유의미한 차이를 발견할 수 있었다면, 실험의 효과가 보다 분명히 있다고 해석할 수 있을 것입니다. 본 연구처럼 비교집단의 사전조사를 통해서 성숙효과(maturation effects)에 대한 영향력을 통제할 수 있으며, 이는 실험집단의 내적 타당성을 확보하는데 유용할 수 있습니다.

이처럼 어느 특정 그룹을 대상으로 변화와 효과 등을 분석하고자 할 때 활용할 수 있는 분석 기법이 평균분석 기법입니다. 따라서 독립표본 t-test 혹은 분산분석(ANOVA)을 실시하기 위해서는 측정의 수준을 놓고 볼 때 그룹을 나타내는 명목변수

실험집단의 사전조사에 응한 응답자들은 이미 이러한 실험에 자의(발)적으로 참여함으로서 비교(통제)집단과 근본적 차이점을 가지고 있다고 할 수 있다. 실험집단과 비교집단의 무작위 표본선정(Random sampling)의 한계를 극복하지 못함으로서 실험집단의 내적타당성 확보에 한계가 있다고 할 수 있다

4 ODA 참여의사를 묻는 질문의 원형은 명목형으로 측정되었으나 평균비교(t-test)를 위해서는 ①~④의 등간척도로 간주하여 평균비교, 그리고 명목형으로 측정된 경우는 카이제곱 분석이 바람직하다.

와 평균을 계산할 수 있는 등간 혹은 비율형 척도로 이루어진 변수를 기본적으로 요구한다고 볼 수 있습니다.

사후검정의 기준:

사후검정을 동일집단 구분의 기준은 Scheffe 검정법의 특징은 집단들이 동수의 n 이 아니어도 될 뿐만 아니라 변량분석표를 이용하여 계산하기 때문에 가장 많이 쓰이는 방법입니다. 그러나 이 기법은 보수적인 방법이기 때문에 유의수준을 .10에서 이용하기를 권장합니다. 이에 반해 Tukey 검정법은 사례수가 동수 n 이고 평균치간의 1대 1의 짝을 비교하고자 할 때 유리한 기준입니다. **Scheffé와 Tukey 방법은 보수적이라 되도록 집단을 나누지 않으려는 성질이 있는 반면** Duncan 검정법은 평균에서 떨어져 있으면 있을수록 유의한 결과를 보여주려는 성향이 있습니다.

연습문제

1. 다음 값을 이용하여 일원배치분산분석(ANOVA 분석)을 실시해 보시오.

성별	1차시험	2차시험	3차시험	성별	1차시험	2차시험	3차시험
0	96	32	37	0	59	69	49
0	45	20	83	0	63	18	87
1	63	40	72	0	23	30	12
1	70	50	47	1	80	100	3
0	52	81	73	0	64	41	86
0	53	17	10	0	38	23	59
0	18	46	100	0	75	5	14
1	7	29	29	0	3	27	74
0	9	69	88	1	35	53	65
1	35	72	2	0	91	75	59
0	21	40	54	0	22	61	43
1	62	7	80	0	28	37	76
1	16	77	26	0	28	18	52
1	74	64	81	1	72	35	33
1	70	34	88	0	98	47	53

(남 : 0, 여 : 1)

1) 주어진 데이터를 일원분산분석을 실시할수 있도록 SPSS에 작성해 보시오.

2) 가설 : 1차 ~ 3차 시험에서의 분산은 차이가 없을 것이다.라는 가설을 검정하시오.

H_o ( )

H_1 ( )

분산의 동질성 검정			
시험점수			
Levene 통계량	df1	df2	유의확률

분산분석					
시험점수					
	제곱합	df	평균 제곱	F	유의확률
집단-간					
집단-내					
합계					

다중 비교							
종속 변수:시험점수							
	(I)차수	(J)차수	평균차 (I-J)	표준오차	유의확률	95% 신뢰구간	
						하한값	상한값
Tukey HSD	1.00	2.00					
		3.00					
	2.00	1.00					
		3.00					
	3.00	1.00					
		2.00					
Scheffe	1.00	2.00					
		3.00					
	2.00	1.00					
		3.00					
	3.00	1.00					
		2.00					
LSD	1.00	2.00					
		3.00					
	2.00	1.00					
		3.00					
	3.00	1.00					
		2.00					

시험점수			
	차수	N	유의수준 = 0.05에 대한 부집단
			1
Tukey HSDa	1		
	2		
	3		
	유의확률		
Scheffea	1		
	2		
	3		
	유의확률		

검증

제5부

추리통계의 이해II

제10장 일반선형모델(GLM) 분석

1. 이원분산분석

독립변수가 두 개 이상인 다차원 분산분석의 경우 일반선형모델(GLM)을 자주 사용합니다. 두 독립변수가 종속변수에 미치는 영향이 유의한지를 보여줄 뿐만 아니라 두 변수의 상호작용이 종속변수에 미치는 영향이 어떤지 보여줍니다.

2. 공분산 분석(공변량 분석 : analysis of covariance)

1) 사용목적

분산분석은 집단(독립변수) 간에 종속변수의 값(평균)이 차이가 있는지를 조사하는 분석방법입니다. 분산분석의 경우 집단 간 유의미한 차이가 존재한다고 하더라도 그 효과가 단순히 범주형 변수(독립변수)의 수준차가 아니라 공변인(매개변인) 효과에 기인하는 경우가 있을 수 있습니다. 이 경우 공분산분석을 통해 공변인을 통제한 뒤 집단(독립변수) 간 차이를 살펴보는 것이 합리적입니다.

공분산분석은 종속변수에 영향을 미치는 제3의 영향을 통제하는 분석방법으로 어떠한 실험의 순효과만을 검정하고자 할 때 사용가능한 방법입니다.

공분산분석은 분산분석과 회귀분석 방법을 결합시킨 것으로서, 공분산분석은 주로 두 가지 관점에서 분석이 이루어집니다. 먼저, 우선적인 관심사가 범주형(그룹) 변수 간에 종속변수의 평균에 차이가 존재하는가를 보되(분산분석) 종속변수에 영향을 미칠 것으로 판단되는 연속형 매개변수(이를 공변량(covariate)이라고 함)의 효과를 동시에 고려하는 분석방법입니다(한국성인교육학회, 교육평가용어사전, 2004, 학지사).

공분산분석은 종속변수에 영향을 미치는 매개변인(공변인)의 영향이 클수록 공분산분석을 실시함으로서 순수한 처리효과를 조사할 수 있는 장점이 있습니다.

사회과학에서 실험(처치)의 순수효과를 정확히 측정하기 위해서는 실험집단과 비교집단(또는 통제집단)은 실험 이외의 조건이 완벽하게 동일해야 하지만 현실적으로는 동등성에 문제가 있을 수 있습니다. 이 경우 집단 간 차이를 통제할 수 있는 분석방법이 공분산분석입니다.

특히 실험이전부터 각 집단 내에 존재하고 있던 차이 때문에 실험대상의 반응에 영향을 미칠 수 있는 실험설계에서는 공분산분석이 유용합니다. 실험설계의 주요한 목적은 연구하고자 하는 독립변인 이외에 다른 잡다한 요인이 종속변인에 영향을 주는 것을 통제함으로써 주어진 독립변인만이 가능한 한 순수하게 영향을 주도록 하는 것입니다. 그러나 연구자가 실험설계를 통해서 직접적으로 통제할 수 없을 때 간접적으로 이러한 매개변인을 통제하는 방법이 공분산분석이라 할 수 있습니다.

물론 이러한 공변인에 있어서 실험집단과 비교집단(또는 통제집단)간에 차이가 없다면 이를 통계적으로 통제할 아무런 이유도 없으며, 이러한 공변인의 영향을 제거한다

하더라도 종속변수에 있어서 집단 간의 관계는 변함이 없을 것입니다.

2) 유의사항

공분산분석에서는 각 피험자가 한쌍의 측정치, 즉 종속변인의 측정치와 비통제 변수의 측정치를 가지고 있어야 합니다. 다시 말해, 질적인 독립변수와 양적인 공변인이 양적인 종속변수에 미치는 영향력을 검정하는 것입니다.

종속변수로부터 한 개 이상의 공변인에 의한 분산을 제거하려면 선형회귀분석과 유사한 과정을 이용하면 됩니다. '조정된' 종속변수에 대해 일반 분산분석이 수행됩니다.

단 종속변수가 연속형일 때

① 독립변수가 범주형이면 분산분석 모형을 사용할 수 있고

② 독립변수가 연속형이면 회귀분석 모형을 사용할 수 있습니다.

공변인은 꼭 하나만 지정될 필요는 없고 경우에 따라서는 2개, 혹은 3개를 지정할 수 있습니다.

3) 용어의 정의 및 유의확률 검정

공변인(공변량)은 종속변수로부터 연구자가 원하지 않았던 영향력을 제거하여 측정의 정확도를 높이기 위해 실험설계에 포함됩니다. 일반적으로 종속변수인 실험(처치)에 영향을 미칠 것으로 예상되는 변수라고 볼 수 있습니다.

연구자의 관심은 독립변수 이외에 종속변수에 영향을 줄 수 있는 매개변수로서 연구자가 통제하고자 하는 변수를 흔히 공변인 또는 관계변인이라고 합니다.

※ 설명변수(독립변수)에는

· 계량화(양적) 독립변수 : 공변인(covariate)라고 함, 혹은 연속형 설명변수

· 비계량화(질적) 독립변수 : 요인(factor)라고 함, 혹은 범주형 설명변수

집단(개체) 간 효과검정 - 집단간에 사전-사후 검사 변화량이 차이가 있는지를 살펴보는 것입니다. 이 경우 가설은 다음과 같습니다.

영 가 설 : 사전검사의 영향력(공변인)이 사후검사 결과에 영향을 미치지 않을 것이다, 혹은 사전검사의 영향력이 0일 것이다.

연구가설 : 사전검사의 영향력(공변인)이 사후검사 결과에 영향을 미칠 것이다, 혹은 사전검사의 영향력이 0이 아닐 것이다.

공변인효과 – 사전검사 점수를 공변인으로 설정한 뒤 사전검사 점수가 사후검사(종속변수)에 영향을 미치는지 미치지 않는지를 보는 것입니다. 공변인 효과가 유의미하게 나왔다는 것(**연구가설**을 채택했다는 것)은 사후검사가 사전검사의 영향을 받았다는 이야기이므로 공변인의 효과를 제거한 후 조정된(수정된) 사후 검사의 평균치를 다시 비교해야 합니다.

독립변수(집단)의 차이 검정 – 사후검사 결과에서 공변인의 영향력을 제거한 후에 그룹 간 차이 유무를 검정하는 단계로서 공변인의 영향력이 통제된 상황에서도 집단 간 차이가 있다는 것은 실험(처치)의 순효과가 유의미하다는 것을 의미합니다.

영 가 설 : 공변인의 영향력을 통제한 경우에 사후검사 결과는 집단에 따라 차이가 없을 것이다(실험의 순효과가 유의하지 않을 것이다.).

연구가설 : 공변인의 영향력을 통제한 경우에 사후검사 결과는 집단에 따라 차이가 있을 것이다(실험의 순효과가 유의할 것이다.).

4) 사용가능한 척도

- 설명변수(독립변수) : 범주형 설명변수(명목척도, 서열척도)
- 종속변수 : 연속형 변수(사후 측정치 혹은 실험의 결과변수)(등간척도, 비율척도)

  공변인 : 연속형 변수(종속변수의 사전 측정치 혹은 실험전의 측정치)(등간척도, 비율척도)

5) 실습

기술통계량

조사대상자		ODA_의지_사전	ODA_의지_사후
실험집단	평균	3.6667	3.7692
	N	78	78
	표준편차	.76730	.82056
비교집단	평균	3.1304	3.1087
	N	46	46
	표준편차	.74859	.73721
합계	평균	3.4677	3.5242
	N	124	124
	표준편차	.80077	.85029

상기의 표는 분석-집단별 평균 비교를 이용하여 「지구촌개발협력의 이해」라는 수업의 평균을 나타내고 있습니다. 실험(수업)의 효과를 분석하기 위해서 수업이전과 이후의 ODA 참여의지를 비교 조사하였습니다. 특히 비교집단과 실험집단의 ODA 참여의지를 조사한 결과 비교집단(수업에 참여하지 않은 집단)의 평균이 사전과 사후 모두 낮은 것으로 나타났습니다. 그러나 실험집단의 경우 근소하지만 사전-사후 평균의 차이를 발견할 수 있습니다(3.6667 vs 3.7692). 그런데 이러한 결과를 순수한 수업의 효과라고 단정 할 수 있는지를 알아보고자 할 때 사용할 수 있는 분석방법이 공분산분석 방법입니다.

연구문제 : 「지구촌개발협력의 이해」라는 수업이 ODA 참여의지 향상에 효과가 있는지를 알아보는 것이 연구문제 라고 할 수 있습니다. 아래의 가설 중 어느 것을 채택하시겠습니까?

영가설 : 「지구촌개발협력의 이해」라는 수업이 ODA 참여의지 향상에 영향을 미치지 않을 것이다.

연구가설 : 「지구촌개발협력의 이해」라는 수업이 ODA 참여의지 향상에 영향을 미칠 것이다.

공분산분석 실행

(분석 → 일반선형모형 → 일변량)

일변량(U) 클릭을 하면 아래와 같이 대화상자가 나타납니다.

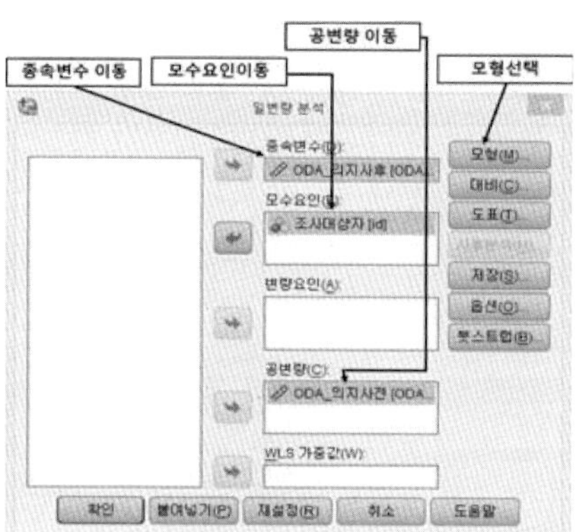

→

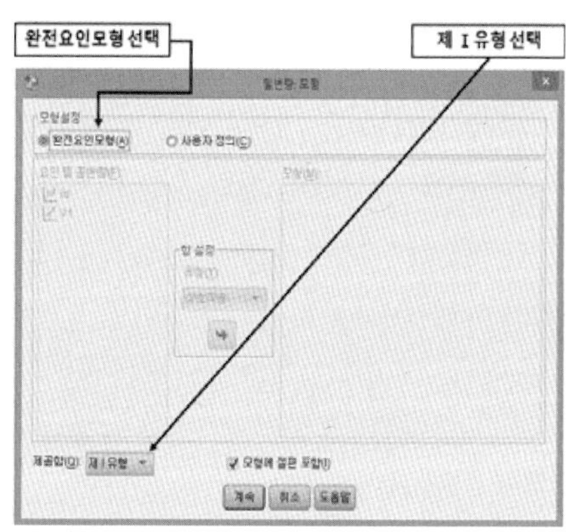

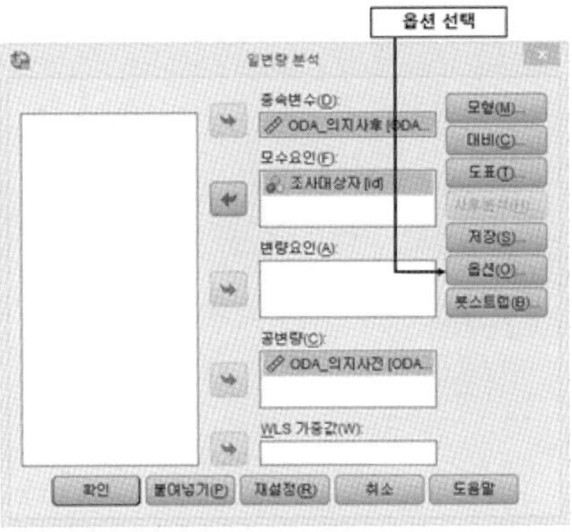

종속변수는 궁극적으로 어떠한 처치의 효과를 검정하고자 하는 변수의 사후검사값에 해당합니다. 모수요인은 변량요인의 영향을 검정하기 위한 실험집단과 비교집단을 나타내는 변수가 될 수 있습니다. 공변량은 효과를 검정하고자 하는 할 때 사후검사 결과에 영향을 줄 것이라고 생각되는 변수의 사전검사값을 넣습니다. 모형선택을 통해서 공변량의 영향을 배제하기 위해서 주효과 검정하기 전에 공변량을 진입시키기 위해서는 제1유형 제곱합을 선택합니다.

옵션 대화상자에서 주변평균을 추정합니다. 주변평균은 공분산의 효과를 제거한 후 추정된 종속변수의 평균값을 나타냅니다. 옵션에서는 주효과 검정, 기술통계량, 동질성 등을 선택하여 계속을 클릭하고 확인을 클릭하면 공분산분석의 결과창이 나타납니다.

5) 결과표 작성 및 결과 해석 예시

개체-간 효과 검정

종속 변수: ODA_의지_사후

소스	제 III 유형 제곱합	자유도	평균 제곱	F	유의확률	부분 에타 제곱
수정 모형	12.650a	2	6.325	10.034	.000	.142
절편	66.051	1	66.051	104.778	.000	.464
ODA_의지_전	.026	1	.026	.041	.840	.000
id	10.945	1	10.945	17.363	.000	.125
오차	76.277	121	.630			
합계	1629.000	124				
수정 합계	88.927	123				

a. R 제곱 = .142 (수정된 R 제곱 = .128)

모수 추정값

종속 변수 : ODA_의지사후

모수	B	표준오차	t	유의확률	95% 신뢰구간		부분 에타 제곱
					하한값	상한값	
절편	3.049	.318	9.581	.000	2.419	3.679	.431
ODA_의지_전	.019	.095	.202	.840	-.168	.206	.000
[id=1.00]	.650	.156	4.167	.000	.341	.959	.125
[id=2.00]	0[a]	.	.	.	.	.	.

a. 이 모수는 중복되었으므로 0으로 설정됩니다.

ODA 참여의지의 사전검사(공변인)는 사후검사에 영향을 미치는지 알아본 결과 F 통계값은 .041, 유의확률 .840으로써 유의수준 .05에서 통계적으로 유의미한 영향을 미치지 않습니다. 따라서 공분산분석을 적용하지 않아도 됩니다. 공변인(ODA 참여의지 사전검사)이 ODA 참여의지 사후검사에 미치는 영향을 통제한 후의 F 통계값은 17.363, 유의확률 .000으로써 유의 수준 .05에서 집단(실험집단, 비교집단)에 따라 통계적으로 유의미한 차이가 있음을 알 수 있습니다. 즉 공변인을 통제하고 난 후에도 실험(수업)의 효과가 있는 것으로 추론할 수 있다는 결론입니다.

추정된 주변평균

조사대상자

추정값

종속 변수 : ODA_의지사후

조사대상자		평균	표준오차	95% 신뢰구간	
				하한값	상한값
dimension1	실험집단	3.765[a]	.092	3.584	3.947
	비교집단	3.115[a]	.121	2.875	3.355

a. 모형에 나타나는 공변량은 다음 값에 대해 계산됩니다.: ODA_의지사전 = 3.4677.

대응별 비교

종속 변수 : ODA_의지사후

(I) 조사대상자		(J) 조사대상자		평균차 (I-J)	표준 오차	유의확률[a]	차이에 대한 95% 신뢰구간[a]	
							하한값	상한값
dimension1	실험집단	dimension2	비교집단	.650*	.156	.000	.341	.959
	비교집단	dimension2	실험집단	-.650*	.156	.000	-.959	-.341

추정된 주변평균을 기준으로

*. 평균차는 .05 수준에서 유의합니다.

a. 다중비교에 대한 조정: 최소유의차 (조정하지 않은 상태와 동일합니다.)

일변량 검정

종속 변수 : ODA_의지사후

	제곱합	자유도	평균 제곱	F	유의확률	부분 에타 제곱
대비	10.945	1	10.945	17.363	.000	.125
오차	76.277	121	.630			

F-검정으로 효과 조사대상자을(를) 검정합니다.
이 검정은 추정되는 주변 평균 사이의 일차독립 대응별 비교에 기초합니다.

실험집단과 비교집단 모두에 ODA 참여의지 사전검사 값을 공변인으로 하여 수정된 사후검사 평균값은 실험집단은 3.7692에서 3.765로 약간 낮아졌고, 비교집단은 3.1087에서 3.115로 약간 높아졌으며, 이 값들로 집단을 독립변수로 하여 F 검정을 실시한 결과 F값은 17.363, 유의확률은 .000으로 나타났다. 이는 실험 즉「지구촌개발협력의 이해」라는 수업을 받은 실험집단이 수업을 받지 않은 비교집단에 비해 ODA 참여의지 점수가 높게 나타나 「지구촌개발협력의 이해」라는 수업이 ODA 참여의지 향상에 긍정적인 영향을 미침을 알 수 있다.

연습문제

1. 다음 설명 중 틀리게 설명한 것은?

   ① 분산분석은 집단(독립변수) 간에 종속변수의 값(평균)에 차이가 있는지를 조사하는 분석방법

   ② 공분산분석은 종속변수에 영향을 미치는 매개변인(공변인)의 영향이 클수록 공분산분석을 실시함으로서 순수한 처리효과를 조사할 수 있음.

   ③ 공변수(covar iate)는 비계량화 독립변수이다.

   ④ 집단간에 사전-사후 검사 변화량이 차이가 있는지를 살펴보는 것은 집단간 효과 검정이다.

제11장 상관분석의 이해

학습목표

상관분석의 이해와 활용방법, 상관계수의 특징

- 상관분석의 효용성
- 상관분석과 회귀분석의 차이점 이해
- 상관계수의 크기와 방향(+, -)
- 상관계수 메트릭스의 대각선 상·하 부분 해석
- 상관분석의 pearson 상관계수와 유의확률 관계 이해
  - 상관분석의 가설정립과 검정 기준
- 국제개발협력사업을 분석함에 있어 상관분석의 활용성

상관관계 분석

상관관계(Correlation)분석이란 연구하고자 하는 변수들간의 관련성을 분석하기 위해 사용하는 분석 방법으로서, 하나의 변수가 다른 변수와 관련성이 있는지, 있다면 어느 정도의 관련성이 있는지를 알아보기 위한 분석기법입니다. 예를 들면 국어를 잘하는 사람이 영어도 잘하는지? 잘한다면 어느 정도나 잘하는지 그 정도를 수치로 표현하는 것입니다. 국어를 잘하고 영어도 잘하는 학생과 IQ 와의 상관관계는 어떠한지 그 관련성의 정도를 수치로 계산한 것을 상관계수라 합니다. 그리고 국제개발협력과 관련하여 생각해 보면, 이타주의 성향이 국제봉사활동 참여정도와 얼마나 그리고 어떻게 상관성이 있는지 등을 알아볼 수 있다.

상관계수의 특징

- 상관계수는 단위와 관계가 없습니다. 170m를 1.70으로 바꾸든 1700으로 바꾸든 상관계수에는 아무런 영향을 주지 않습니다.
- 상관계수는 -1부터 1사이의 값을 가집니다. 절대값 1일 때가 가장 완벽한 상관관계를 가집니다. 단 -(부), +(정)의 부호는 양의 상관관계 혹은 음의 상관관계를 가진다는 의미로 해석하면 됩니다.
- 변수를 입력함에 있어 행과 열에 입력하는 방법이 바뀌고 입력순서가 바뀌어도 각각의 변수간 상관계수값은 차이가 없습니다.

1) 상관관계분석은 언제 하는가?

① 어떤 상품에 대한 TV광고 횟수와 그 상품에 대한 매출액과는 어떤 관계가 있을까?

일반적으로 특정상품에 대한 광고횟수가 많아지면 구매자들은 그 상품과 친숙하게 되고, 또한 광고를 통해 그 상품에 대한 정보를 얻게 되어 그 상품에 대한 이미지를 형성하게 된다. 따라서 상품 구매시에 다른 상품에 비해 그 상품을 구매할 가능성이 높을 것으로 추론할 수 있다. 따라서 TV광고횟수와 매출액과는 상관관계가 있을 것이라고 가정해 볼 수 있다

② 수도요금이 비싸면 수돗물을 적게 사용할까?

A지역의 수도요금이 10리터에 100원이고, B지역의 수도요금이 10리터에 200원이고, C지역의 수도요금이 10리터에 300원이고, D지역의 수도요금이 10리터에 400원이라면, D지역에 거주하는 사람들이 C, B, A지역에 거주하는 사람들에 비해 수돗물을 적게 사용하리라고 짐작해 볼 수 있다. 따라서 수도요금과 수돗물 사용량 사이에는 어떤 상관관계가 있을 것이라는 것을 가정해 볼 수 있다.

③ 아이큐가 높으면 성적이 좋은가?

공부한 시간, 아이큐와 성적 결과와의 관계는 어떠한지 그 관련성의 정도를 수치로 계산한 것을 상관계수입니다.

상관계수의 범위는 -1부터 1까지의 값을 갖는데 절대값 1일 때 완벽한 상관성을 나타내며, 0이라면 전혀 상관성이 없음을 의미합니다. 또한 상관계수 값은 변수 X,

Y가 서로 바뀌어도 상관계수값은 동일합니다. 가령 키와 몸무게의 상관계수는 몸무게와 키의 상관계수와 완전히 똑같은 값을 나타냅니다.

2) 상관관계분석의 해석은 어떻게 할 것인가?

상관관계의 종류에는 그 분류에 따라 ①, ②와 같이 Y와 X간의 상관관계를 나타내는 단순상관관계(Simple Correlation)의 정도를 파악하고자 할 때 보편적으로 자주 이용되는 척도가 피어슨 상관계수(Pearson correlation coefficient : r)입니다. 상관계수 r은 -1에서 +1까지의 값을 가집니다. 즉 측정된 자료가 좌표상에 정(positive, +)의 기울기를 갖는 직선에 가깝다면 그때의 상관계수는 정(+)이고, 음(negative, -)의 기울기를 갖는 직선에 가깝다면 음(-)의 상관계수를 갖습니다. 그리고 이러한 선형적인 상관관계를 갖지 않는 경우 상관관계는 0에 가까워집니다. 또한, 두 변수간의 상관계수(r)의 절대값이 1.00이면 완전한 상관관계, 0.90이면 매우 높은 상관관계, 0.70~0.80이면 높은 상관관계, 0.50~0.60이면 보통의 상관관계, 0.40이하면 약한 상관관계가 있다고 할 수 있습니다(그러나 이러한 기준도 일반적인 것이며 절대적 기준이라고는 할 수 없으며, 연구자나 연구분야에 따라 다소 다르게 적용되기도 한다).

〈**보기 1**〉 가설 I 은 '팀장에 대한 리더십 프로그램 개발이 정교화될수록 팀제의 효율성은 높을 것이다'라고 설정하였다. 이 가설을 검정하기 위해 상관관계분석을 실시하였으며 상관계수인 피어슨(Pearson) *r*계수를 이용해 관련성의 유무와 정도를 파악하였다. 그 결과는 다음에 제시된 것과 같습니다.

표에 제시된 것과 같이 팀장에 대한 리더십 프로그램 개발과 팀리더의 리더십과는 유의미한 상관관계가 나타났으며, 상관계수가 0.7997로 높게 나타났습니다. 또한 두 변수간의 관계가 정(+)적인 상관관계를 보여 팀장에 대한 리더십 프로그램 개발이 정교화될수록 팀리더의 리더십이 우수해져 팀제의 효율성은 높을 것이라는 가설은 지지되었다.

구 분	팀리더의 리더십
팀장에 대한 리더십 프로그램 개발	0.7997***

*** $p < 0.001$

가설II는 '팀리더의 리더십이 우수하게 발휘될수록 팀내에서 정보를 공유하려는 의식이 증가하여 팀제의 효율성은 높아질 것이다'라고 설정하였다.

표에 제시된 것과 같이 팀리더의 리더십과 팀내의 정보공유 의식과는 유의미한 상관관계가 나타났으며, 상관계수가 0.7296으로 매우 높게 나타났습니다. 또한 두 변수간의 관계가 정(+)적인 상관관계를 보여 팀리더의 리더십이 우수하게 발휘될수록 팀내에서 정보를 공유하려는 의식이 증가하여 팀제의 효율성은 높아질 것이라는 가설은 지지되었습니다.

구 분	팀내의 정보공유 의식
팀리더의 리더십	0.7296***

*** $p < 0.001$

3) 상관계수의 해석에서 주의할 점은?

상관분석을 하기 위해서는 앞서 언급한 것과 같이 자료가 연속형 자료(continuous data)이어야 한다. 따라서 성별(남/여)로 집단을 구분한 다음 특정 항목과 성별간의 상관을 구하고자 하는 것은 가정을 위배하는 것입니다. 단 두변수가 서열척도로 이루어진 변수라면 Spearman's rho, 등위상관계수로써 상관성을 구별하여야 합니다. 또한 상관계수를 인과관계(causation)로 파악해서는 곤란합니다. 즉 학업성적이 부모의 사회경제적 지위, 학생의 학업 성취동기와 높은 상관관계를 가지지만 학습시간이나 학습방법과 같은 다른 변수들과도 높은 상관관계를 가질 수 있습니다. 따라서 부모의 사회경제적 지위와 학생의 학업성취동기만이 학업성적을 증진시키는 것은 아닙니다.

4) 상관분석과 회귀분석의 차이

상관분석

변수와 변수사이의 상관관계가 있는지를 알아봅니다.
두 변수 사이의 관계를 산점도로부터 대략적으로 파악할 수 있으나 좀 더 정밀한 분석을 위해서는 이러한 관계를 하나의 수로 나타내는 통계량 필요합니다.
두 변수 사이의 관계유무에 대한 추론이 주요목적(H_0:상관성이 없다, H_1:있다)입니다.

회귀분석

변수와 변수 사이의 관계식에 대한 추론을 다룹니다.
한 변수의 값으로부터 다른 변수의 값에 대한 예측 필요시 사용합니다.
한 변수에 대한 다른 변수의 변화를 예측하려고 할 때 함수관계로 나타내어 분석합니다.

상관분석

상관분석은 두 변수간에 얼마나 밀접한 선형관계를 가지고 있는가를 분석하는 통계적 기법으로 두 변수간의 관계의 강도를 **상관관계**라고 합니다.

(분석 → 상관분석 → 이변량 상관계수 → 변수지정 → Pearson 체크 → 확인)

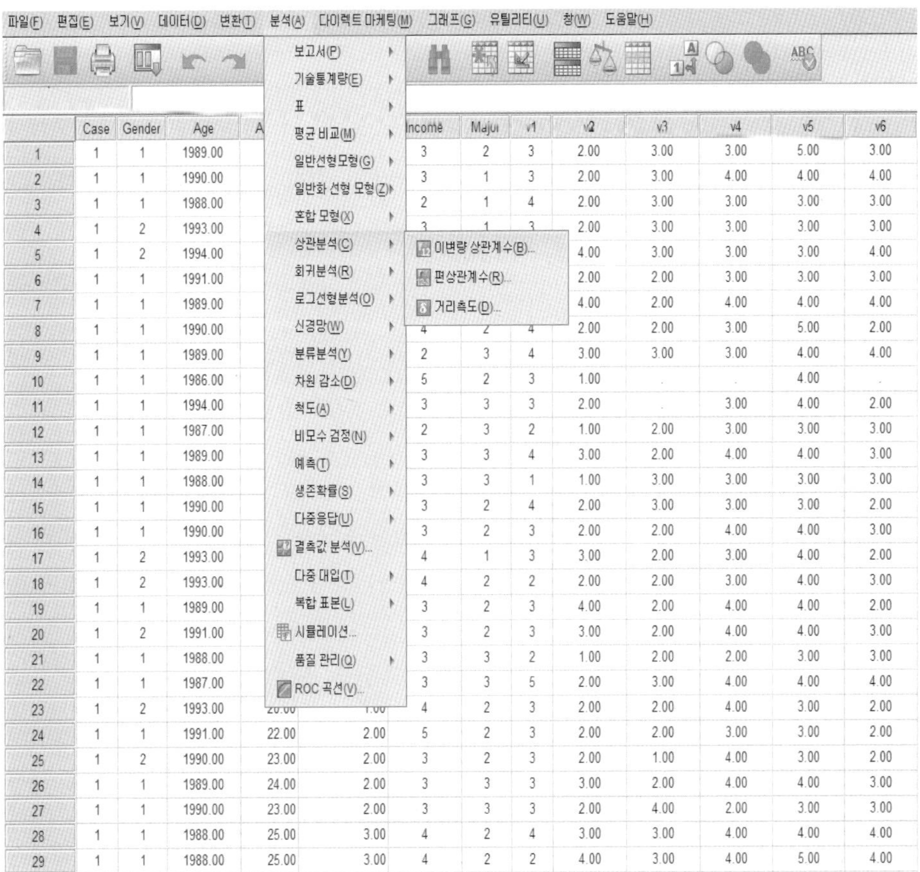

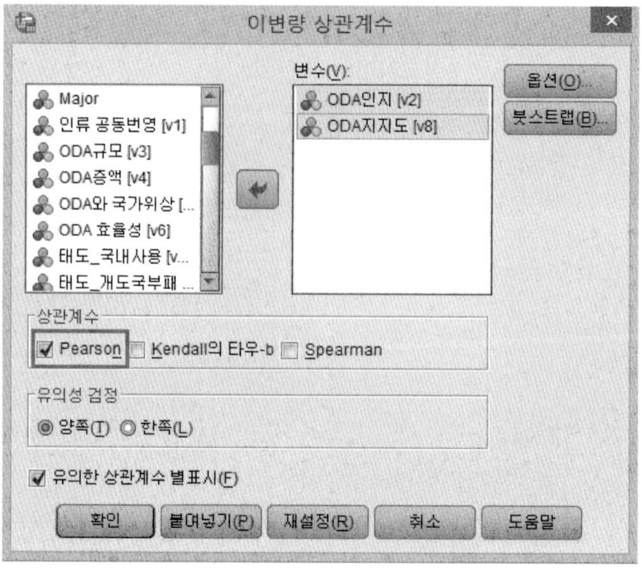

상관계수

		ODA 인지	ODA 지지도
ODA 인지	Pearson 상관계수 유의확률(양쪽) N	1 986	.298** .000 982
ODA 지지도	Pearson 상관계수 유의확률(양쪽) N	.298** .000 982	1 982

**. 상관계수는 0.01 수준(양쪽)에서 유의합니다.

상관계수표는 대각선을 중심으로 대칭이기 때문에 대각선 한쪽만 보면 유의확률은 0.0001 보다 작은 값이기 때문에 상관관계가 없다는 귀무가설을 기각하고 **상관관계가 있다는 대립가설을 채택**하게 됩니다. Pearson상관계수도 0.298로 다소 약한 선형관계를 가지고 있다고 판단됩니다.

상관분석에서의 가설 대응 "변수간에 상관성이 없을 것이다"입니다. 대칭을 이루는 변수간 상관성은 회귀분석, 요인분석 등을 위한 사전적, 혹은 탐색적 분석방법이라 할 수 있습니다. 상관분석에서의 유의확률 값은 *Pearson* 상관계수로 나타나며 역시 t-검정에서처럼 *Pearson*의 유의확률 값이 유의수준 .05 혹은 .01 보다 작은 경우 영가설을 기각할 수 있는 조건이 될 수 있습니다.

연습문제

1. 상관계수의 특징 중 아닌 것은?

① 상관계수는 단위는 통일 되어야 한다.

② 상관계수는 -1부터 1사의 값을 가진다.

③ 변수를 입력함에 있어 행과 열에 입력하는 방법이 바뀌고 입력순서가 바뀌어도 각각의 변수 간 상관계수 값은 차이가 없다.

④ 2개의 변수가 관련된 정도를 숫자로 표시

2. 다음 데이터를 이용하여 상관관계 분석을 하시오.

번호	점수	독서수	출석수	번호	점수	독서수	출석수
1	45	0	4	16	41	1	2
2	57	1	5	17	56	3	3
3	45	0	3	18	37	0	1
4	51	2	6	19	45	1	1
5	65	4	5	20	58	4	5
6	88	4	9	21	47	4	6
7	44	1	2	22	64	0	3
8	87	4	9	23	97	2	9
9	89	3	9	24	55	3	4
10	59	0	2	25	51	1	4
11	66	2	3	26	61	0	3
12	65	1	3	27	69	3	4
13	56	4	4	28	79	3	9
14	47	1	1	29	71	2	4
15	66	0	2	30	62	2	3

① 독서량과 출석수는 시험점수에 어떠한 영향을 미치는가?

상관계수				
		점수	독서수	출석수
점수	Pearson 상관계수	1		
	유의확률 (양쪽)			
	N	30		
독서수	Pearson 상관계수		1	
	유의확률 (양쪽)			
	N		30	
출석수	Pearson 상관계수			1
	유의확률 (양쪽)			
	N			30

해석

제12장 회귀분석(Regression)의 이해

학습목표

회귀분석의 활용도, 회귀식의 독립변수와 종속변수의 이해

- 회귀분석의 활용도, 회귀계수, 결정계수 등 이해
- 회귀분석의 가정과 다중공선성 이해
- 단순회귀분석 및 다중회귀분석의 이해
- 회귀식의 산출과 종속변수, 독립변수의 역할 이해
- 회귀계수와 유의확률과의 관계
  - 회귀분석의 가설정립 검정기준
- 회귀분석 결과의 해석과 다양한 적용사례
- 국제개발협력사업과 회귀분석의 활용성

회귀분석(Regression)은 변수들 중 하나를 종속변수로 나머지를 독립변수로 하여 변수들 간 상호관계의 본질을 규명하는 통계적 기법입니다. 회귀분석은 독립변수들의 개수에 따라 단순회귀분석(simple regression)과 다중회귀분석(multiple regression)으로 구분할 수 있습니다.

1. 회귀분석이란 어떤 경우에 사용하는가?

일반적으로 소득 수준이 높아지면 소비생활도 달라집니다. 어떤 사람은 대형 냉장고를 구입하는가 하면 어떤 사람은 해외여행을 즐기기도 합니다. 그러나 이것만으로는 소득 증가가 소비생활에 어떻게 구체적으로 영향을 미치는가에 대해 알지 못합니다. 따라서 실증적인 분석이 필요한데, 이것을 해결해 주는 도구가 바로 회귀분석입니다. 독립변수가 1단위 증감함에 따라 종속변수가 어느 정도 변화하는지를 파악하는 통계분석 기법입니다.

2. 회귀분석과 상관관계 분석의 차이점은?

상관관계분석은 둘 이상의 변수들이 어느 정도의 상관관계를 갖고 있는가를 파악하는데 목적이 있는 반면, 회귀분석은 단순 기술에 목적이 있는 것이 아니라 변수들간의 관계를 통한 예측을 목표로 합니다.

3. 회귀분석에 대한 결과는 어떻게 해석할 것인가?

실제 분석결과를 통해 회귀분석에 대해 알아봅시다. 〈보기 1〉은 고객이 호텔을 이용한 후 만족과 전체 만족과의 관계를 알아보기 위한 분석결과입니다.

〈보기 1〉 이용 고객의 만족된 서비스 질은 총만족에 영향을 미칠 것이라는 가설검증을 위해 호텔 시설, 객실내 비품, 종업원 서비스 차원을 독립변수로 하고, 총만족을 종속변수로 해 회귀분석(Regression)을 실시하였습니다.

독립변수	B	beta	t값	p값
(constant)	0.478		2.083	0.038
호텔시설	0.081	0.069	0.725	0.469
객실내 비품	0.240	0.196	2.279	0.024
종업원 서비스	0.525	0.496	6.682	0.000

설명변량 $(R^2) = 0.497,\quad F = 72.249,\quad p = 0.000$

표에서 보는 것과 같이 설명력은 0.497(49.7%)로 나타났으며, 회귀식은 유의한 ($p<0.001$) 것으로 나타났습니다. 각 변수들이 총만족에 상대적으로 미치는 영향은 호텔시설이 0.069, 객실내 비품이 0.196, 종업원 서비스가 0.496으로 나타나, 종업원 서비스, 객실내 비품, 호텔시설의 순으로 영향 받는다는 것을 알 수 있습니다. '총만족 = 0.478 + 0.081(호텔 시설) + 0.240(객실내 비품) + 0.525(종업원 서비스)'로

나타낼 수 있습니다. 따라서 이용후 만족도가 총만족을 잘 예측한다고 할 수 있습니다.

회귀분석이란

개념 : 회귀분석(Regression)은 변수들 중 하나를 종속변수로 나머지를 독립변수로 하여 변수들 간 상호관계의 본질을 규명하는 통계적 기법입니다. 회귀분석은 독립변수들의 개수에 따라 단순회귀분석(simple regression, 독립변수, 종속변수 각각 하나)과 다중회귀분석(multiple regression, 다수의 독립변수와 하나의 종속변수)으로 구분할 수 있습니다.

단순회귀식 : $Y = a + bx_1 + \epsilon$

다중회귀식 : $Y = a + bx_1 + bx_2 + bx_3 + bx_i + \epsilon$

목적 : 회귀분석은 독립(x, 설명, 예측)변수와 종속(Y, 영향)변수간의 관계를 검증하여 독립변수가 종속 변수에 미치는 영향력을 알아보고, 독립변수의 변화에 따라 종속변수의 변화를 예측하기 위해서 사용하는 매우 보편적인 사회과학 통계분석 방법입니다. 즉 설명변수인 독립변수가 1단위 증감함에 따라 종속변수가 어떻게 변화하는지를 파악함으로서 독립변수의 영향력(영향의 방향(+, -)과 상대적 영향력의 크기)과 종속변수의 변화를 예측할 수 있다는 것입니다.

회귀분석과 상관관계 분석의 차이점은?

상관관계분석은 둘 이상의 변수들이 어느 정도의 상관관계를 갖고 있는가를 파악하는데 목적이 있는 반면, 회귀분석은 단순 기술에 목적이 있는 것이 아니라 변수들 간의 관계를 통한 (독립변수의)설명과 (종속변수의 변화량)예측을 목표로 합니다.

회귀분석에 대한 결과는 어떻게 해석할 것인가?

결정계수(coefficient of determination : R^2)의 이해 : 결정계수는 모형의 설명력 즉, 독립변수들이 Y값을 얼마나 잘 설명해주는가를 나타내는 척도입니다. 결정계수 값은 0과 1사이의 값을 갖으며 1에 가까울수록 설명력이 높고(혹은 모형의 적합도가 높으며), 0에 가까울수록 설명력(모형적합도)이 떨어지는 것을 의미합니다. 그러나 결정계수에 대한 검정방법은 없으므로 모형의 적합성에 대해 설명하는 것은 위험합니다. 결정계수는 독립변수들의 설명력으로만 해석하고 모형의 적합성은 F검정과 함께 고려하는 것이 합리적이라 생각됩니다.

$$R^2 = \frac{RSS(\text{회귀제곱합})}{TSS(\text{분산의 전체합산})}$$ 전체분산중 회귀식에 의해 설명되는 분산의 정도

수정결정계수(adjusted coefficient of determination : Adjusted R^2) 독립변수의 추가에 의해 증가되는 R^2의 결점 보완하기 위한 지수입니다. 수정결정계수(Adjusted R^2)는 다수의 독립변수가 종속변수를 설명할 때 전체적인 모형의 설명정도를 파악하는데 유용하므로 수정된 결정계수는 모형(회귀)식에서 독립변수의 수를 감안한 설명력이라고 할 수 있습니다. 왜냐하면 일반적으로 독립변수의 수가 증가하면 오차의 제곱합은 작아지고 따라서 결정계수(R^2)는 커지게 됩니다. 이러한 문제를 보완하기 위하여 제안된 척도가 수정된 결정계수 값(Adjusted R^2)[5]입니다.

F-검정 : **회귀식**(모형)**의 검정** :

독립변수의 모든 회귀계수값(b_i)이 0이라면 회귀식은 의미가 없을 것입니다. 이러한 가정을 가설로 보면 $H_0 : b_1 + b_2 + b_3 + ... + b_i = 0$

$H_1 : b_1 + b_2 + b_3 + ... + b_i \neq 0$

검정 F값의 유의확률이〈α이면 영가설(H_0)을 기각하고, 연구가설을 채택합니다. 즉 독립변수 중 하나 이상은 0의 값을 가지지 않습니다.

회귀계수추정치(regression coefficient: b_i) : 회귀계수는 각각의 독립변수가 종속변수를 설명하는 정도를 나타내는 지수이고, 회귀직선으로부터의 최소제곱법(least square method)에 의한 분산의 최소화를 의미하는 지수이며, 상관(Y/X)의 최적화를

5 수정된 결정계수는 회귀변동(RSS)과 총변동(TSS)을 각각 그들의 자유도로 수정한 것입니다. 표본을 통해서 구해진 결정계수의 값은 모집단에서 얻어진 결정계수보다 약간 커지는 경향이 있는데 이를 보완해 주는 것이 수정된 결정계수입니다. 따라서 연구자들은 연구결과를 제시함에 있어 결정계수와 수정된 결정계수를 함께 표시하는 것이 바람직할 것으로 생각됩니다.

의미하는 수치입니다. 그러나 이 회귀계수는 독립변수들의 측정 크기에 따라 차이가 있기 때문에 베타(표준)회귀계수(β)를 사용하는 것이 합리적일 수 있습니다.

개별회귀계수 추정치에 대한 t검정의 가설

$H_0 : b_i = 0$
$H_1 : b_i \neq 0$

베타계수(beta) : 독립변수들이 종속변수에 주는 영향력을 비교하기 위해 회귀계수를 직접 비교하는 것은 위험(회귀계수의 크기가 독립변수들의 측정단위에 크게 영향을 미치기 때문 : 키, 몸무게) 할 수 있습니다. 측정단위에 관계없는 표준화된 회귀계수가 필요한데, 이것이 바로 표준화 계수 혹은 베타계수이며 독립 변수들간의 상대적 영향력의 크기를 비교할 때 유용한 정보를 제공해줍니다. 표준화회귀계수는 절편값을 가지지 않습니다.

〈회귀분석의 가정〉

회귀분석에서는 다음의 가정이 만족되어야 합니다.

① 선형성

독립변수와 종속변수간의 관계는 선형적이어야 합니다. 즉, 독립변수가 변화함에 따라 종속변수가 변화할 때에 그 변화가 일정해야 함을 의미하는 것입니다.

② 오차의 정규성

오차란 종속변수의 관측값과 예측값 간의 차이를 말합니다. 오차의 기대값은 0이며, 정규분포를 이룬다고 가정할 수 있을 때에만 회귀분석을 할 수 있습니다.

③ 오차의 독립성

예측의 오차값들은 서로 독립적이어야 합니다. 즉, 오차값의 변화에 따라 오차도 어떤 패턴이 나타나서는 안됩니다.

④ 오차의 등분산성

이 오차들의 분산이 모두 일정해야 회귀분석을 할 수 있습니다.

다중공선성(multicollinearity) : 한 독립변수의 값이 다른 독립(설명)변수와 일정한 선형관계가 있을 때 발생합니다. 다중공선성이 존재하면 결정계수(R^2)값은 커지나 개별 회귀계수(b_i) 값은 작아지며 또한 유의성이 낮아집니다. 독립변수간의 높은 공선성을 나타내는 변수가 존재한다면, 종속변수를 설명하는데 실제로 필요한 정보는 이들 중에 한 개의 변수값만으로 충분하기 때문에 어느 하나는 독립(설명)변수에서 제외하여야 합니다. 용인도(Tolerance) 값이 0.1보다 작거나 혹은 분산팽창계수(VIF : Variance Inflation Factor)가 10에 가까우면 다중공선성을 의심할 수 있습니다.

회귀분석

회귀분석이란 둘 또는 그 이상의 변수들간의 관계를 파악함으로써 어떤 특정한 변수(종속변수)의 값을 다른 한 개 또는 그 이상의 변수(독립변수)들로부터 설명하고 예측하는 통계적 기법입니다. 다시 말해 주어진 자료를 통하여 변수 혹은 사회현상의 함수관계를 밝히고 이 함수관계를 이용하여 독립변수[6] 값에 대응되는 종속변수의 값을 「예측」 혹은 「설명」하는 분석방법입니다.

다중회귀 모형

$$y_i = \beta_0 + \beta_1 X_{1i} + \beta_2 X_{2i} + \cdots + \beta_k X_{ki} + \epsilon_i$$

(여기서 $\epsilon_i \sim N(0, \sigma^2)$이고 서로 독립, $i = 1, 2, \cdots, n$)

6 독립변수(Independent variable)는 다른 변수에 영향을 주는 원인변수, 설명변수 혹은 예측변수라 할 수 있으며 시간적으로 종속변수에 선행해야 한다. 종속변수(Dependent variable)는 다른 변수에 영향을 받는 변수로서 반응변수 혹은 결과변수라고 할 수 있으며 시간적으로 독립변수에 후행하여야 한다. 연구자들이 주의해야할 점은 이러한 독립변수와 종속변수의 시간적 선후관계와 인과관계를 최대한 명확하게 설정한 후에 회귀모형을 실행해야 한다.

(분석 → 회귀분석 → 선형 → 방법선택, 통계량 및 옵션 설정 → 확인)

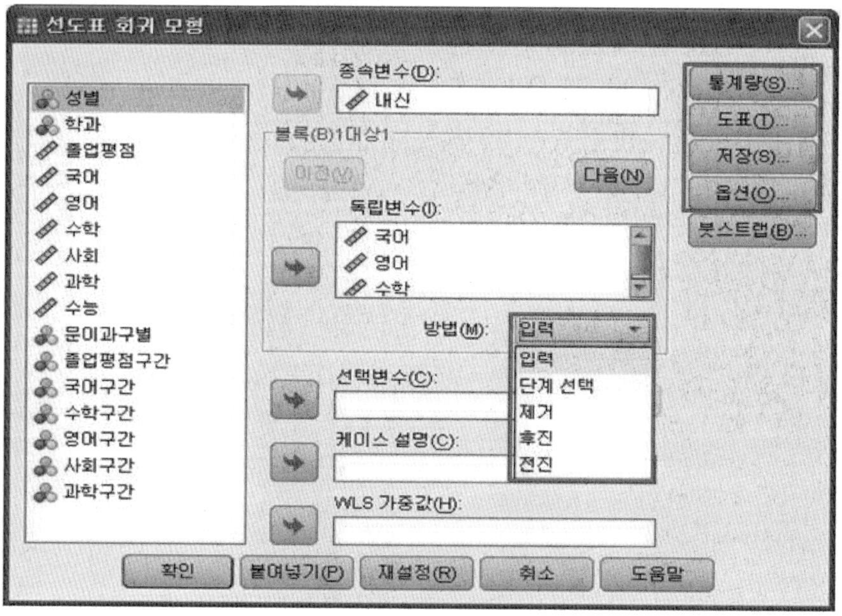

진입/제거된 변수[b]

모형	진입된 변수	제거된 변수	방법
1	수학, 영어, 국어[a]	-	입력

a. 요청된 모든 변수가 입력되었습니다.
b. 종속변수 : 내신

진입/제거된 변수[b]

모형	R	R 제곱	수정된 R 제곱	추정값의 표준오차
1	.986[a]	.971	.971	.85244

a. 예측값 : (상수), 수학, 영어, 국어

R제곱은 **결정계수**라고도 부르며 모형에 대한 **설명력**을 의미합니다. R제곱의 값이 0.971로 이 회귀모형은 97% 정도의 설명력을 가지고 있다고 말할 수 있습니다.

(참고) 결정계수(R제곱)

$$R^2 = \frac{SSR}{SST} - 1 \quad \frac{SSE}{SST} \ ,$$

SSR : 회귀변동으로 회귀방정식에 의해 설명되는 변동

SSE : 회귀방정식에 의해 설명되지 않는 우연적인 오차

SST : 회귀방정식의 총 변동(SST=SSR+SSE)

분산분석[b]

모형		제곱합	자유도	평균 제곱	F	유의확률
1	회귀모형	3596.292	3	1198.764	1649.700	.000[a]
	잔차	106.092	146	.727		
	합계	3702.384	149			

a. 예측값 : (상수), 수학, 영어, 국어
b. 종속변수 : 내신

분산분석은 전체 회귀모형의 유의성을 판단합니다. 분산분석의 가설은 다음과 같습니다.

$H_0 = \beta_1 = \beta_2 = \cdots = \beta_k = 0$

$H_1 =$ 적어도 하나는 0이 아니다.

즉, 대립가설은 계수가 적어도 하나는 유의하다는 것을 의미합니다.

따라서 F값이 1649.7이고, 유의확률은 0.0001 보다 작은 값으로 회귀모형이 매우 유의하다는 것을 판단할 수 있습니다.

계수[a]

모형	비표준화 계수		표준화 계수	t	유의확률
	B	표준오차	베타		
(상수)	3.060	.672		4.553	.000
국어	4.750	.209	.405	22.684	.000
영어	3.528	.135	.440	26.148	.000
수학	3.051	.167	.350	18.243	.000

a. 종속변수 : 내신

위의 결과를 보듯이 유의확률이 전부 0.0001 이하로 계수들이 전부 유의하게 나옴을 알 수 있습니다.

따라서 이 회귀모형식은 다음과 같습니다.

$\hat{y}$ = 3.060+4.750×(국어)+3.528×(영어)+3.051×(수학)

(참고) 방법선택

- **입력**(Enter) : 모든 독립변수를 이용하여 모형을 찾는 방법
- **전진**(forward) : 전진선택법 혹은 변수추가법이라 하며 종속변수에 큰 영향을 주는 독립변수부터 하나씩 증가시키면 가장 적절한 모형을 찾는 방법
- **후진**(backward) : 변수제거법이라 하며 '입력'과 같이 모든 독립변수를 포함한 모형에서 시작하여 유의하지 않은 독립변수들을 하나씩 제거하면서 가장 적절한 모형을 찾는 방법
- **단계선택**(stepwise) : '전진'에서는 회귀식에 한번 포함된 독립변수는 제거가 되지 않는다는 단점이 있으나 단계선택에서는 회귀식에 한번 포함된 독립변수라도 이후에 유의하지 않으면 제거. 이러한 과정을 여러 번 반복하여 가장 적절한 모형을 찾는 방법

모형	비표준화 계수		표준화 계수	t	유의확률
	B	표준오차	베타		
국어	4.750	.209	.405	22.684	.000

회귀식에서 *t-값* 구하는 방법

회귀계수(B) / 표준오차 = *t 값*

4.750/.209 = 22.684

다중공선성

다중공선성이란 독립변수들 간에 선형종속의 관계가 있는 것을 말합니다. 즉, 어느 독립변수가 다른 독립변수에 영향을 줄 때, 또는 둘 이상의 독립변수가 상관관계가 있을 때 '다중공선성이 있다'라고 말할 수 있습니다.

다중공선성이 있는 경우, 둘 이상의 독립변수가 밀접한 관계가 있다면 이 독립변수들은 종속변수에 좋은 변수라고 할 수 없습니다. 한 예로 결정계수(R^2)의 값이 큰 반면 대부분의 회귀계수들이 유의하지 않을 때 다중공선성이 있다고 의심할 수 있습니다.

(분석 → 회귀분석 → 선형 → 통계량 → 공선성 진단 체크)

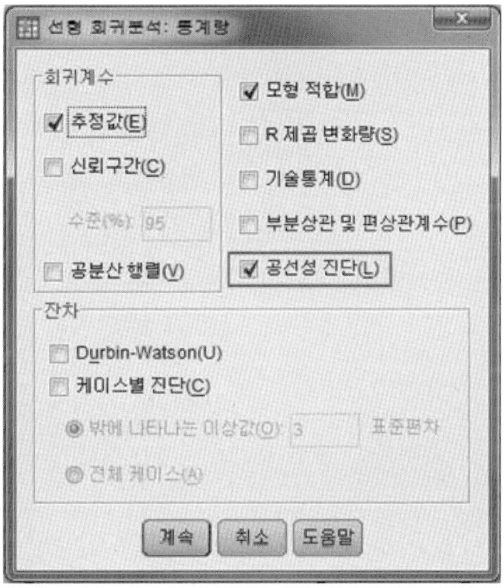

위 그림과 같이 설정을 해주게 되면 다음의 표와 같은 결과를 얻을 수 있습니다.

계수

모형		비표준화 계수		표준화 계수	t	유의확률	공선성 통계량	
		B	표준오차	베타			공차	VIF
1	(상수)	3.060	.672		4.553	.000		
	국어	4.750	.209	.405	22.684	.000	.617	1.621
	영어	3.528	.135	.440	26.148	.000	.692	1.445
	수학	3.051	.167	.350	18.243	.000	.533	1.876

- **VIF(Variance Inflation Factor)란** 다중공선성의 검출을 위한 방법입니다. 보통 VIF 값이 10 이상 넘어가게 되면 다중공선성이 있다고 할 수 있습니다. 공차한계(Tolerance)는 VIF의 역수 값으로 0.1 이하가 되면 역시 다중공선성이 있다고 판단할 수 있습니다.

위의 결과를 보면 국어, 영어, 수학의 VIF값이 각각 1.621, 1.445, 1.876으로 10을 넘는 변수가 없기 때문에 이 회귀모형 내에 다중공선성이 없다고 볼 수 있습니다.

연습문제

1. 회귀분석(Regression)은 변수들 중 하나를 종속변수로 나머지를 독립변수로 하여 변수들 간 상호관계의 본질을 규명하는 통계적 기법으로 (   )와/과 (   )로 크게 구분할 수 있다.

2. 회귀분석과 상관분석의 차이점을 설명하시오.

3. 다음의 단어를 간단하게 설명하시오.
   ① 결정계수 : (   )
   ② 베타계수 : (   )
   ③ 다중 공선성 : (   )

4. 독서수와 출석수는 점수에 어떤 영향을 주는 지 회귀식을 작성하시오.

번호	점수	독서수	출석수	번호	점수	독서수	출석수
1	45	0	4	16	41	1	2
2	57	1	5	17	56	3	3
3	45	0	3	18	37	0	1
4	51	2	6	19	45	1	1
5	65	4	5	20	58	4	5
6	88	4	9	21	47	4	6
7	44	1	2	22	64	0	3
8	87	4	9	23	97	2	9
9	89	3	9	24	55	3	4
10	59	0	2	25	51	1	4
11	66	2	3	26	61	0	3
12	65	1	3	27	69	3	4
13	56	4	4	28	79	3	9
14	47	1	1	29	71	2	4
15	66	0	2	30	62	2	3

① R^2 (   )
② 회귀식 (   )
③ F 값 (   )

SPSS

제6부
분석결과의 문서편집 및 그래프 작성

제13장
분석결과의 문서편집과 그래프 작성

제14장
측정과 요인분석

제13장 분석결과의 문서편집과 그래프 작성

학습목표

결과창의 활용법 숙지

- 막대그래프, 선그래프, 영역도표 활용
- 결과창에 나타나는 그림, 표, 그래프 등을 연구보고서에 활용
- 도표작성기를 활용한 자료의 시각화 숙지
- 레거시 대화상자 활용법 이해

분석결과의 문서편집과 그래프의 활용은 보고서의 작성이나 학위논문을 작성하는 데 도움이 되는 기능입니다. SPSS 분석결과표는 다양한 종류의 표로 제시되며, 각각의 표는 다양한 정보를 제시하면서 다소 복잡한 형태의 표로 나타나는 것이 일반적입니다. 이러한 복잡하고 다양한 정보를 가진 표를 한글문서에 적절하게 활용하기 위해서는 분석결과표를 편집할 필요가 있습니다. 표를 편집하는 방법은 몇 가지 방법이 있으나 일반적으로 활용하는 방법은 SPSS 프로그램의 탑 메뉴 편집기능의 옵션을 활용하여 분석결과표의 형태를 지정할 수 있으며, 또 다른 방법은 분석결과 창(Output Viewer)에서 직접 표 편집을 할 수 있습니다.

분석결과를 논문에 제시할 때 어떠한 정보를 제시하는지 이해해야 합니다. SPSS 프로그램은 매우 세세한 정보를 한 번에 제시하는 특징이 있습니다. 그러나 보고서는 보기 편리하면서 정확한 정보를 독자들에게 전달해야 합니다. 본 장은 출력된 분석결과를 가독력을 높이는 동시에 정확한 정보를 제시할 수 있는 방법을 숙지하기 위해

우선 표의 형태로 나타나는 분석결과표와 이를 그래프화하는 도표작성기와 레거시 대화상자의 기능에 대해서 공부합니다.

1. 출력결과의 문서편집

- 편집메뉴에 옵션을 선택하면 아래의 그림과 같은 옵션 창 나온다. 옵션 중에서 피벗표를 선택하게 되면 여러 가지의 표 모양들이 있으며, 자신에게 맞는 표 모양을 선택하여 사용할 수 있다.

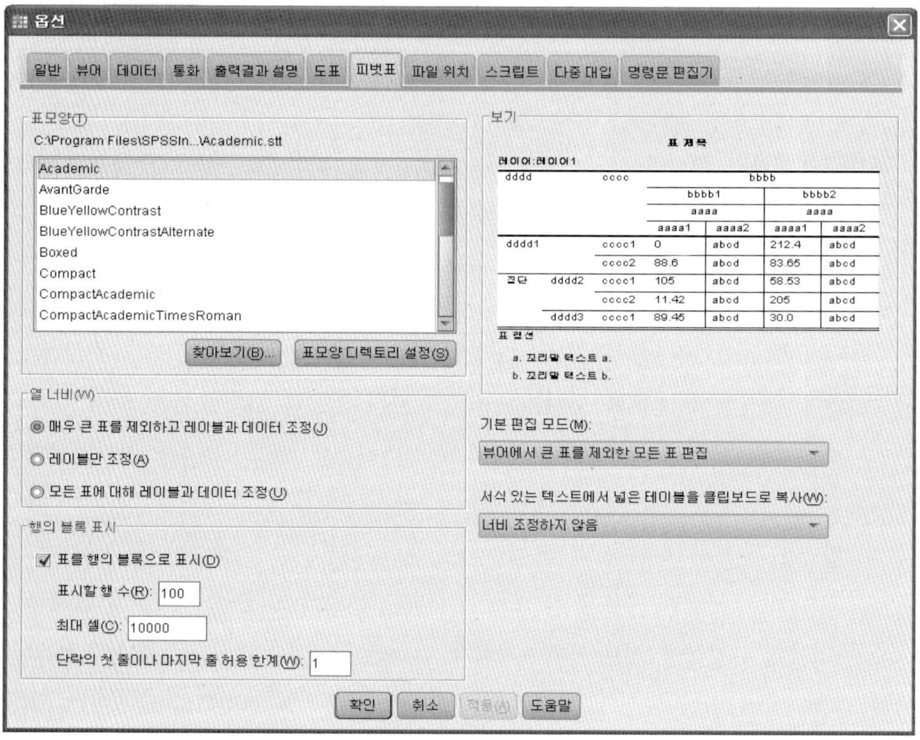

졸업평점구간

		빈도	퍼센트	유효 퍼센트	누적 퍼센트
유효	하위권	3	1.3	1.3	1.3
	중위권	106	70.7	70.7	72.0
	상위권	42	28.0	28.0	100.0
	합계	150	100.0	100.0	

결과 창에서 나온 표를 더블클릭을 하게 되면 아래의 그림과 같은 모습을 보게 되고 상단 메뉴에서 형식을 선택하여 표 모양을 선택하면 앞쪽에서 보던 것과 같은 결과창이 나온다는 것을 볼 수 있습니다.

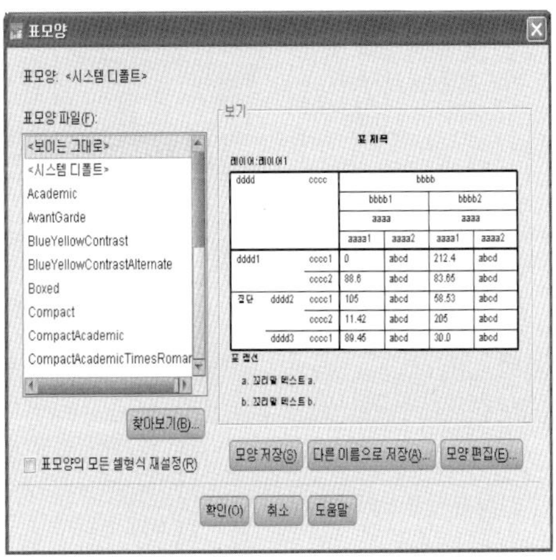

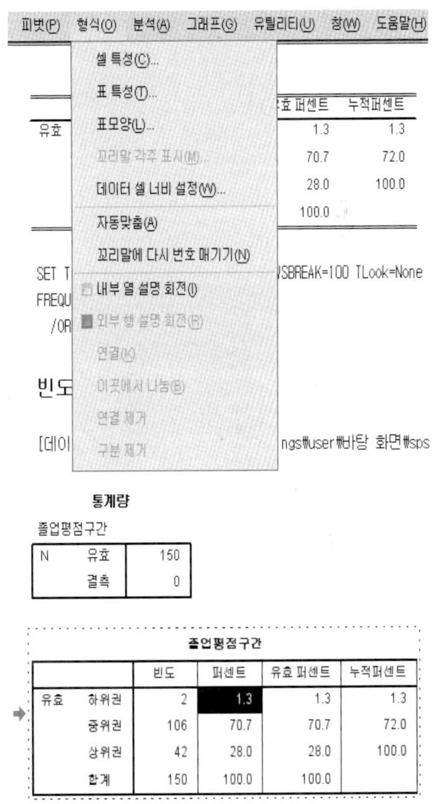

2. 도표 작성기 이용

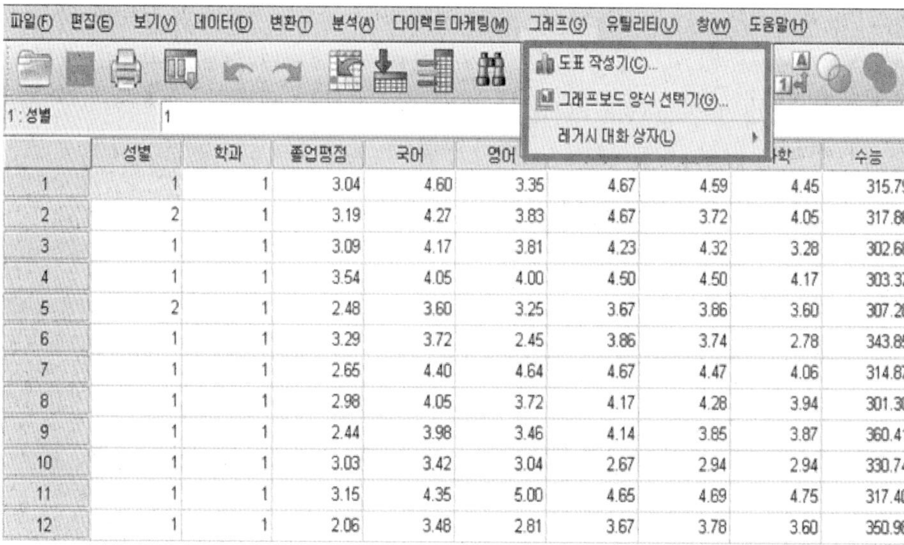

도표 작성기는 아래 그림과 같이 대화형으로 그래프를 작성하는 화면을 제공합니다.

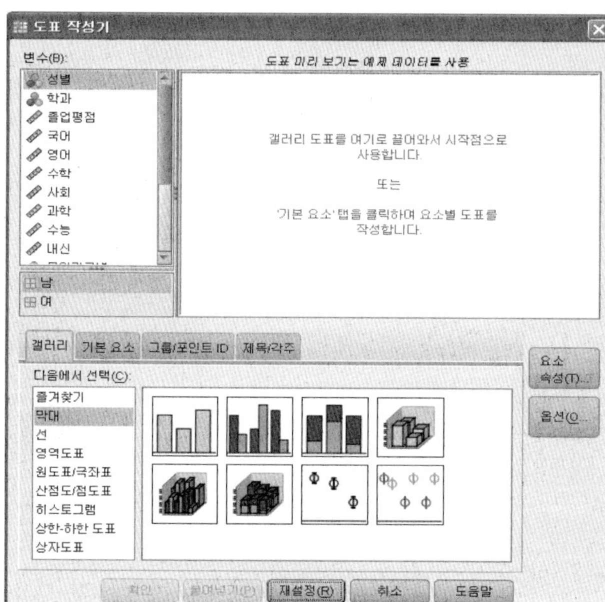

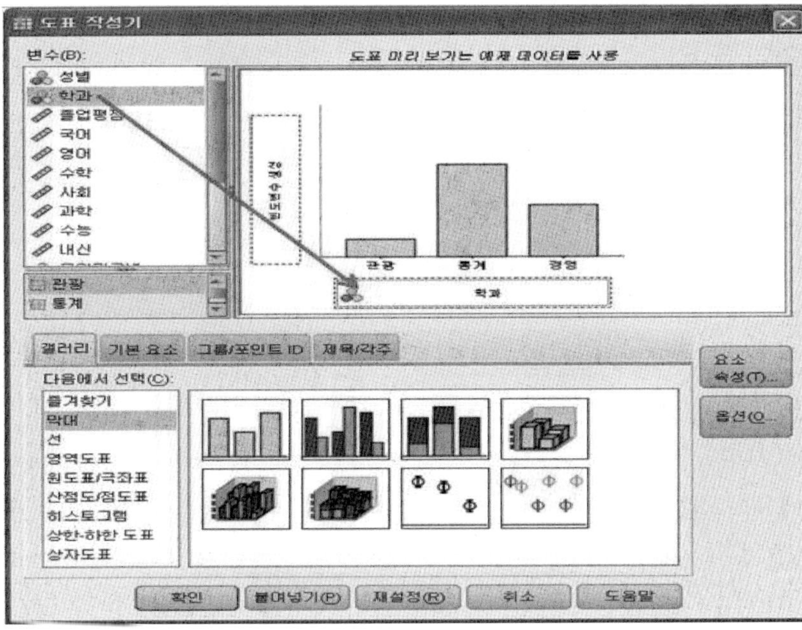

단순막대도표를 더블클릭하면 위 그림과 같이 미리보기 도표가 생깁니다. 그리고 화살표와 같이 그리고 싶은 변수를 드래그해서 끌어다 놓고 확인을 클릭하면 아래와 같은 그래프가 그려집니다.

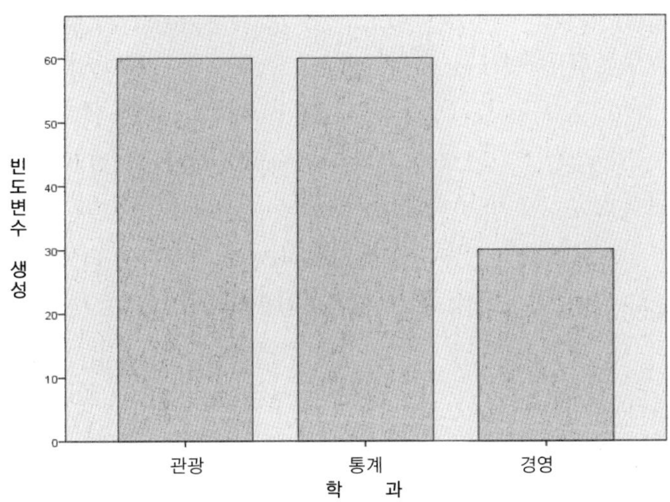

• 왼쪽의 막대도표는 학과별로 몇 명의 학생이 있는지의 빈도표를 보여주고 있다.

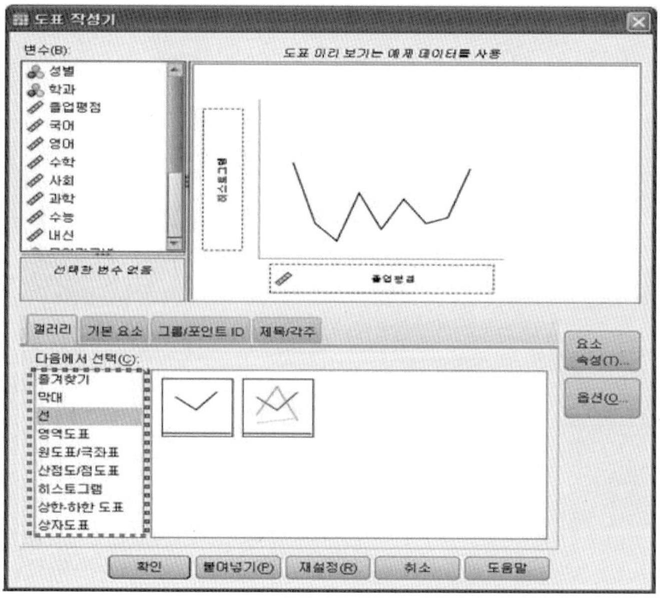

같은 방법으로 위 그림의 점선 안의 그래프의 종류를 선택하여 원하는 그래프를 아래의 그림과 같이 그릴 수 있습니다.

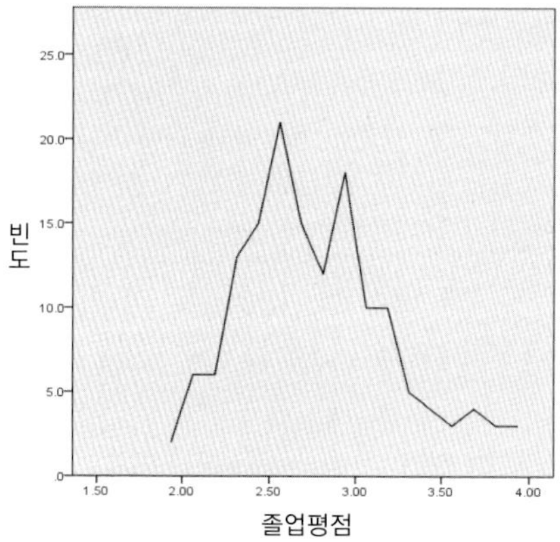

선도표

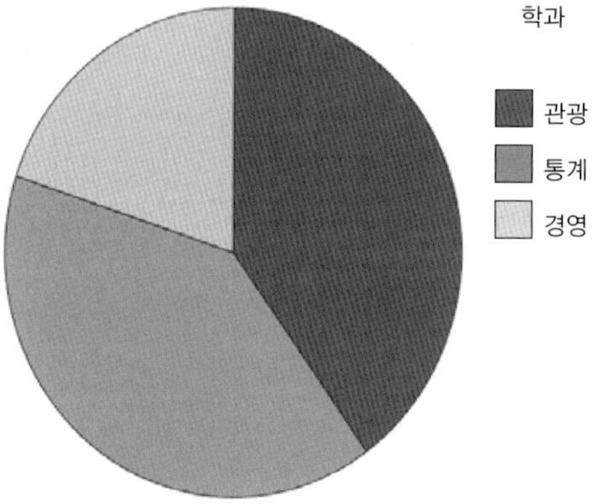

원도표

위의 왼쪽 그림은 졸업평점을 선도표로 나타낸 것이고 오른쪽의 그림은 학과의 빈도를 원도표를 나타낸 그림입니다.

3. 그래프보드 양식 선택기 이용

그래프보드 양식 선택기는 각 변수의 측정 척도에 따라 미리 지정된 그래프를 간단히 그리고자 할 때 이용됩니다. 그래프보드 양식 선택기를 선택하면 아래의 그림과 같이 그래프보드 템플릿 선택기가 나타납니다.

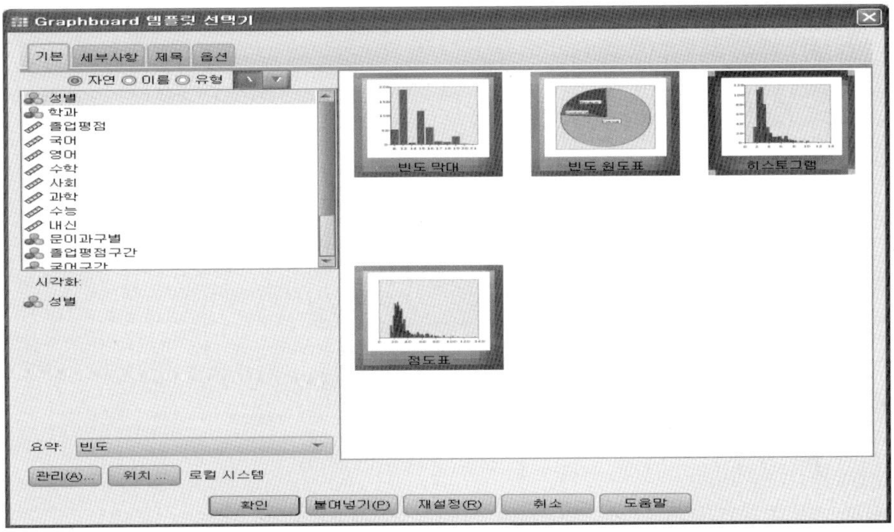

위 그림에서 간단히 그리고자 하는 그래프의 유형을 선택하면 아래의 그림과 같이 그래프가 나타나게 됩니다.

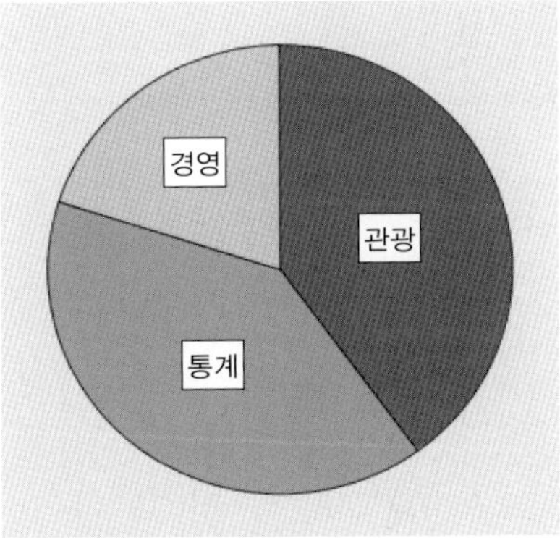

• 왼쪽 그림은 그래프 양식 선택기를 이용하여 그린 학과 빈도를 나타낸 원도표이다.

4. 레거시 대화상자

레거시 대화상자는 SPSS에서 예전에 제공했던 그래프 양식을 따르고 있습니다. 막대도표, 선도표, 영역도표, 원도표, 산점도, 히스토그램 등 뿐만 아니라 대화형 그래프도 제공하고 있습니다.

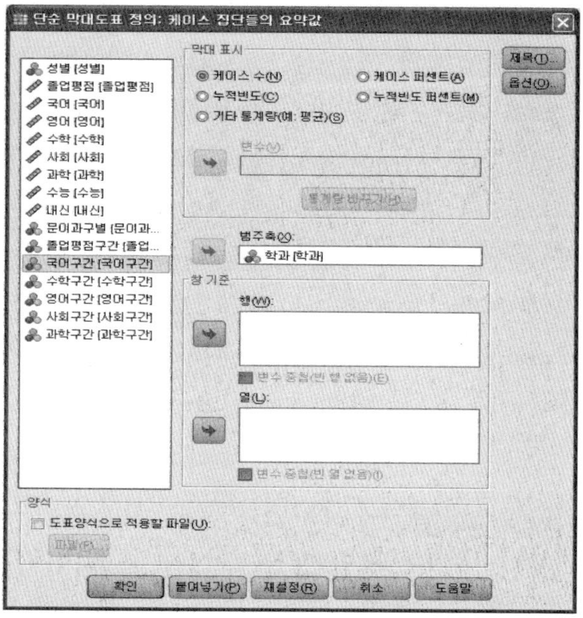

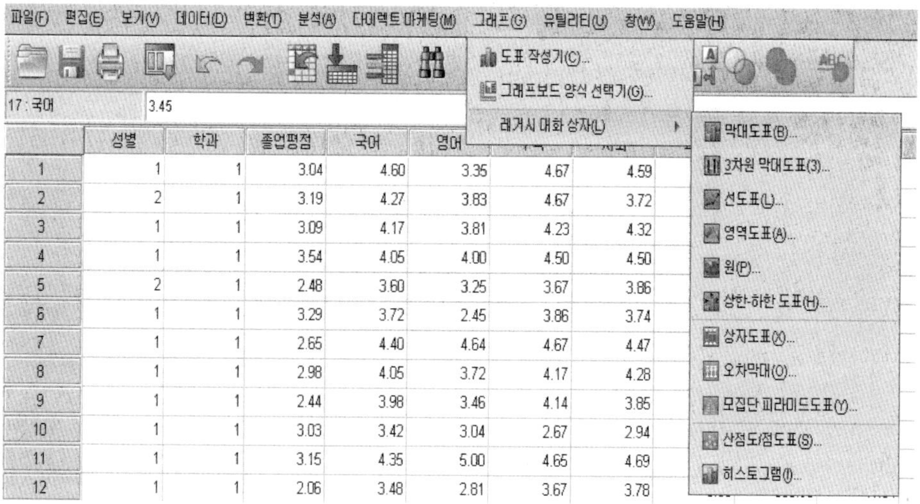

우선 막대도표를 선택하게 되면 위 그림 왼쪽처럼 어떤 유형의 막대그래프를 그릴 것인지 나옵니다. 여기서 단순을 선택했다면 위 그림의 오른쪽과 같이 나오며 여기서 범주축에 그리고 싶은 변수를 선택하면 아래의 그림과 같은 결과가 나타납니다.

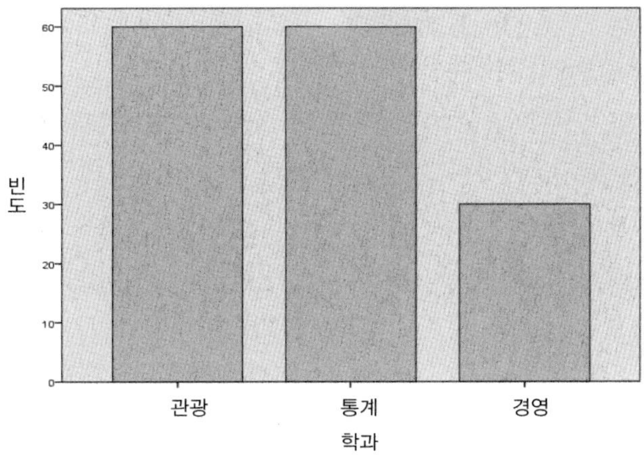

원도표를 선택하면 아래의 그림과 같이 나오고 조각 기준변수에는 '학과'를, 열에 '성별'을 선택해서 확인을 누릅니다.

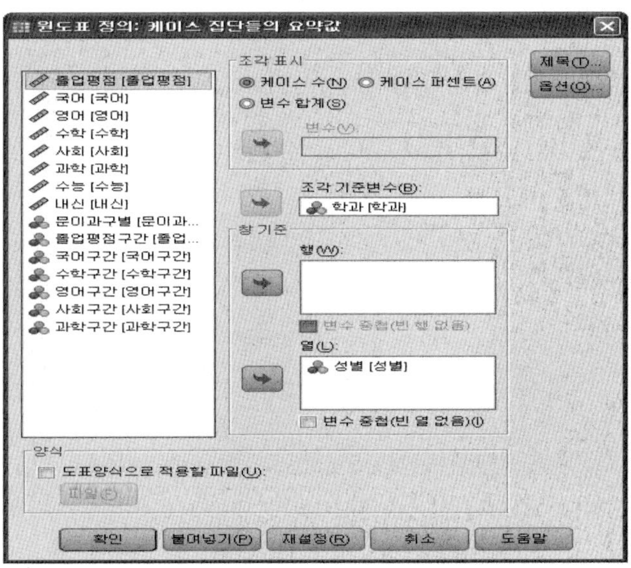

위의 설정에 따라서 아래의 그림과 같은 결과를 얻을 수 있습니다.

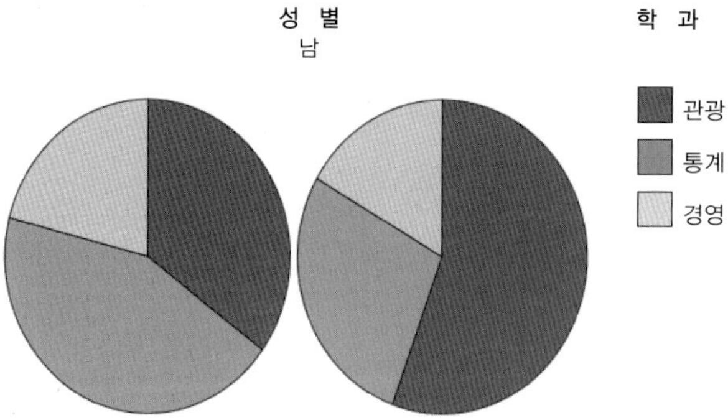

- 왼쪽 그림은 남녀에 따른 각각의 학과의 빈도를 나타내어 준다.

선도표의 경우 아래의 그림과 같이 설정을 하여 결과를 얻을 수 있습니다.

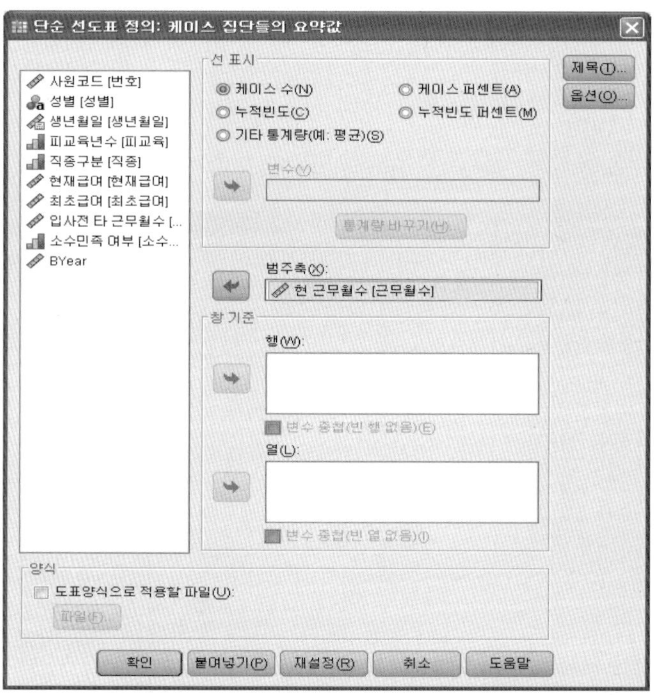

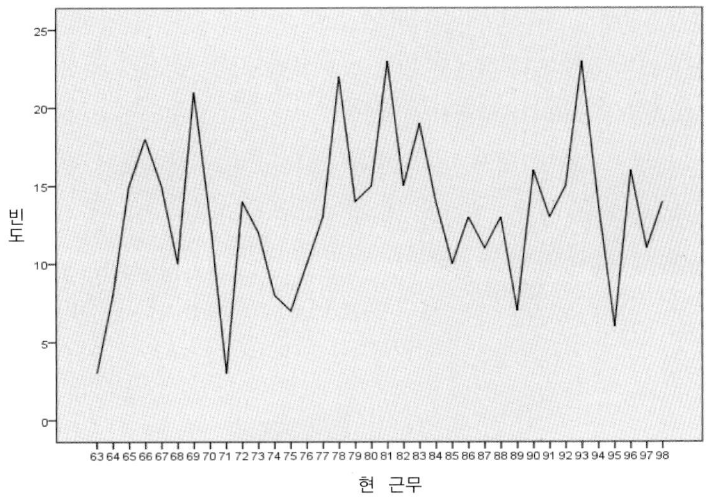

위의 그림은 현 근무월수 따른 빈도의 선도표를 보여주고 있습니다.

5. 국제개발협력사업 분석을 위한 캄보디아 사례 조사 보고서

캄보디아의 경우 1970년대 폴포트정권 하의 강제적인 집단노동과 대량학살 등으로 인해 주민간의 협동심과 신뢰가 완전히 사라졌으며 공동작업에 의한 혜택이 개인에게 주어지지 않는다는 인식이 형성되었다. 이러한 사회환경 속에서 새마을운동을 추진함에 있어 사업추진의 핵심요소라 할 수 있는 주민의 자발적인 참여와 적극적인 참여를 이끌어낼 수 있는 방안을 마련하는 것이 새마을운동의 효과적인 추진을 위해 중요한 요인이라 할 수 있다. 캄보디아 농민들의 의식을 조사하기 위해 2014년 1월 13~25일까지 캄퐁참(Kampong Cham)주 삼보우(Sambou)마을 주민 150명을 대상으로 설문조사를 실시하였고 유효사례 40부가 회수되었다. 모든 변수의 응답척도는 가장부정(1점)~가장긍정(10점)을 부여하여 높은 점수일수록 긍정적인 반응을 의미하는 것으로 해석할 수 있다.

1) 하향식과 상향식의 조화로운 접근 필요

캄보디아의 개발원조체제는 개발협력위원회에서 논의될 수 있도록 하였으나 사업

발굴 및 선정, 집행은 소관부처를 중심으로 추진되고 있는 실정이다. 또한 다양한 국가에서 제공되는 유·무상 원조를 캄보디아 전체적으로 총괄할 수 있는 컨트롤타워 기능이 미흡한 실정이다. 캄보디아의 경우 ODA 농촌종합개발사업의 경우 마을별 소규모로 추진되기 때문에 지속가능성과 상호책임의식이 지속되는 것은 어려움이 있는 것으로 나타났다. 특히 캄퐁참주의 경우 지원 사업이 종료됨과 동시에 사업의 파급효과도 종료되는, 다시 말해 지원사업을 계기로 주민들의 자발적인 발전노력이나 사업의 확대 재생산이 이루어지지 않는 안타까움을 발견할 수 있었다.

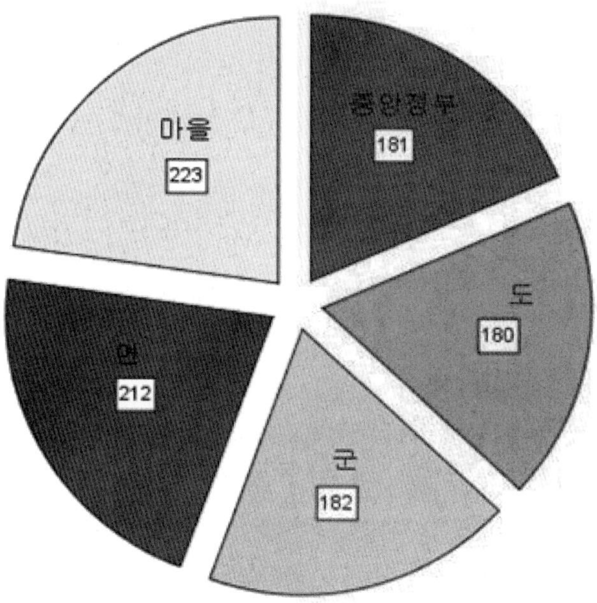

상기 그래프는 캄보디아 농민 40명을 대상으로 "농촌마을 빈곤완화의 책임 소재는 누구에게 있다고 생각하는가?"를 묻는 질문에 대한 응답결과이다. 캄보디아는 베트남과는 달리 마을이 가장 큰 책임을 가지고 있다고 응답하여 도, 군이 가장 큰 책임이 있다고 말한 베트남과는 상반된 결과를 보여주고 있는 것으로 나타났다. 이러한 응답결과는 농촌의 빈곤을 정부의 책임으로 생각하기보다는 마을에 있음을 강조하는 것으로 볼 수 있다. 이러한 응답결과를 바탕으로 새마을사업을 계획하고 프로젝트를 수행함에 있어서 마을과 직접적으로 연계하여 계획을 수립하는 전략이 필요할 수도 있다.

그러나 이러한 결과는 역설적으로는 캄보디아 정부의 보다 적극적인 역할이 필요함을 의미할 수도 있다. 또한 사업의 효과가 지역에 머물러 전국적 사업 확산은 기대하기 힘들다는 것을 의미할 수 있다.

2) 사업의 기본 단위 :

새마을운동은 정신계몽과 전국민적인 참여를 바탕으로 상향적으로 발전의 성공적인 모델을 보여주었다는 것이 큰 특징이다. 상향적 자발적 농촌발전을 유도하기 위해서는 주민조직의 활성화가 매우 절실하다. 캄보디아의 경우 정부부패와 공공부분의 개혁이 절실히 요구되는 상황에서 농촌개발에 있어서 행정부의 역할이 무엇보다 요구된다고 할 수 있다. 특히 면 단위 개발계획을 통해서 면 소재지 내 마을을 대상으로 경쟁을 통한 차별적 지원 시스템을 도입하는 것도 실효성이 높을 것으로 생각된다.

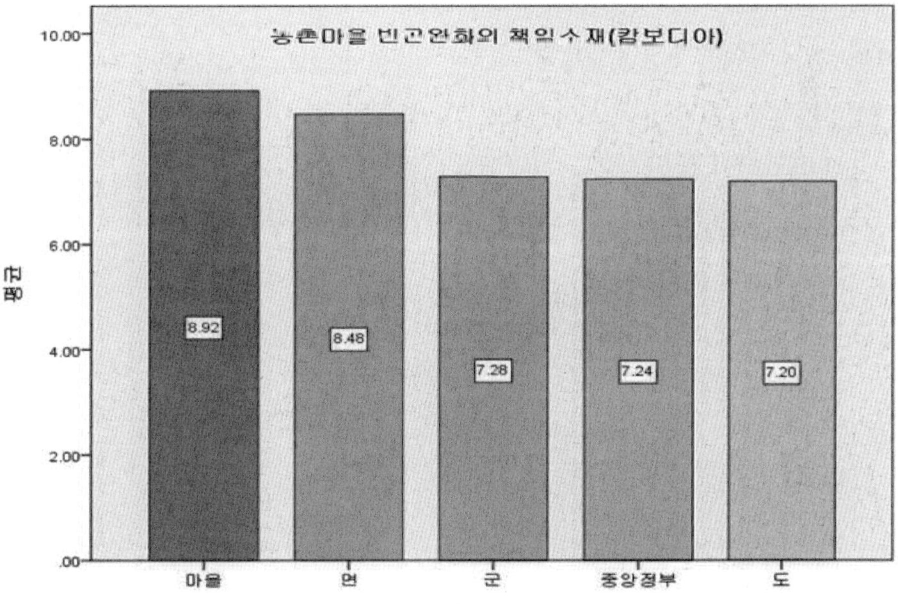

상기 그래프는 캄보디아 농민 40명을 대상으로 "농촌마을 빈곤완화의 책임의 소재는 누구에게 있다고 생각하는가?"를 묻는 질문에 대한 응답결과이다. 농촌마을 빈곤을 완화하는데 마을의 책임이 가장 크다(8.29)고 응답한 반면 중앙정부와 7.24와 도

의 책임은 7.20으로 나타났다. 이러한 결과는 정부를 신뢰하지 않는 결과로 볼 수도 있으며 농민 자신들의 자립의지가 강한 것으로도 볼 수 있겠으나 단정하기는 힘들 것이다. 다만 앞선 베트남과는 농민들의 생각에 많은 차이가 있는 것은 사실이다. 공여국의 입장에서는 시범사업을 통해서 전국적 확산 혹은 자립역량을 배양하는 계기가 되기를 바란다면 정부의 체계적인 관리와 정부의 보다 적극적인 개입과 역할이 필요하다고 할 수 있다.

3) 새마을지도자의 양성 : 변화의 선구자

캄보디아는 국가전략개발계획을 수립을 통해 기술, 도로, 관개시설, 전기 등 농촌 인프라 시장 및 농산물 수출을 위한 가공기술의 향상 등 농업다변화를 촉진하고 있다. 우리나라는 물관리능력, 생산성 향상 및 새마을 농촌개발의 성공적 경험을 가지고 있다. 특히 새마을지도자는 자립마을로 발전할 수 있는 변화의 지도자로서 역할이 요구된다고 할 수 있다. 새마을지도자는 농업다변화와 생활태도의 변화를 유도하여 농업생산성 향상과 소득증대를 촉진하는 역할이 필요하다.

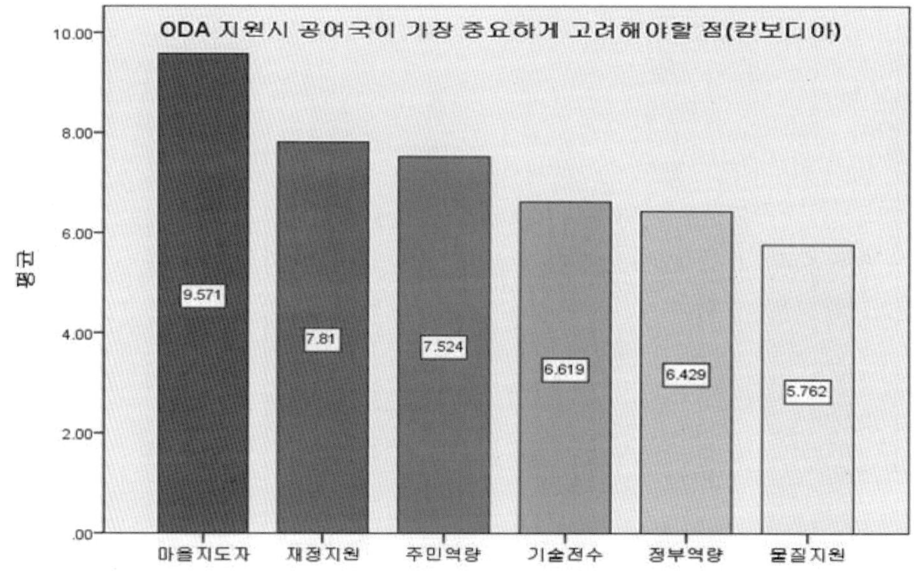

상기 그래프는 캄보디아 농민 40명을 대상으로 "캄보디아를 지원할 때 공여국이 가장 중요하게 생각해야 할 부분은 무엇이라 생각하는가?"를 묻는 질문에 대한 응답 결과이다. 가장 중요하게 생각하는 부분은 마을지도자(9.57)의 역량개발과 재정지원(7.81)을 가장 중요하게 고려해야 할 부분이라고 응답하였다. 반면 물질지원과 공무원(정부)의 역량개발은 5.76과 6.42로 낮은 평균점수를 보여주고 있다. 이러한 결과는 앞의 질문과 유사한 응답결과를 보여주는 것이라 할 수 있다. 즉 마을이 발전의 주도적인 책임과 역할이 있음을 나타낸다고 볼 수 있다. 공여국의 입장에서 생각해 볼 때, 물질적 지원이나 정부의 역량에 신경을 쓰기보다는 마을과 마을에 재정지원이 될 수 있는 프로그램의 지원을 희망하고 있는 것으로 볼 수 있다.

4) 소득증대

캄보디아는 2010년 기준 1인당 GNI가 $750인 최빈국으로서 특히 농촌지역의 빈곤인구 집중도가 높으며 경제인프라 및 보건의료 등 기조 사회서비스의 공급이 불충분한 상태라 할 수 있다. 캄보디아는 인적자원개발, 지역 및 계층 간 기초사회서비스 불균형해소 등 종합적인 해결이 요구되는 사회환경에 처해있는 상황이다. 농촌개발의 궁극적인 변화는 소득증대를 통한 주민생활의 향상과 삶의 질 제고라 할 수 있다.

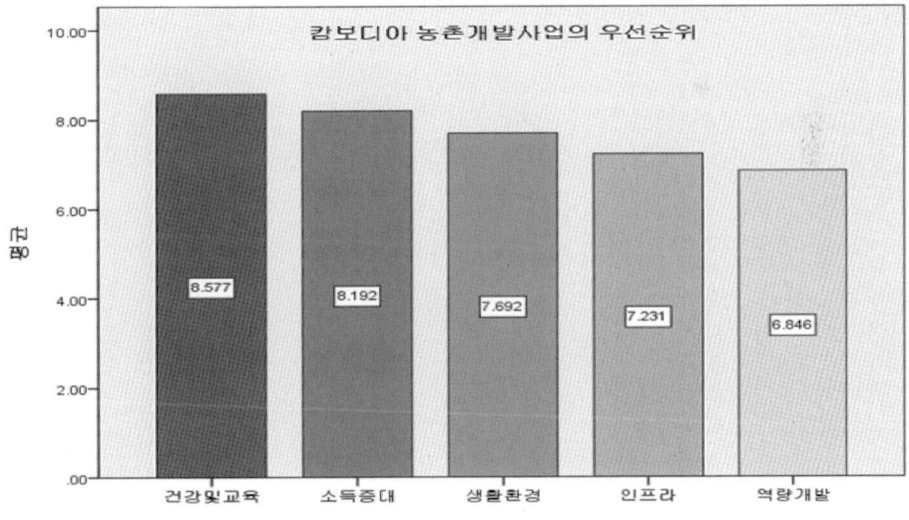

상기 그래프는 캄보디아 농민 40명을 대상으로 "캄보디아 농촌개발사업에 있어서 가장 시급한 사업은 무엇이라 생각하는가?"라는 질문에 대한 응답결과이다. 캄보디아 농촌발전을 위해서 가장 시급한 것은 건강 및 교육과 관련된 사업이라고 응답하였고, 다음이 소득증대 사업 8.19, 생활환경 7.69, 인프라 7.23 그리고 역량개발이 가장 낮은 6.84로 나타났다. 상기 응답결과는 대 캄보디아 농촌지원사업을 함에 있어 지역민들의 역량을 개발할 수 있는 교육, 훈련 프로그램을 도입하고 특히 보건 의료지원 서비스를 병행하여 사업 프로그램을 구축하는 것이 사업의 효과성을 높이는데 필요할 것으로 생각된다.

연습문제

1. 다음의 데이터를 이용하여 그래프를 작성하고, 설명하시오

   1) 60점 이하의 점수는 F학점으로 분류한다.
   2) 70점 이하의 점수는 D학점으로 분류한다.
   3) 80점 이하의 점수는 C학점으로 분류한다.
   4) 90점 이하의 점수는 B학점으로 분류한다
   5) 90점 초과의 점수는 A학점으로 분류한다.
   6) 분석은 남녀로 구분하여 분석 하며, 그래프는 원형 그래프로 작성한다.
   7) 남녀 간의 점수의 차이가 있는지 분석하여 해석한다.

구분	성별	점수	구분	성별	점수
1	0	45	16	0	41
2	0	57	17	0	56
3	1	45	18	0	37
4	1	51	19	1	45
5	0	65	20	0	58
6	0	88	21	0	47
7	0	44	22	0	64
8	1	87	23	0	97
9	0	89	24	1	55
10	1	59	25	0	51
11	0	66	26	0	61
12	1	65	27	0	69
13	1	56	28	0	79
14	1	47	29	1	71
15	0	90	30	1	80

제14장 측정과 요인분석

학습목표

추상적 개념의 측정방법인 탐색적 및 확인적 요인분석의 이해

- 사회과학에서 활용되는 추상적 개념의 측정방법 이해
- 요인분석에 있어 개념화와 조작화의 의미 이해
- 측정의 타당성과 신뢰성 확보 수단
  - 타당도와 신뢰성 검증방법
- 크롬바 알파의 용도 이해
- SPSS 탐색적 요인분석 실시와 결과해석
- AMOS 프로그램의 기본원리이해와 확인적 요인분석의 결과해석
- 국제개발협력사업과 요인분석 및 AMOS 프로그램 활용 가능성

1. 측정의 타당도와 신뢰도

측정(Measurement)이란 경험세계와 추상적인 이론적 개념 사이를 연결시켜 주는 수단이며, 측정 대상의 속성에 대하여 일정한 규칙이나 사물의 속성에 숫자를 부여하는 것을 의미합니다. 또한 측정이란 변수를 현실세계에서 관찰 가능한 자료와 연결시켜 주는 과정을 말하는 것으로, 측정과정에서 발생하는 오차를 줄이고 신뢰도와 타당성을 확보해야 합니다. 그리고 측정은 대부분 여러 문항으로 구성되기 때문에 단일측정에서 발생하는 오차를 줄이고 측정의 일관성을 확보해야 하며, 측정하고자 하는 본질을 보다 정확히 반영할 수 있어야 합니다.

측정오차란 측정대상이 갖는 참값과 측정도구를 적용하여 측정한 결과 얻어진 측정

값 사이의 불일치의 정도 또는 그 차이이며, 이상적으로 어떤 대상의 속성에 대한 측정결과는 가능한 한 그 대상이 갖고 있는 일체의 속성을 동일 구조적으로 나타낼 수 있어야 합니다.

1) 측정의 타당도

측정의 타당도(validity) : 측정하고자 의도한 개념을 얼마나 실제에 가깝게, 정확하게 측정하고 있는가 하는 정도를 의미합니다. 개념이나 속성을 측정하기 위해서 개발된 측정(검사)도구가 해당 속성을 얼마나 정확하게 반영하느냐의 정도를 나타내므로 결국 측정개념이나 속성에 대한 개념적 · 조작적 정의의 타당성을 의미합니다. 예를 들어 어떤 학생이 친구의 지능을 알아보기 위하여 줄자로 친구의 머리둘레를 재었다면 이 학생이 친구의 지능을 잘 측정하였다고 생각할 사람은 아무도 없을 것입니다. 타당도가 높은 측정은 측정된 결과가 애당초에 측정하고자 하였던 개념에 최대한 접근하여 그 개념을 정확하게 반영할 수 있어야 합니다. 그러므로 타당도가 '있다' 혹은 '없다'의 이분적 판단을 하기보다는 '높다', '낮다'와 같이 정도를 나타내는 것이 옳다고 볼 수 있습니다.

(1) 타당도를 이해할 때 주의해야 할 4가지

① 측정도구나 검사 자체에 대한 적합성이라기보다는 결과의 해석에 대한 적합성을 의미함(개념화와 조작화의 이해)

② 타당도는 있다 혹은 없다로 말하기보다 정도의 문제

③ 타당도는 특별한 목적이나 해석에 제한됨.

④ 타당도 개념을 다양한 종류로 구분하기보다는 다양한 근거에 기초한 단일한 개념으로 해석해야 함.

개념화(Conceptualization) : 개념화는 연구의 목적을 위해서 개념에 특정한 의미를 부여하도록 관찰과 측정을 구체화하는 과정입니다. 개념은 현실 세계에는 존재하지 않아 직접 측정할 수는 없지만 조작화를 통해 간접적으로 측정이 가능합니다.
조작화(Operationalization) : 조작화는 변수의 속성을 측정하기 위해 사용할 정확한 절차를 구체화하는 과정이며 개념에 적합한 변수들을 어떻게 측정할 것인가를 구체화하는 것입니다.

(2) 타당도의 검증방법

① 내용타당도(content validity) : 검사내용에 기초한 근거

논리적 사고에 입각한 주관적 타당성의 판단으로 검사가 측정하고자 하는 속성을 제대로 측정하였는지를 주관적으로 판단합니다. 내용타당도는 주관적인 판단의 문제이기 때문에 일반적으로 전문가들의 판단에 의해서 신속하고 공통된 인식 혹은 일치성(일관성)을 통한 검사 내용의 타당성을 입증할 수 있으나 때로는 합의되지 않은 경우 전문가마다 이견이 있을 수 있으며, 계량화를 통한 객관적 정보를 제공하지 못하는 단점이 있습니다.

② 구인타당성(internal validity) : 내적구조에 기초한 근거(구성, 개념타당성)

조작적으로 정의되지 않은 인간의 심리적 특성이나 성질을 심리적 구인으로 분석하여 조작적 정의를 부여한 후 검사가 조작적 정의에서 규명한 심리적 구인들을 제대로 측정하였는가를 검정하는 방법(예, 상관계수 값을 기준으로)이며, 0.50을 기준으로 구인타당도의 정도를 판단할 수도 있습니다. 구인(구성개념, construct)이란 심리적 특성이나 행동 양상을 설명하기 위하여 존재를 가정하는 심리적 요인을 말합니다. 예를 들면 지능검사에 사용되는 7가지 구인은 어휘력, 수리력, 추리력, 공간력, 지각력, 기억력, 언어유창성의 구인이 있습니다. 내적 구조에 기초한 근거는 문항과 검사 구성요소와의 관계가 구인에 어느 정도 합치되는가를 분석합니다. 좋은 아버지, 좋은 엄마를 측정한다면 어떻게 좋음을 개념화할 수 있을까? 구인타당도는 응답자료에 의하여 계량적 방법에 의하여 검증되므로 객관적이라 할 수 있으나 다소 많은 응답자가 필요합니다.

③ 예측타당성 : 준거와 관련된 예측 근거

검사점수가 미래의 행위를 얼마나 잘 예측하느냐 하는 문제입니다. 예를 들면 대학입시제도에서 시행되는 대학수학능력시험의 경우 수능점수가 높은 학생들이 대학에서 성공적으로 학업을 수행할 때 대학수학능력시험의 예측타당성이 높은 것입니다(영어시험(TOEIC, TOEFL) 검사에 따른 영어구사능력 예측). 예측타당성은 검사점수와 미래의 행동과의 관계를 의미하기 때문에 예언타당도라고도 합니다.

2) 측정의 신뢰도

- **측정의 신뢰도(reliability)** : 동일한 대상(현상)에 대하여 같거나 유사한 측정도구를

사용하여 반복 측정할 경우에 동일하거나 비슷한 결과를 얻을 수 있는 정도를 말합니다. 측정된 결과치의 안정성, 일관성, 예측가능성 등이 내포된 개념에 대해 측정도구가 측정하고자 하는 현상을 일관성 있게 측정하는 능력 또는 동일한 개념에 대해 측정을 반복했을 때 동일한 측정값을 얻을 가능성을 의미합니다. 신뢰도에 대한 고려는 측정의 신빙성을 부여하기 위한 것으로 설문, 면담 등의 측정(검사)도구의 결과가 일관성을 가져야 하며, 이는 누가 해도 비슷한 결과가 나왔을 때 신뢰성이 있다고 할 수 있습니다.

(1) 신뢰도의 추정방법

① 재검사법(test-retest method)

동일한 측정도구를 이용하여 동일한 상황에서 동일한 대상에게 일정기간을 두고 반복 측정하여 최초의 측정치와 재측정치가 동일한지의 여부를 평가하는 방법으로 측정간격은 시험효과를 고려하여 보통 2주 정도로 합니다. 검사-재검사결과의 상관계수가 신뢰도의 추정치입니다.

- 장점 : 측정도구 자체를 직접 비교할 수 있고 적용이 간편합니다.
- 단점 : 검사요인, 성숙요인, 역사요인 효과를 들수 있습니다.
  - ☑ 검사요인효과 : 처음 측정이 재검사점수에 영향을 미치는 효과
  - ☑ 성숙요인효과 : 측정간격이 길 때에 조사대상 집단의 특성변화에 따른 효과
  - ☑ 역사요인효과 : 측정기간 중에 발생한 사건의 영향

② 동형(복수)양식법(multiple forms techniques) = 대안(alternative)양식법

동일한 개념에 대해 2개 이상의 상이한 측정도구를 개발하고 각각의 측정치간의 일치여부를 검증하는 방법입니다.

- 단점 :
  - ☑ 동일한 측정도구를 제작하기가 쉽지 않습니다.
  - ☑ 신뢰성이 낮은 경우 실제 신뢰도가 낮은 것인지 동등성이 확보되지 않았기 때문인지 애매합니다.
  - ☑ 두 가지 측정도구가 유사해지면 시험효과가 나타날 수도 있습니다.

③ 반분법(split-half method)

측정도구를 임의로 반으로 나누어 각각을 독립된 척도로 보고 이들의 측정결과를 비교하는 방법으로, 동일한 개념에 대해 여러 개의 문항으로 측정을 하는 경우 무작위로 측정도구를 두 집단으로 나누고 이들 측정치간의 상관관계를 분석하는 방법입니다.

- 전제조건

☑ 측정도구의 동질성(homogeneity) 확보, 즉 측정도구가 같은 개념을 측정한다는 것이 명백해야 합니다.

☑ 양분된 측정도구의 문항 및 항목수는 그 자체가 완전한 척도를 이룰 수 있을 만큼 충분해야 하는데, 반분된 항목수는 적어도 8~10개는 되어야 합니다.

④ 내적 일관성 분석(internal consistency analysis)

가능한 모든 반분신뢰도를 구한 다음 그 평균값을 신뢰도로 추정하는 방법으로 Cronbach's α값(0.6)을 기준으로 평가합니다.

☑ 개별문항을 하나하나의 검사점수로 하여 상관관계를 구하고 이들의 평균상호상관관계를 신뢰도의 추정치로 삼는 방법으로, 평균상호상관은 모든 가능한 반분법을 사용하여 구한 신뢰도 계수의 평균을 의미합니다.

☑ 신뢰계수 추정법 중 가장 알려진 방법은 크로바흐(Cronbach)의 알파계수(α)인데, 그 값은 적어도 0.60은 넘어야 신뢰도가 만족할 수준이라고 볼 수 있습니다.

⑤ 신뢰도 제고방안

☑ 측정도구의 모호성 제거 : 측정도구를 구성하는 문항을 분명하게 작성합니다.

☑ 측정항목을 늘린다 : 문항간의 상관관계가 유사한 경우 항목의 수를 늘리면 측정도구의 신뢰도는 높아집니다.

☑ 측정자의 태도와 측정방식의 일관성이 유지되어야 합니다.

☑ 조사대상자가 무관심하거나 잘 모르는 내용은 측정하지 않는 것이 좋습니다.

☑ 사전에 신뢰도가 검증된 표준화된 측정도구를 이용하는 것이 바람직합니다.

☑ 동일한 질문이나 유사한 질문을 2회 이상 하는 방법이 있습니다.

3) 신뢰도와 타당도의 관계

타당성 있는 측정은 항상 신뢰성이 있으며 신뢰성 없는 측정은 타당도가 보장되지 않습니다. 측정도구의 신뢰도가 타당도에 비해 확보하기가 용이한 이점이 있기는 하나 일반적으로 타당도의 수립이 보다 더 가치가 있습니다.

이러한 타당도와 신뢰도의 개념은 연구방법론에서 매우 중요한 개념을 내포하고 있는데, 측정 뿐만 아니라 모든 연구에 적용될 수 있는 개념입니다. 즉 연구자는 연구하고자 하는 것을 가능한 정확히 연구하여야 하며, 그러한 정확한 연구를 도출하는 과정은 일관성과 믿을 수 있는 연구가 되어야 합니다. 다시 말하면, 타당성은 연구의 **"무엇**(what)**"**이라면 신뢰성은 **"어떻게**(how)**"**와 관련지을 수 있습니다.

신뢰성은 타당성의 필요조건인데, 즉 타당성이 확보되면 신뢰성은 어느 정도 확보된 것이나 신뢰성이 확보되었다고 해서 타당성이 확보된 것은 아닙니다.

(1) **타당도와 신뢰도에 영향을 미치는 요인**

① 검사도구 및 그 내용

☑ 측정의 길이 : 질문이 길어져 조사대상자가 싫증을 느끼면 편의주의적·형식적 응답이 발생합니다.

☑ 문화적 요인 : 관례상 사용되지 않는 단어나 문구 포함 시 문제될 수 있습니다.

☑ 개방형 질문과 폐쇄형 질문 : 개방형 질문 시 응답자의 능력 · 교육수준에 영향을 받을 수 있습니다.

☑ 기계적인 요인 : 질문지의 오 · 탈자, 읽기 어려운 단어·페이지의 누락 등은 오해를 유발할 수 있습니다.

② 환경적 요인

☑ 대인면접 시 면접자의 개인적 특성의 영향과 개방형 질문의 경우 타인의 영향

☑ 측정도구를 완성하는데 필요한 제시의 명백성

③ 개인적 요인 : 응답자의 사회경제적 지위(직업, 소득, 교육수준 등)와 성별, 연령 등

④ 사회적 요인 : 응답자들이 진실을 밝히기보다는 사회적으로 바람직하다고 하는 것을 응답

⑤ 조사자의 편견 : 조사자의 해석으로 코딩시 조사자 편견 개입

2. 탐색적 요인분석

요인분석이란 일련의 관측된 변수에 근거하여 직접 관측할 수 없는 요인을 확인하기 위한 것입니다. 요인분석이란 여러 측정변수들 간의 상관관계(상관계수, r)를 바탕으로 높은 상관성을 가지는 공통의 변수들을 하나의 변수(요인)로 묶어내는 것으로 다수의 측정 변수들이 갖고 있는 정보를 바탕으로 보다 적은 수의 요인(factor)으로 축약하는 통계기법입니다. 왜 요인분석을 실시할까요? 연구자들은 간혹 "추상적인 개념"을 연구의 대상으로 삼는 경우가 빈번합니다. 통상적으로 "추상적인 개념"을 현실세계에서 측정하기 위해서는 그 개념에 대한 연구자의 개념정의가 필수적입니다. (구성)개념정의는 측정을 위한 사전단계로서 이를 개념화 과정(conceptualization)이라 할 수 있으며, 연구의 범위 혹은 방향과 깊은 관계가 있다고 할 수 있습니다. 개념화를 통해서 추상적인 개념의 측정이 가능한데(조작화, operationalization), 사회과학에서는 설문문항을 통해서 일반적으로 다수의 측정문항이 하나의 추상적 개념을 구성하는 도구로 사용됩니다. 이러한 설문문항의 개발과 확정은 기존 연구자들 혹은 기존문헌에서 사용된 설문문항을 참고하여 측정하는 것이 일반적입니다. 이러한 과정에서 연구자들은 측정의 타당성과 신뢰성을 확보하고 제시할 수 있어야 합니다.

일반적으로 요인분석방법에는 탐색적 요인분석과 확인적 요인분석이 있습니다. 탐색적 요인분석의 기본원리는 문항항목들간의 상관관계가 높은 것끼리 하나의 요인(factor)으로 묶어내며, 요인들간에는 상호독립성을 유지하는지 확인하는 통계분석 방법입니다. 일반적으로 탐색적 요인분석의 목적은 여러 변수들 사이에 존재하는 상호관계를 분석하여 그들 사이에 공통적으로 깔려있는 차원 또는 요인을 밝혀냄으로서 변수들을 축소 혹은 요약하는 것으로 이해할 수 있습니다.

탐색적 요인분석에 어떤 변수를 포함시켜야 하는가? 몇 개의 요인으로 분류하는가? 요인들을 어떻게 측정할 것인가는 기존의 선행연구검토와 연구자의 연구 목적에 전적으로 달려있습니다. 탐색적 요인분석은 일반적으로 SPSS 프로그램을 통해서 실행하는 요인분석을 지칭합니다.

요인분석의 기법으로는 주성분분석(principal component analysis)을 주로 이용하는데, 요인들의 회전은 직각회전방식의 하나인 베리멕스 회전방식을 이용합니다. 이 방식은 하나의 요인에 높이 적재되는 변수의 수를 줄여서 요인의 해석에 중점을 두는 분석방법으로 고유값(eigenvalue)이 1보다 높은 값을 갖는 요인들로 선택하도록 합니다.

이론적 배경 혹은 경험을 바탕으로 잠재변수를 구성하는 확인적 요인분석 방법은 요인을 구성하는 항목을 미리 지정합니다. 확인적 요인분석은 학계에서 기존 이론모델을 수정하거나 검증하고자 할 때 많이 이용되는 분석방법입니다. 이 점이 탐색적 요인분석과 가장 다른 점이라 할 수 있습니다. 즉 잠재변수 항목들이 요인분석에 관계없이 연구자에 의해 이미 정해진 상태로 모델이 만들어지고 그 상황 하에서 분석이 진행되는 것입니다. 한 마디로 연구자가 요인의 측정변수와 요인의 수에 대한 정보를 사전에 가지고 있을 때 실시하는 분석방법입니다.

확인적 요인분석은 LISREL 혹은 AMOS 프로그램과 같은 공분산구조모형의 측정모델에서 사용하는 요인분석 방법이라 할 수 있습니다.

1) 탐색적 요인분석 절차(SPSS)

탐색적 요인분석은 항목의 숫자를 줄이고 분석의 효율성을 높이기 위해 사용되는 기법으로써 eigenvalue를 기준으로 묶여집니다. 주로 varimax 회전기법이 사용되는데, 항목의 숫자를 줄이고 분석의 효율성을 높이기 위해 사용된다고 할 수 있습니다. 주로 SPSS 그리고 SAS 등의 프로그램에서 사용될 때 바로 탐색적 요인분석 방법이 사용된다고 말할 수 있습니다. 그런데 한 가지 중요한 것은 우리가 요인분석을 하기 전에 어떤 항목(변수)들이 요인으로 묶이게 되는지 데이터를 분석하기 전까진 알 수 없습니다.

(분석 → 차원감소 → 요인분석 → 옵션 설정 → 확인)

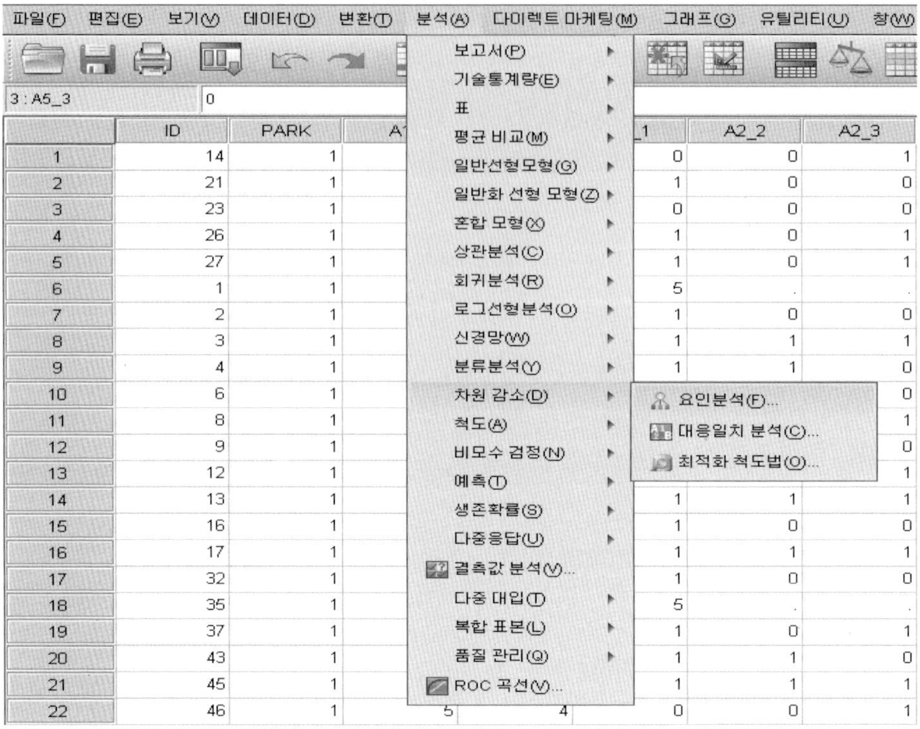

그림 1 • 기술통계

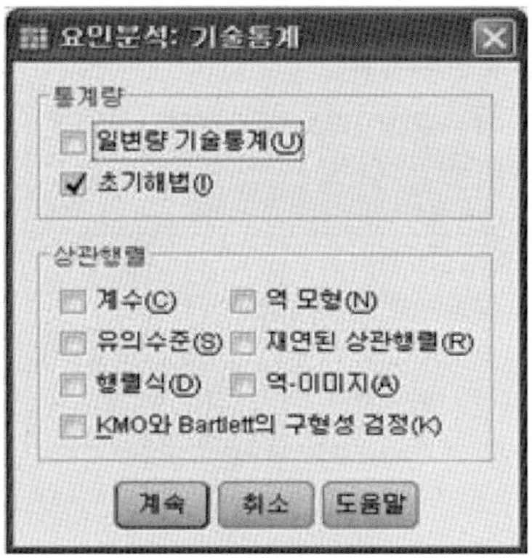

그림 2 • 요인추출

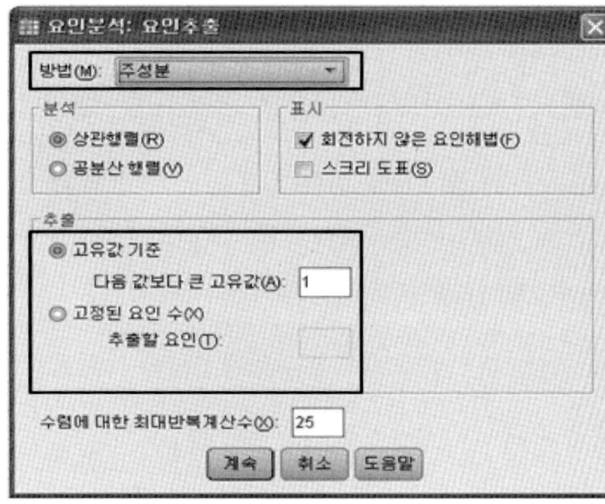

그림 1은 기본적인 기술통계를 제공합니다.

그림 2는 요인추출에 관한 옵션을 제공하며 방법에서 주로 주성분을 사용하지만 사용자 취향이나 분석방향에 따라 옵션을 설정할 수 있습니다. 추출에서는 기본적으로 고유값 1을 기준으로 하지만 사용자 선택에 따라 고정된 요인수를 설정하여 사용하실 수 있습니다. 주성분 요인방법(principal factors method)은 여러 변수들 가운데 서로 관련성이 높은 것끼리 묶어 소수의 새로운 변수를 찾는 방법으로 변수의 모든 변량은 추출될 공통요인(common factors)에 실려 있다고 가정하고 있기 때문에 오차변량이나 특수변량은 고려하지 않습니다. 따라서 주성분분석은 유사한 속성을 가진 변수들을 집단화함으로써 전체변인을 속성의 측면에서 몇 개의 차원(dimension)으로 나누는 방법입니다.

그림 3 • 요인점수

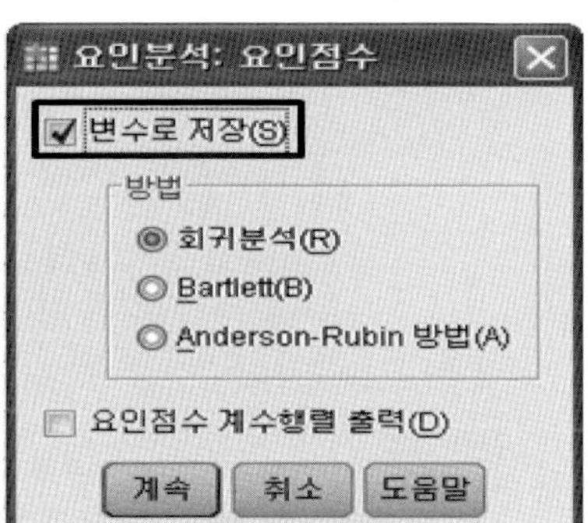

그림 4 • 요인회전

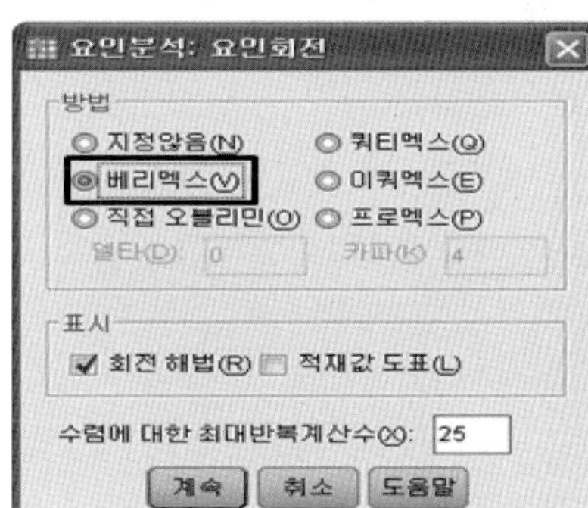

그림 3은 요인점수를 변수로 저장을 할 수 있는 옵션입니다. 각각의 요인에 따라 계산된 점수가 **변수로 저장**이 됩니다.

그림 4는 요인회전에 관한 옵션으로 요인을 어떻게 회전시켜 공통성의 요인을 찾아 줄 것인지에 관한 옵션입니다. 보통 **베리멕스**를 많이 사용합니다. 베리멕스 회전 방법은 각 요인이 서로 독립성을 유지하도록 하는 직각회전(orthogonal rotation)의 방법으로 요인 행렬에서 각 열의 요인 적재량을 제곱한 값의 분산을 최대화시켜 각 요인을 쉽게 설명하는 방법으로 가장 일반적으로 사용하는 회전방법입니다.

그림 5 • 옵션

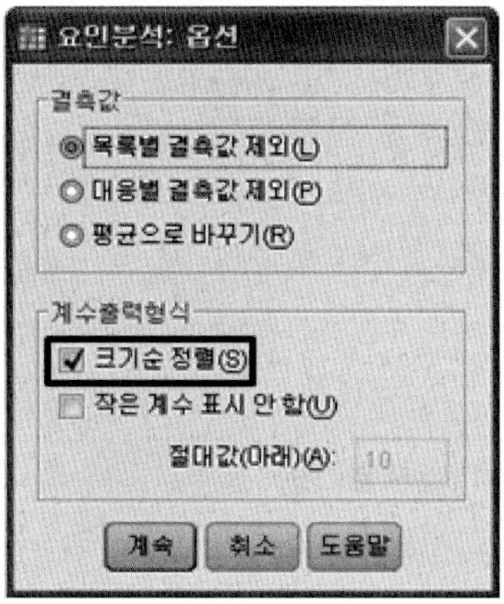

그림 5에서는 크기순 정렬에 체크를 하게 되면 요인점수가 크기별로 정렬이 되기 때문에 어떤 변수들이 공통으로 묶이는지 쉽게 구별할 수 있게 해주는 옵션입니다.

위의 옵션들을 지정하면 아래와 같은 결과물이 나옵니다.

공통성

	초기	추출
A17	1.000	.692
A18	1.000	.731
A19	1.000	.632
A20	1.000	.634
A21	1.000	.706
A22	1.000	.593
A23	1.000	.792
A24	1.000	.792

추출 방법: 주성분 분석.

설명된 총분산

성분	초기 고유값			추출 제곱합 적재값			회전 제곱합 적재값		
	합계	%분산	%누적	합계	%분산	%누적	합계	%분산	%누적
1	3.458	43.219	43.219	3.458	43.219	43.219	2.040	25.500	25.500
2	1.088	13.600	56.819	1.088	13.600	56.819	1.908	23.848	49.348
3	1.026	12.821	69.641	1.026	12.821	69.641	1.623	20.293	69.641
4	.696	8.697	78.338						
5	.590	7.378	85.715						
6	.404	5.047	90.762						
7	.395	4.936	95.698						
8	.344	4.302	100.00						

추출 방법: 주성분 분석.

성분행렬[a]

	성분		
	1	2	3
A19	.732	-.276	-.138
A18	.720	-.458	.039
A22	.695	.159	-.291
A21	.682	.418	-.257
A24	.639	.232	.575
A23	.625	.145	.616
A17	.598	-.574	-.071
A20	.545	.444	-.373

요인추출 방법: 주성분 분석.

a. 추출된 3 성분

회전된성분행렬[a]

	성분		
	1	2	3
A17	.826	.050	.089
A18	.811	.175	.206
A19	.694	.345	.176
A21	.152	.793	.231
A20	.061	.790	.073
A22	.362	.665	.143
A23	.199	.126	.858
A24	.147	.209	.852

요인추출방법:주성분분석.

회전 방법: Kaiser 정규화가 있는 베리멕스.

a. 5 반복계산에서 요인회전이 수렴되었습니다.

분석에 쓰인 자료는 공원 상업시설의 만족도를 나타낸 자료입니다.

편의성	(A17) 상업 시설의 개방시간이 이용하기에 적당하다.
	(A18) 판매자가 친절하게 응대한다.
	(A19) 이용 시 편리함을 느낄 수 있다.
접근성	(A20) 상업시설이 이용하기 편리한 위치에 있다.
	(A21) 시설을 찾기 쉽도록 안내판에 표시되어 있다.
	(A22) 시설 진입 시 경사로 또는 난간이 접근하기 쉽다.
쾌적성	(A23) 상업시설의 수가 적절하다.
	(A24) 상업시설의 종류가 다양하다.

위의 결과들로 어떻게 변수들이 묶이는지 보는 것이 주목적이라고 할 수 있습니다. 어떤 변수들이 서로 공통성을 가지는지 판단하는 것입니다. 여기서 중점적으로 봐야 할 결과표는 회전된 성분행렬입니다. 일반 성분행렬에서 **베리멕스**를 통해 회전한 **회전성분행렬**인데, 어떤 변수들이 공통성을 가지고 묶이는지 눈에 보기 쉽게 나타내어 줍니다.

회전성분행렬의 수치를 보면 **성분** 1에는 A17, A18, A19가 묶인 것을 알 수 있습니다. 세 변수가 다른 변수들보다 요인점수가 높게 나타나기 때문에 공통성이 짙은 것으로 판단할 수 있습니다. 만족도를 보면 세 항목이 편의성이라는 카테고리에 묶여 있는 것으로 나타납니다. 나머지 성분 2와 성분 3 또한 접근성, 쾌적성으로 묶여있는 것을 알 수 있습니다.

요인을 추출하기 위해 사용되는 가장 일반적인 모델은 주성분분석법(principle component analysis: PCA)과 공통요인법(common factor analysis: CFA)이 있습니다. 주성분분석법은 요인의 수를 최소한으로 산출하고 최초 변인들이 지닌 정보(변량)를 극대화하고자 할 때 사용되는 반면, 공통요인법은 최초 변인들을 통해 쉽게 파악되지 않는 잠재적인 공통 요인이나 차원을 알고자 할 때 사용됩니다. **요인회전**은 최초의 요인행렬이 산출된 후 다시 요인을 단순구조로 만들고 순수한 요인들을 얻기 위해 요인축을 회전하는 과정입니다. 직교(각)회전은 추출된 요인들이 서로 독립적이라고 가정할 때(요인간 상관=0) 사용되며, 사교회전은 요인들이 독립적이지 않다고 가정될 때(요인간 상관≠0) 사용합니다. **베리멕스** 회전 방법은 각 요인이 서로 독립성을 유지하도록 하는 직각회전 방법으로 요인 행렬에서 각 열의 요인 적재량을 제곱한 값의 분산을 최대화시켜 각 요인을 쉽게 설명하는 방법으로 가장 일반적으로 사용하는 회전방법입니다.

3. 신뢰도 분석

신뢰도 분석이란 측정도구가 측정하고자 하는 개념을 일관성있게 측정하는 노력 또는 동일한 개념에 대해 측정을 반복했을 때 동일한 측정값을 얻을 가능성의 정도를 파악하는 분석방법입니다.

어떠한 개념을 측정하기 위한 설문문항이 여러개가 모여 있다고 가정할 때 "각 문항(변수)이(가) 동일한 개념을 측정한다"는 가정이 성립하지 않을 경우에는 측정의 타당도는 물론 신뢰성을 확보하기 어렵습니다. 본장에서 의미하는 신뢰도 분석(Cronbach's α)이란 내적 일관성을 나타내는 값으로서 변수들 간의 평균상관관계에 근거해 검사문항들이 동질적인 요소로 구성되어 있는지를 분석하는 개념입니다. 신뢰도 분석은 일반적으로 요인분석을 하여 요인들을 추출하고 이들 요인들이 동질 변수들로 구성되어 있는지를 확인할 때 이용합니다.

그리고 신뢰도 계수에 대한 판단은 교재와 학자들마다 다소 차이가 있습니다. 그러나 일반적으로 Cronbach's α의 값이 0.6 혹은 0.7 이상이라는 기준을 제시하면서 하나의 동일한 개념 혹은 신뢰성을 확보할 수 있는 기준으로 보고 있습니다.

1) 신뢰도 분석 절차

(분석 → 척도 → 신뢰도분석 → 모형(알파) → 통계량 → 옵션선택 → 확인)

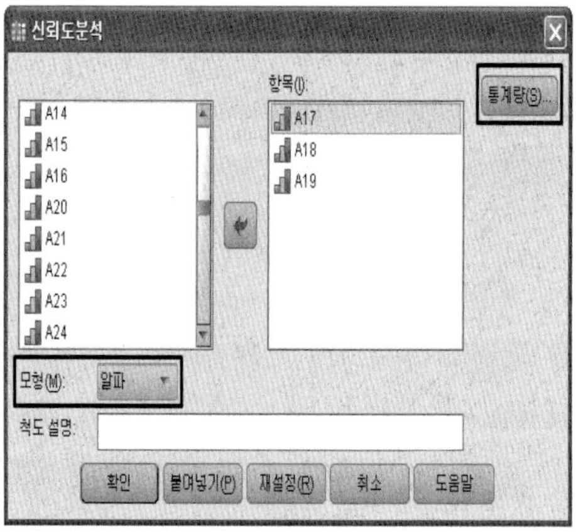

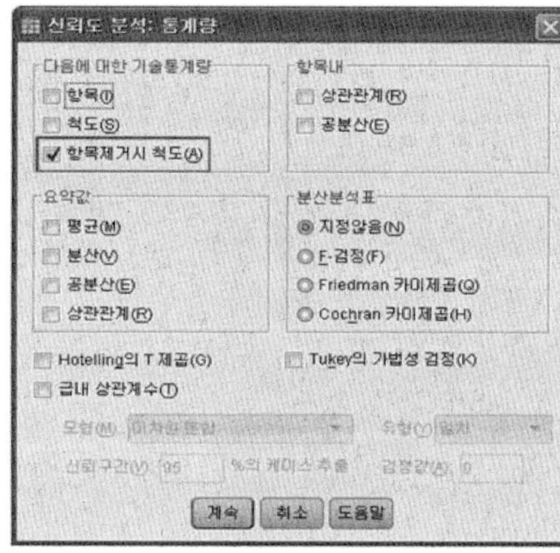

위의 절차를 따르게 되면 아래와 같은 결과물이 나옵니다.

신뢰도 통계량

Cronbach의 알파	항목 수
.759	3

위의 표를 보게 되면 5개의 항목를 통해 본 신뢰도는 Cronbach의 알파(α)값이 0.759로 충분한 신뢰성을 가지고 있다고 볼 수 있습니다.

항목 총계 통계량

	항목이 삭제된 경우 척도 평균	항목이 삭제된 경우 척도 분산	수정된 항목-전체 상관관계	항목이 삭제된 경우 Cronbach 알파
A17	5.78	1.784	.546	.726
A18	5.96	1.408	.644	.615
A19	5.89	1.657	.588	.680

위의 표는 3개의 항목 중 해당 항목이 제거되고 2개의 항목이 되었을 때 Cronbach's α값입니다. 위의 결과에서 나타나듯이 하나의 항목이 제거될 때보다 3개의 항목이 모두 포함 될 때 신뢰도가 더 높다는 것을 알 수 있습니다.

편의성	(A17) 상업 시설의 개방시간이 이용하기에 적당하다.	Cronbach's α
	(A18) 판매자가 친절하게 응대한다.	0.759
	(A19) 이용 시 편리함을 느낄 수 있다.	
접근성	(A20) 상업시설이 이용하기 편리한 위치에 있다.	Cronbach's α
	(A21) 시설을 찾기 쉽도록 안내판에 표시되어 있다.	0.704
	(A22) 시설 진입 시 경사로 또는 난간이 접근하기 쉽다.	
쾌적성	(A23) 상업시설의 수가 적절하다.	Cronbach's α
	(A24) 상업시설의 종류가 다양하다.	0.749

위의 표는 앞서 실행한 요인분석에서 편의성, 접근성, 쾌적성으로 묶인 항목들의 신뢰도를 구한 값입니다. 3개의 요인들이 모두 Cronbach's α값이 0.7 이상으로 측정의 신뢰도가 있다고 판단할 수 있습니다.

4. 확인적 요인분석

확인적 요인분석 방법은 데이터 분석 선에 이미 이론적인 배경을 바탕으로 변수들 간의 관계를 미리 설정해 놓은 상태에서 요인분석을 하는 경우를 말합니다. 즉 잠재변수를 구성하는 항목들이 연구자의 지식에 근거하거나 이론적 검토를 바탕으로 이미 지정되어 있습니다. 이점이 탐색적 요인분석과 가장 중요한 다른 점이라고 할 수 있겠습니다. 즉 항목들이 요인 분석에 관계없이 이미 정해진 상태로 모델이 만들어지고 그 상황 하에서 분석이 진행되는 것입니다. 이 분석 방법이 구조방정식 모형에서 사용되는 방법입니다.

구조방정식 모형은 측정된 변수들을 통해 잠재변수를 측정하는 측정모형과 이들 잠재변수들 간의 인과관계를 설명하는 구조모형의 두 가지로 나눌 수 있다. 여기서 말하는 확인적 요인분석을 위한 모형은 측정모형이라 합니다. 측정모형(measurement model)은 잠재(이론)변수와 관측변수들 간의 인과관계를 나타내며, 잠재변수와 관측변수 및 오차변수로 구성됩니다. 측정모형은 SPSS의 요인분석과 유사하나 요인분석에서는 많은 관측변수가 적은 수의 요인으로 축약되는 것에 초점을 두지만 측정모형에서는 잠재변수가 어떤 관측변수를 통해 가시적으로 드러나는가에 초점을 둡니다. 즉 잠재변수들이 관측변수들을 통해 어떻게 측정되어지는가를 규정하고, 이는 확인적 요인분석을 통하여 이루어집니다. 확인적 요인분석이란 사전에 탐색적인 연구가 이루어졌거나 연구자의 지식에 근거하여 미리 가정한 모형으로 자료를 충분히 설명할 수 있는지를 분석하는 방법으로 측정된 잠재변수에 관련된 특성(타당성과 신뢰성)을 설명하는데 사용됩니다. 많은 사회과학연구에서 측정되는 변수는 일반적으로 추상적이고 이론적인 개념을 구성하는 변수를 측정해야 하는데 이런 경우에 유용하게 활용될 수 있는 분석방법입니다.

1) 확인적 요인분석 절차(AMOS 18.0)

AMOS(Analysis of MOment Structure)는 Arbuckle과 Werner에 의해 개발되었으며 복잡한 수식으로 정의되는 구조방정식 프로그래밍 대신 구조방정식을 그림으로 그려서 분석하는 GUI(Graphic User Interface) 기능이 보강되어 다른 소프트웨어보다 쉽게 사용할 수 있다는 장점을 가지고 있어 보급이 확산되고 있는 실정입니다. 또한 SEM통계, SPSS, EXCEL 등의 데이터와 호환이 가능하여 초보자들의 사용이 편리한 강점이 있습니다. AMOS 프로그램을 이용한 확인적 오인분석 절차를 살펴보면 다음과 같습니다.

(1) DATA 불러오기

분석에 사용될 DATA는 SPSS 프로그램에 저장된 자료를 사용합니다. 먼저 분석에서 AMOS 18(A)를 클릭합니다.

(분석 → AMOS 18(A)→ AMOS Graphic 화면 열림)

(2) 측정변수 그리기

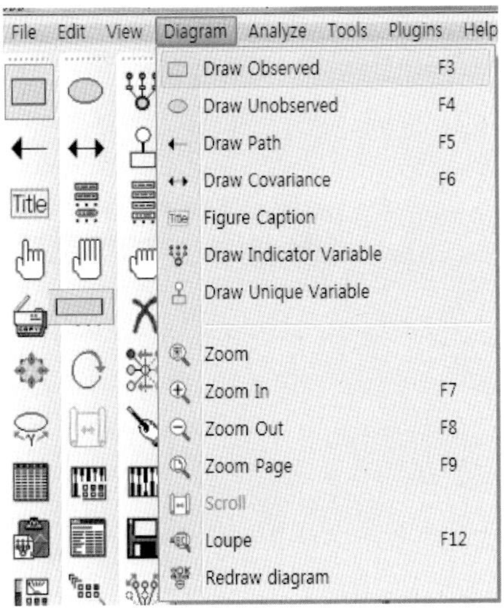

구조방정식 모형을 완성하기 위해서 사용되는 모든 도형은 선택 창에서 Diagram을 클릭하거나 도구 창에서 해당하는 도형을 클릭하면 됩니다.

먼저, 측정변수를 그리기 위해서는 선택 창에서 Diagram → Draw Observed를 클릭하거나 혹은 도구 창에서 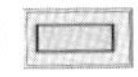 를 클릭하여 아래의 AMOS Graphic 창에서 측정변수를 그릴 수 있습니다. 여러 개의 측정변수를 그릴 때는 미리 간격을 조정하여 그리는 것이 중요합니다.

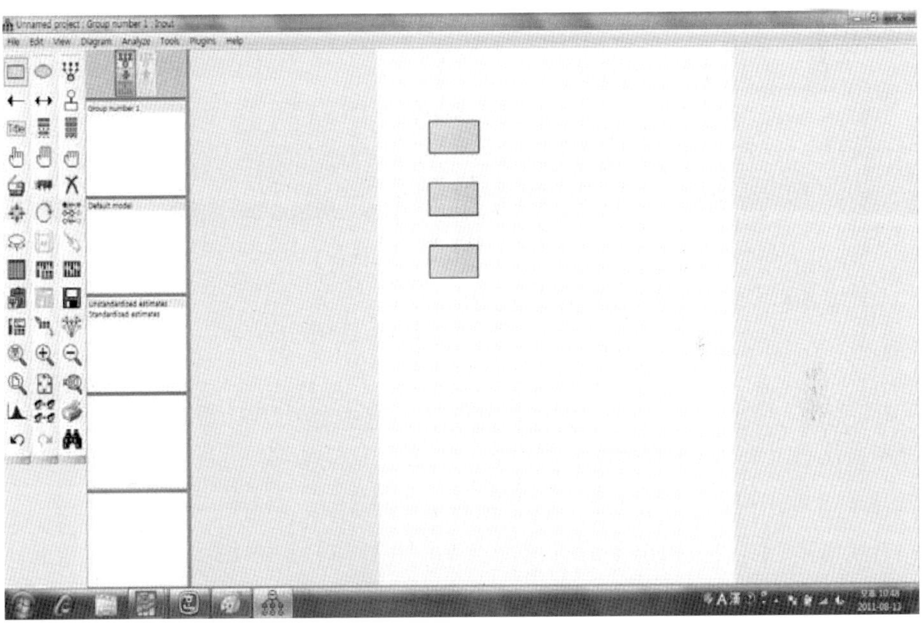

(3) 잠재요인 변수 그리기

선택 창에서 Diagram → Draw Unobserved 를 클릭하거나 혹은 도구 창에서 ⬭ 를 클릭하여 잠재변수를 그린다. 여러 개의 측정변수들 가운데 올 수 있도록 간격을 조정하여 그립니다.

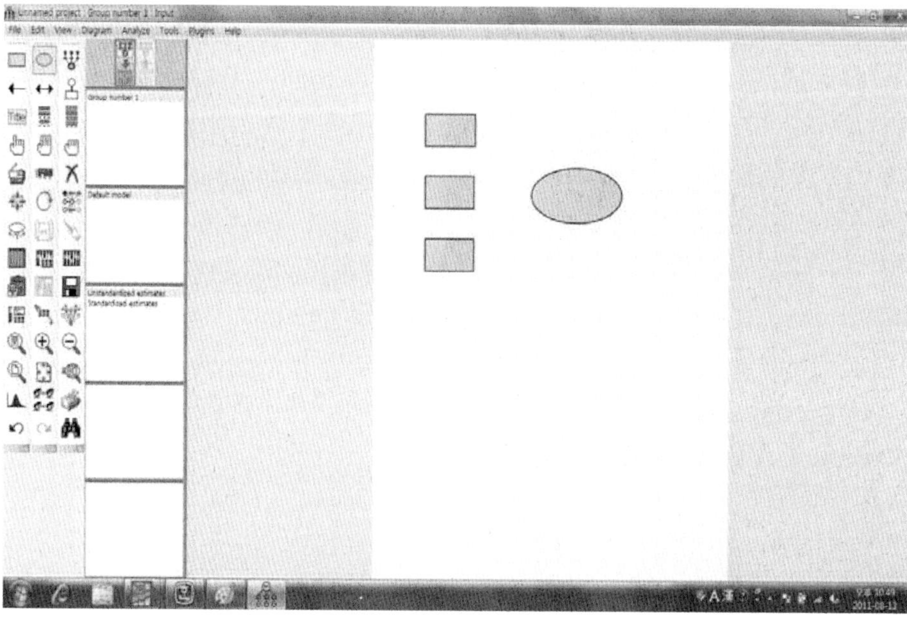

(4) 잠재변수와 측정변수 간 경로그리기

선택 창에서 Diagram → Draw Path를 클릭하거나 혹은 도구 창에서 ← 를 클릭하여 잠재변수와 측정변수를 연결하는 경로를 그립니다. 여기서 경로는 잠재변수에서 측정요인으로 화살표가 그려줍니다. 연구모형에 나타나는 측정변수를 모두 그리고 잠재변수를 그리거나 하나에 잠재변수에 해당하는 측정변수와 잠재변수를 그리거나 하는 것은 연구자의 편의에 따라 모두 가능합니다. 아래 그림은 하나의 잠재변수에 해당하는 측정변수를 먼저 그린 것입니다.

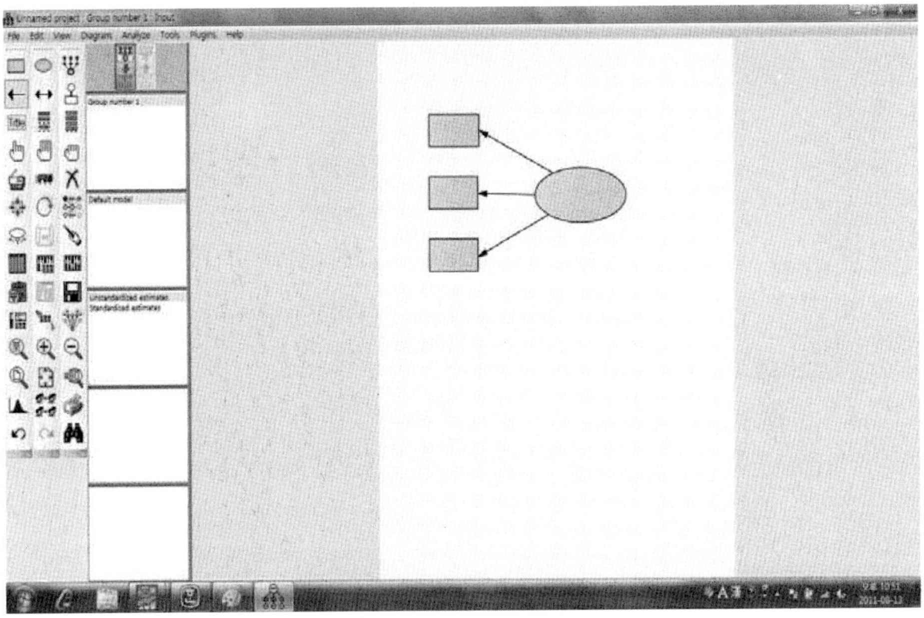

(5) 오차항 그리기

선택 창에서 Diagram → Draw Unique Variable을 클릭하거나 혹은 도구 창에서 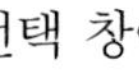 를 클릭하여 오차항을 그립니다. 그래픽으로 그림을 그릴 때 일반적 오차항은 측정변수의 왼쪽에 오는 것이 보기에 좋습니다. 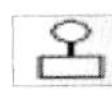 를 클릭한 다음 측정변수 위에 마우스를 올려놓으면 측정변수가 빨간색으로 나타나며, 이 때 오차항이 왼쪽에 자리잡을 때까지 계속하여 마우스를 누르면 왼쪽에 그려지게 됩니다. 동일한 방법으로 모든 측정변수에 오차항을 그려줍니다.

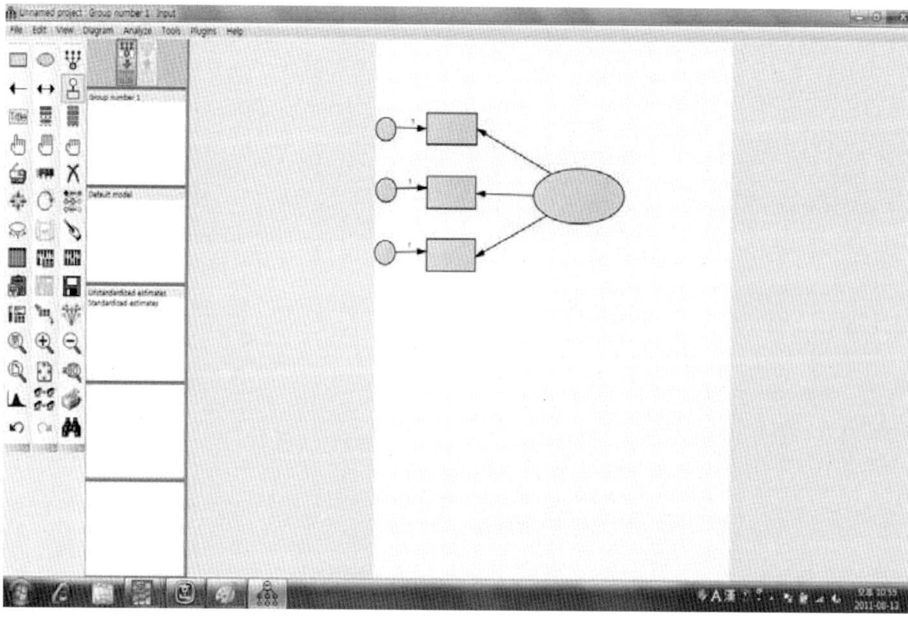

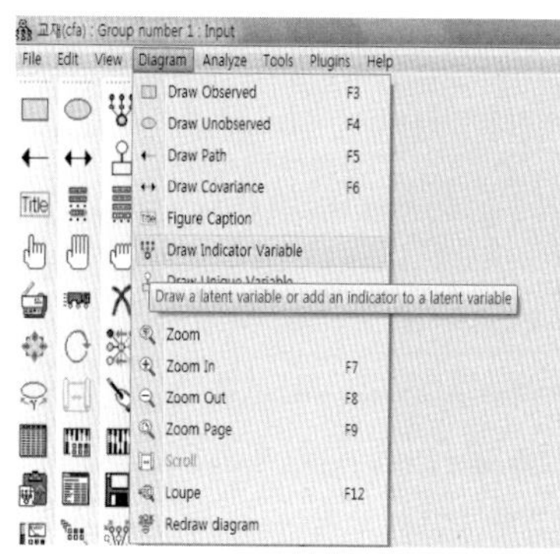

이상의 과정은 단계적으로 측정변수, 잠재변수 오차항, 그리고 경로그리기까지 살펴보았습니다.

그러나 이상의 과정을 선택창에서 Diagram → Draw Indirect Variable을 클릭하거나 혹은 도구 창에서 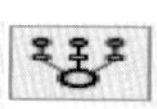 를 클릭하여 측정변수, 잠재변수, 오차항, 그리고 경로를 한 번에 그릴 수 있습니다.

위의 과정을 통하여 연구모형에 나타난 모든 측정변수와 잠재변수를 그리고, 경로를 연결하고 오차항을 그려줍니다. 그리고 나서 각 잠재변수들 간의 상관관계를 연결하는 것을 실습해 보겠습니다.

(6) 잠재변수와 잠재변수 연결하기

각 잠재변수의 측정변수와 오차항까지 경로가 완성되면, 잠재변수 간 상관관계를 살펴보기 위해 서로 연결해 보겠습니다.

앞서 확인적 요인분석의 특성에서 말한 것처럼 이것은 두 잠재변수(요인) 사이에 관련성이 있을 것이라는 이론적 배경이 있고, 연구모형 설정과 설문지 작성과정에서 두 개념(요인)사이에 관련성이 있을 것이라는 가정에 의한 것입니다.

선택 창에서 Diagram → Draw Covariance를 클릭하거나 혹은 도구 창에서 ↔ 를 클릭하여 첫 번째 잠재변수로부터 두 번째 잠재변수로 왼쪽 마우스를 누른 상태에서 연결합니다. 모든 잠재변수끼리 연결하여 측정모형을 완성합니다.

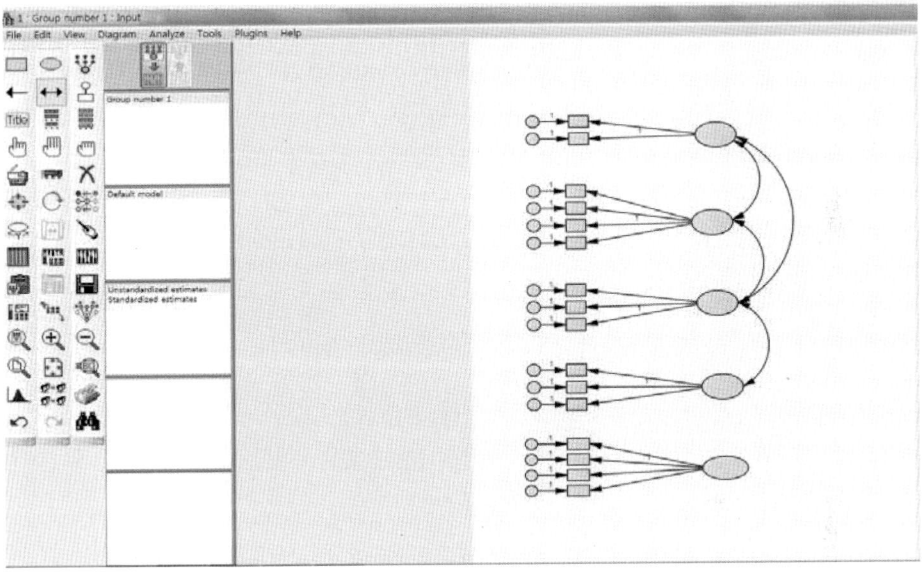

(7) 측정변수, 잠재변수, 오차항 이름 부여하기

도형으로 표현한 각 측정변수, 잠재변수, 오차항의 이름을 부여하는 방법을 알아봅시다. 각 도형의 이름을 부여하기 위해서는 이름을 붙이고자 하는 도형 위에 마우스를 올려놓고 오른쪽 마우스를 누르고 그림과 같이 도구창이 나타나면, Object Properties를 클릭합니다.

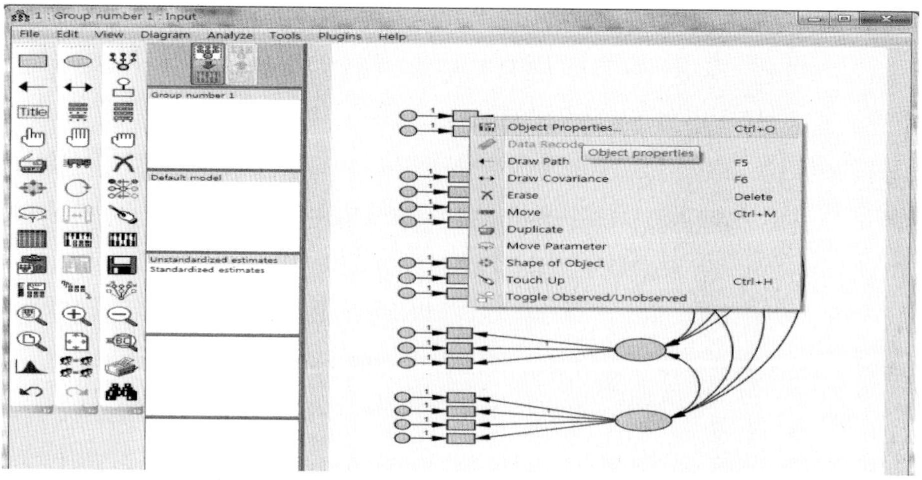

다음은 Object Properties창에서 Variable name에 붙이고자 하는 변수명을 적습니다. 같은 방법으로 모든 측정변수, 잠재변수, 오차항의 이름을 붙여줍니다. 그림에서는 빨간색으로 나타난 측정변수에 'X3'라는 이름을 부여합니다.

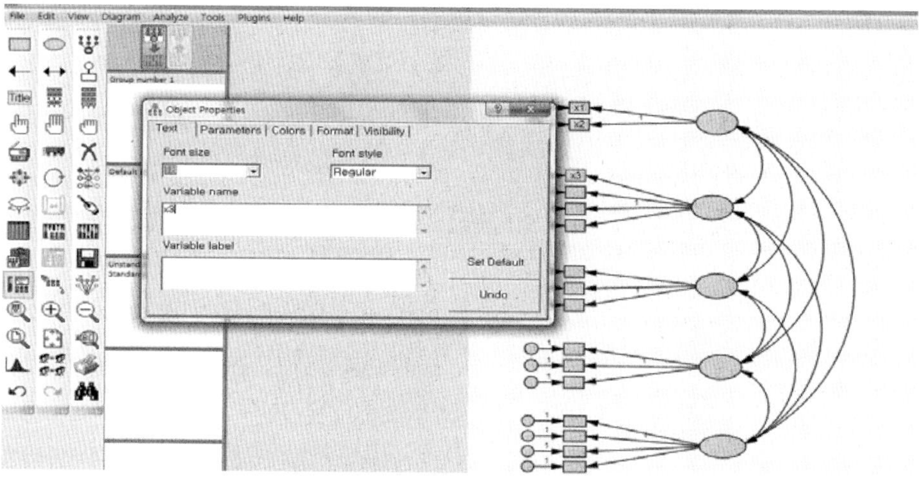

(8) 완성된 확인적 요인분석 모형

이상의 과정을 거쳐 잠재변수 A, B, C, D, E와 측정변수 및 오차항 모두에 이름을 부여하여 완성된 확인적 요인분석 모형은 다음과 같습니다.

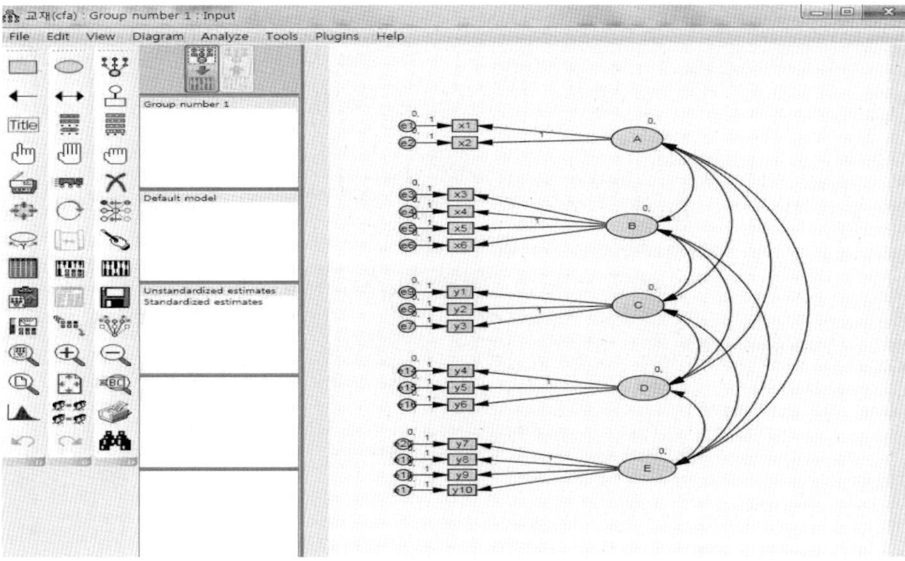

(9) AMOS 실행

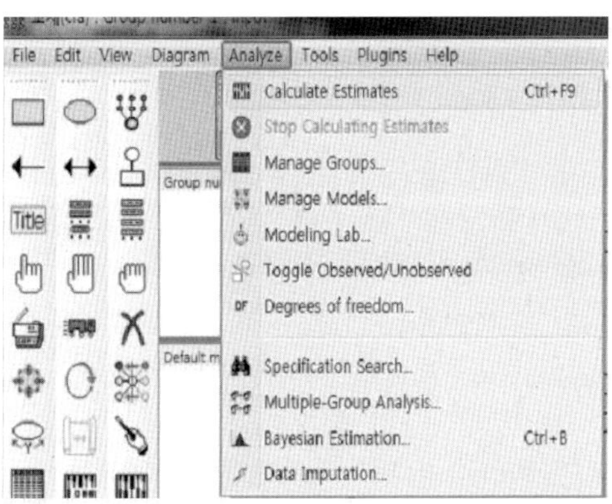

이제 완성된 확인적 요인분석 모형에서 AMOS 실행을 위해 선택 창에서 Analyze → Calculate Estimate을 클릭하거나 도구 창의 를 클릭합니다. 그러면 경로도형의 파일저장 경로를 지정하도록 하는 화면이 나타나고, 파일명을 지정해 줍니다. 분석 결과의 출력물을 얻기 위해 선택 창에서 View → Analysis Properties 창의 선택메뉴 중 Minimization history와 Standardized estimates를 클릭하고 AMOS를 실행합니다. 그러면 다음과 같은 결과물을 확인할 수 있습니다.

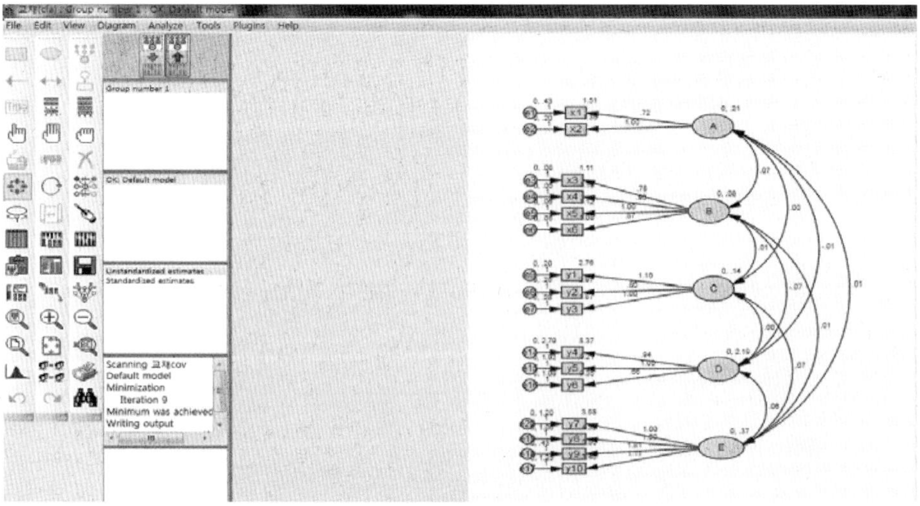

※ AMOS 프로그램이 읽을 수 있는 입력자료의 형태 :

모형을 추정(실행)하기 위해서 원자료(.sav), 상관행렬, 공분산행렬의 행렬자료를 입력할 수 있으나 상관행렬은 측정단위를 임의로 표준화(-1~1)시켜 정보의 손실이 우려되며 공분산 구조 분석은 변수간의 공분산(covariance)을 기본 가정으로 하기 때문에 공분산행렬 자료가 분석에 사용되는 것이 합리적입니다. AMOS를 사용하는 초보자들에게 혼란스러운 부분이 입력할 자료의 형태입니다. 입력자료의 형태에 따라 모형 추정의 가정들이 차이가 있기 때문에 입력할 자료의 형태에 대한 이해가 필요합니다.

Covariance(공분산 행렬) matrix를 생성하기 위해 예를 들어 설명하면 SPSS 프로그램에 입력된 자료를 바탕으로 상관분석의 이변량상관계수를 통해서 분석하고자 하는 변수를 선정하여 하단의 붙여넣기 를 선택하면 다음과 같은 Syntax 명령어 창이 나타납니다.

```
CORRELATIONS
  /VARIABLES=v25 v26 v27 v6 v14 v18 v10 v12 v15 v22 v23 v24 v19 v20
  /PRINT=TWOTAIL NOSIG
  /MISSING=PAIRWISE.
```

이러한 Syntax 명령어를 다음과 같이 변경하면 공분산행렬을 생성할 수 있으며 생성된 행렬을 AMOS 프로그램에서 불러오면 됩니다.

```
CORRELATIONS
  /VARIABLES=v29 v30 v19 v20 v62 v63 v35 v7 v8 v9 v10 v14 v18
  /PRINT=TWOTAIL NOSIG
  /STATISTICS XPROD
  /MISSING=LISTWISE/MATRIX.OUT(*)
MCONVERT
```

(10) 결과해석하기

확인적 요인분석에서 잠재변수의 단일차원성, 개념타당성 및 신뢰도를 검증할 수 있습니다. 측정모형의 타당성 및 신뢰도는 모수 추정값(표준λ), 개념신뢰도(Construct Reliability), 추출된 분산평균(AVE: Average Variance Extracted), 상관계수의 제곱(SMC: Squared Multiple Correlation)을 산출하여 검증하고, 측정모형의 전반적인 모형적합도 검증은 χ^2, 기초부합지수(GFI), 조정부합지수(AGFI), 표준부합지수(NFI), 비교적합지수(CFI), 근사오차평균자승이중근(RMSEA), 원소간평균차이(RMR) 등의 모형적합도 지수를 토대로 분석합니다. χ^2에 대한 p값을 통한 모형검증은 위에서 표본크기에 매우 민감하기 때문에 표본의 크기가 클 경우(N > 200) 모형적합도 지수로서 적합하지 않아, 오히려 표본수에 덜 민감한 RMSEA, RMR을 활용하여 검증합니다.

AMOS 실행 후 선택 창에서 View → Text Output을 클릭하거나 혹은 도구 창의 을 클릭하면 AMOS 결과창을 확인할 수 있습니다.

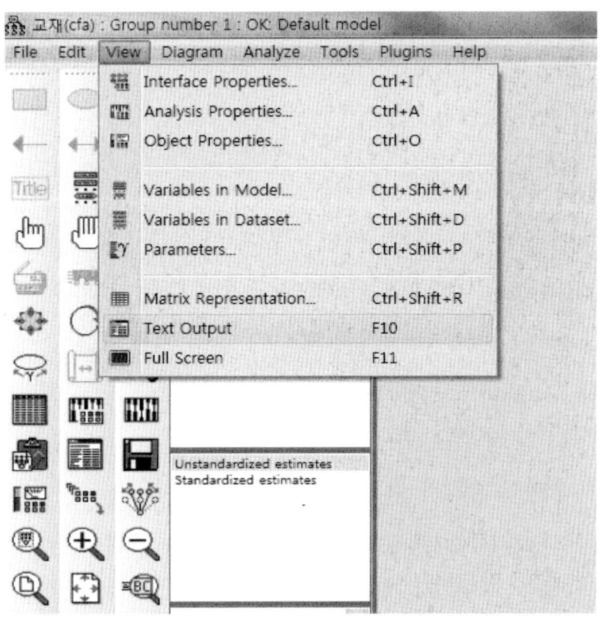

(11) 모형의 기본적 사항(분석오류 및 유의확률)

분석 결과 중에서 가장 먼저 확인해야 하는 부분은 분석의 오류사항이 발생할 경우 오류메세지를 확인할 수 있는 Notes for Model을 확인하여야 합니다.

왼쪽의 분석 결과 창에서 Notes for Model을 클릭하면 아래의 그림과 같이 결과를 확인할 수 있습니다. 먼저 분석결과의 오류가 없음을 확인하고 난 후 χ^2 (Chi-square), 자유도(Degree of freedom), 유의확률(Probability level)을 확인합니다.

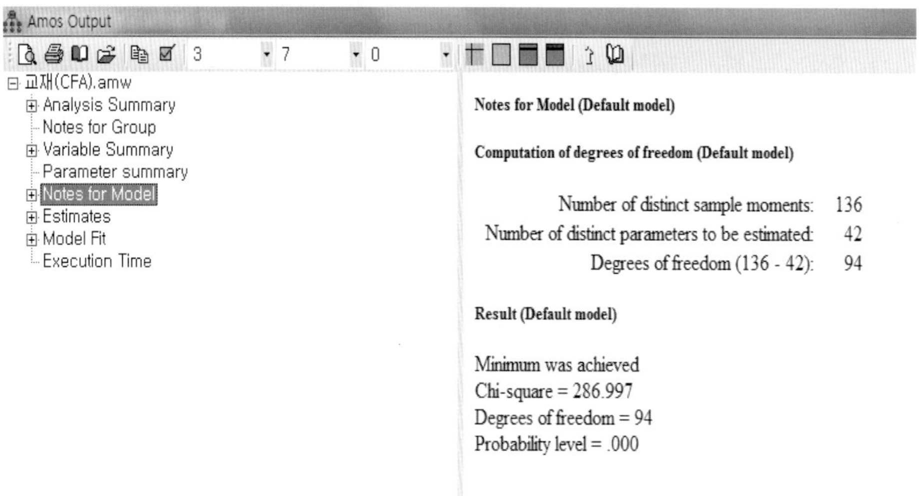

(12) 적합도 지수 확인

결과 창에서 Model Fit을 클릭하면 오른쪽 창에 다음과 같은 적합도 지수들이 나타납니다. 먼저, Model 항목의 Default model(Your model : 연구자모형)은 연구자가 연구를 위해 구상하고 있는 연구모형을 의미하며, Saturated model(포화모형)은 완벽한 모형으로 주어진 자료에 완전 적합성을 갖는 모형으로 의미가 없는 모형입니다. Independent model(독립모형)은 최악의 적합모형을 나타냅니다. 따라서 연구자는 적합도를 확인하기 위해서는 Default model의 지수를 확인해야 합니다.

아래표의 적합도 기준을 참고로 하여 확인적 요인분석 모형의 적합도 지수를 확인합니다.

절대적합지수				증분적합지수		간명적합지수	
RMSEA	RMR	GFI	AGFI	NFI	CFI	PNFI	PCFI
≤.08	≤.08	≥.9	≥.9	≥.9	≥.9	≥.5,.6	≥.5,.6

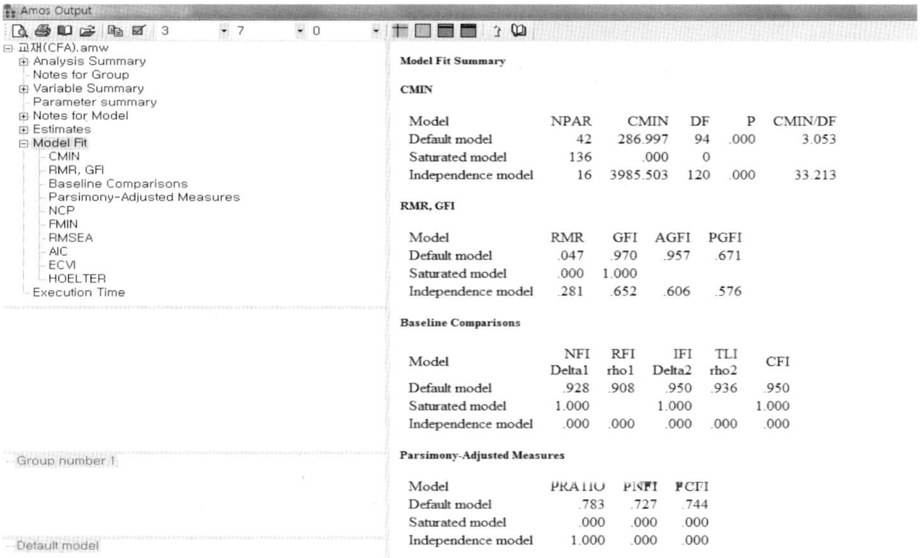

(13) 경로계수 확인

확인적 요인분석에서 적합도 지수를 확인 후 경로계수의 유의성을 확인합니다. 분석 결과창에서 Estimates를 클릭하면 아래 **그림** 1 Regression Weight(회귀계수)에서 Estimate(비표준화된 경로계수 값), S.E.(Standard Error: 표준오차), C.R.(Critical Ratio) 값을 확인하여 경로계수의 유의성을 판단합니다. AMOS 분석결과에 나타난 C.R.의 값이 〉1.64, 〉1.96, 〉2.58 경우 각각 10%, 5%, 1% 수준에서 유의한 것으로 해석할 수 있습니다.

그림 2 Standardized Regression Weight(표준화된 회귀계수)는 잠재변수들에 대한 표준화된 회귀계수가 나타나 있습니다. 표준화의 적재치는 0.5 이상이어야 문제가 없는 것으로 판단할 수 있습니다.

그림 1 • Regression Weight(회귀계수)

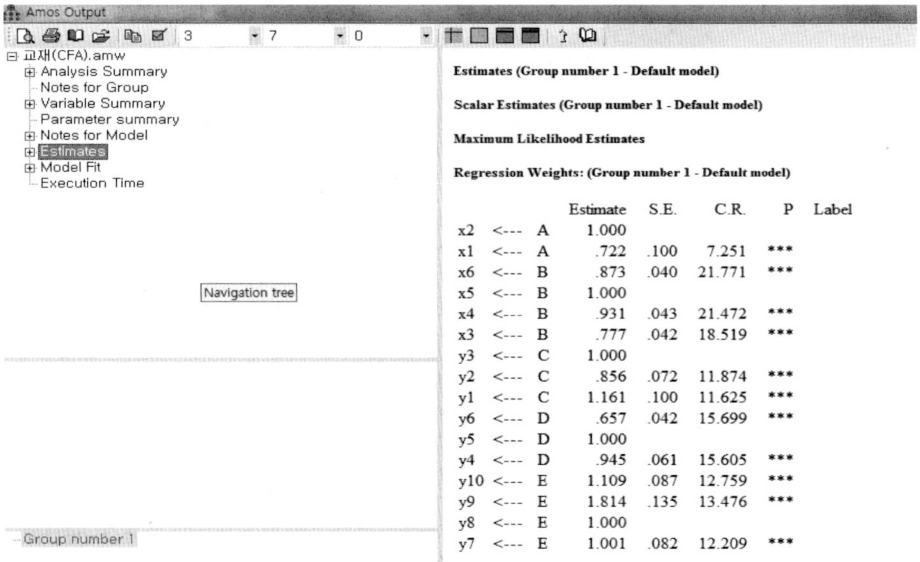

Estimates (Group number 1 - Default model)

Scalar Estimates (Group number 1 - Default model)

Maximum Likelihood Estimates

Regression Weights: (Group number 1 - Default model)

			Estimate	S.E.	C.R.	P	Label
x2	<---	A	1.000				
x1	<---	A	.722	.100	7.251	***	
x6	<---	B	.873	.040	21.771	***	
x5	<---	B	1.000				
x4	<---	B	.931	.043	21.472	***	
x3	<---	B	.777	.042	18.519	***	
y3	<---	C	1.000				
y2	<---	C	.856	.072	11.874	***	
y1	<---	C	1.161	.100	11.625	***	
y6	<---	D	.657	.042	15.699	***	
y5	<---	D	1.000				
y4	<---	D	.945	.061	15.605	***	
y10	<---	E	1.109	.087	12.759	***	
y9	<---	E	1.814	.135	13.476	***	
y8	<---	E	1.000				
y7	<---	E	1.001	.082	12.209	***	

그림 2 • Standardized Regression Weight(표준화된 회귀계수)

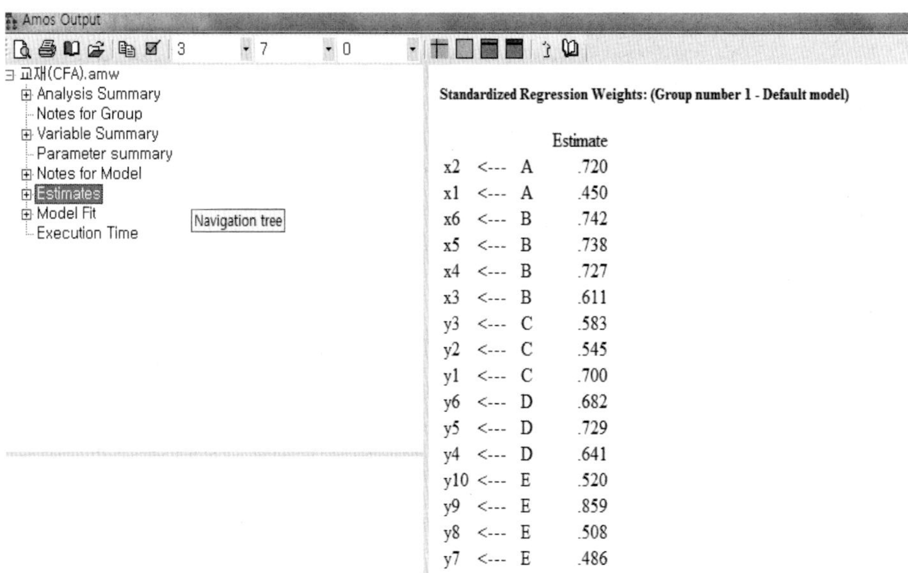

Standardized Regression Weights: (Group number 1 - Default model)

			Estimate
x2	<---	A	.720
x1	<---	A	.450
x6	<---	B	.742
x5	<---	B	.738
x4	<---	B	.727
x3	<---	B	.611
y3	<---	C	.583
y2	<---	C	.545
y1	<---	C	.700
y6	<---	D	.682
y5	<---	D	.729
y4	<---	D	.641
y10	<---	E	.520
y9	<---	E	.859
y8	<---	E	.508
y7	<---	E	.486

그림 3에서는 각 잠재변수간의 Covariance(공분산)와 Correlation(상관계수)을 확인할 수 있습니다. **그림** 4 Variance(분산)는 각 잠재변수와 측정변수에 대한 분산이 나타나 있습니다.

그림 3 • Covariance(공분산)와 Correlation(상관계수)

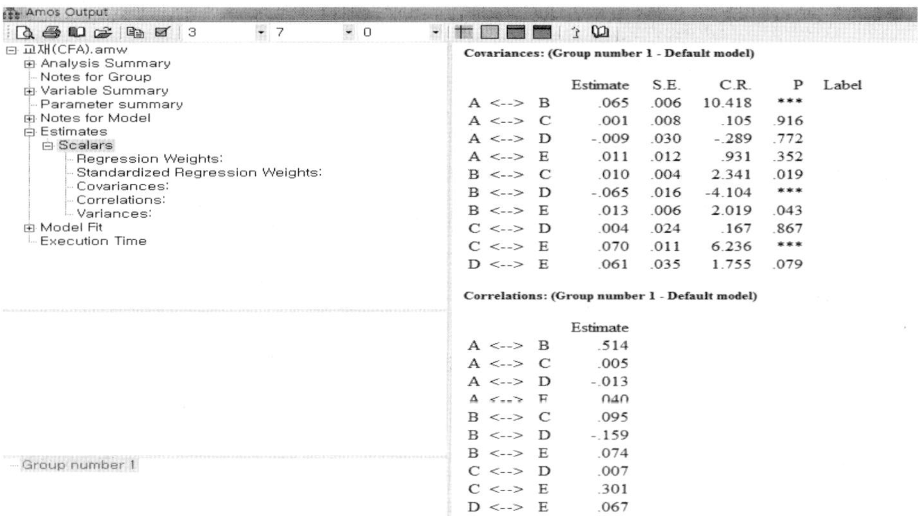

Covariances: (Group number 1 - Default model)

			Estimate	S.E.	C.R.	P	Label
A	<-->	B	.065	.006	10.418	***	
A	<-->	C	.001	.008	.105	.916	
A	<-->	D	-.009	.030	-.289	.772	
A	<-->	E	.011	.012	.931	.352	
B	<-->	C	.010	.004	2.341	.019	
B	<-->	D	-.065	.016	-4.104	***	
B	<-->	E	.013	.006	2.019	.043	
C	<-->	D	.004	.024	.167	.867	
C	<-->	E	.070	.011	6.236	***	
D	<-->	E	.061	.035	1.755	.079	

Correlations: (Group number 1 - Default model)

			Estimate
A	<-->	B	.514
A	<-->	C	.005
A	<-->	D	-.013
A	<-->	E	.040
B	<-->	C	.095
B	<-->	D	-.159
B	<-->	E	.074
C	<-->	D	.007
C	<-->	E	.301
D	<-->	E	.067

그림 4 • Variance(분산)

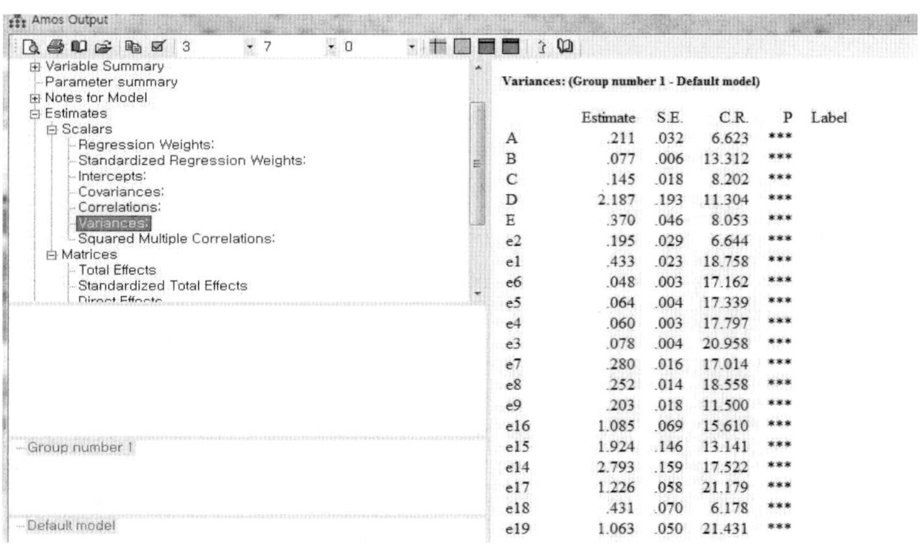

Variances: (Group number 1 - Default model)

	Estimate	S.E.	C.R.	P	Label
A	.211	.032	6.623	***	
B	.077	.006	13.312	***	
C	.145	.018	8.202	***	
D	2.187	.193	11.304	***	
E	.370	.046	8.053	***	
e2	.195	.029	6.644	***	
e1	.433	.023	18.758	***	
e6	.048	.003	17.162	***	
e5	.064	.004	17.339	***	
e4	.060	.003	17.797	***	
e3	.078	.004	20.958	***	
e7	.280	.016	17.014	***	
e8	.252	.014	18.558	***	
e9	.203	.018	11.500	***	
e16	1.085	.069	15.610	***	
e15	1.924	.146	13.141	***	
e14	2.793	.159	17.522	***	
e17	1.226	.058	21.179	***	
e18	.431	.070	6.178	***	
e19	1.063	.050	21.431	***	

그림 1, **그림 2**, **그림 3과 그림** 4의 결과를 이용하여 측정변수가 각 요인을 어느 정도 설명하고 있는가를 확인할 수 있습니다. 이것을 통해서 개념신뢰도(Construct Reliability), 추출된 분산평균(AVE : Average Variance Extracted), 상관계수의 제곱(SMC : Squared Multiple Correlation)을 산출하여 확인적 요인분석의 신뢰도와 타당도를 검증합니다.

(14) 신뢰도와 타당도 검사

확인적 요인분석을 통한 잠재변수(latent variables)들의 신뢰도와 타당도 검사는 Fornell and Larcker(1981), Bagozzi and Yi(1991)의 기준을 참고하여 설명하면 다음과 같습니다. 잠재변수의 신뢰도 검사는 첫째, 잠재변수가 관측변수에 주는 λ의 제곱이 0.5이상(혹은 표준 λ 0.7 이상)이며, 둘째, 개념신뢰도 지수가 0.7 이상이며, 셋째, 추출된 평균분산(AVE)값이 0.5 이상일 때, 잠재변수의 신뢰성이 확보된다고 볼 수 있습니다.

타당도 검사는 첫째, λ값의 유의성을 기준으로 판단하고, 둘째, 두 잠재요인의 AVE1과 AVE2값은 상관계수의 제곱값인 SMC값과 비교하여 판별합니다. 다시 말해 λ값이 유의하면 수렴타당성이 인정되며, 두 잠재변수의 AVEi과 AVEj값이 상관계수의 제곱값인 SMCij보다 크면 판별타당성이 인정됩니다.

개념신뢰성과 추출된 평균분산(AVE)의 계산식을 다음과 같습니다.

$$\text{개념신뢰성} = \frac{\left(\sum_{i=1}^{k} std.\lambda i\right)^2}{\left(\sum_{i=1}^{k} std.\lambda i\right)^2 + \sum_{i=1}^{k}(1 - std.\lambda i^2)}$$

$$= \frac{[\text{표준화람다의 합}]\text{의 제곱}}{[\text{표준화람다의 합}]\text{의 제곱} + \text{측정오차분산의 합}}$$

$* \; 1 - std.\lambda i$(측정오차의 분산은 *AMOS*결과치에 나타난 *Variances*를 사용함)

$$AVE = \frac{\sum_{i=1}^{k}(std.\lambda i)^2}{\sum_{i=1}^{k}(std.\lambda i)^2 + \sum_{i=1}^{k}(1 - std.\lambda i^2)} = \frac{[\text{표준람다제곱}]\text{의 합}}{[\text{표준람다제곱}]\text{의 합} + \text{측정오차분산의 합}}$$

2) 적합도 지수의 이해

구조방정식모형의 적합성을 검증하기 위한 적합도 지수는 모형의 전반적 부합도를 설명하는 절대부합지수, 독립모형(null model or independent model : 기초모형)에 대한 제안모형(proposed model)의 부합도를 설명하는 증분부합지수, 모형의 간명성을 평가하는 간명부합지수로 구분됩니다. 여러 가지 부합지수의 적합도 판단기준 중 어느 것이 무조건 최고라고 내세울 수 있는 지수는 없으므로 가설화된 모형에 대하여 가장 큰 장점과 가장 작은 문제점을 가진 부합지수를 골라서 모형의 검정에 사용해야 합니다.

(1) 절대부합지수(Absolute Fit Measure)

절대부합지수는 제안모형에 의해 관찰된 상관관계행렬 또는 공분산행렬에 의해 결정되며, 카이제곱통계량(Likelihood Ratio Chi-Square; χ^2), 기초부합지수(Goodness of Fit Index; GFI), 원소평균제곱잔차(Root Mean Square Residual; RMR), 근사원소평균제곱잔차(Root Mean Square of Approximation; RMSEA) 등으로 측정됩니다.

카이제곱통계량(χ^2)은 모형의 전반적 부합도를 설명하는 가장 기본적인 측정치이나 표본크기에 매우 민감한 측정치로서 수용 가능한 최소 유의수준은 0.05이다. 0.1 또는 0.2를 초과하면 비유의성이 확인된다고 할 수 있다. 비유의성의 의미는 표본공분산행렬과 모형공분산행렬간에 차이가 있음을 의미한다. 그러나 카이제곱통계량이 매우 크고 그 확률치가 매우 작아서 유의적인 차이가 존재하더라도 측정모형이 실제로는 현실을 제대로 반영하는 부합도가 좋은 모형일 가능성도 크며, 모형검증의 다른 많은 조건들이 위배되었을 경우가 많기 때문에 여러 가지 다른 부합지수를 함께 고려하여 모형의 적합도를 판정하여야 합니다.

기초부합지수(GFI)는 비통계적 측정치로서 0(빈약한 접합도)~1.0(완전한 접합도) 사이의 값을 갖습니다. 이 지수는 모형의 전반적 적합도(실제자료와 비교한 예측자료의 자승잔차)를 나타내지만 자유도를 이용하여 조정한 값은 아니며, 표본크기의 변화나 다변량

정규분포의 위반에 별로 영향을 받지 않습니다. 기초부합지수는 이론적으로 음수가 될 수 있는데 측정모형의 부합도가 매우 나쁜 경우에 발생합니다. 표본크기 200개 이상에서 GFI의 적합도 판정을 위한 권장수준은 적어도 0.9 이상이어야 모형에 문제가 없다고 할 수 있습니다.

평균제곱근잔차(RMR)는 분석자료의 행렬과 미지수들에 의해 재생산된 행렬간의 원소들이 얼마나 차이가 있는가를 보여주는 것으로, 권장수용수준에 대한 확립된 절대기준은 없으나 부합도가 좋은 모형이라면 0에 가깝고 부합도가 상대적으로 나쁜 모형이라면 그 값이 커집니다. 일반적으로 실제 연구에서는 그 기준을 0.08 보다 작으면 적합하다고 판단합니다. 따라서 RMR은 연구자의 연구의도와 투입행렬이 공분산행렬인지, 아니면 상관행렬인지에 따라 잔차 크기의 실제유의성에 대한 평가를 달리합니다(장 태연, 2001; 408). 근사원소평균자승잔차(RMSEA)는 상당히 표본크기가 큰 어떤 제안모형을 기각시키는 카이제곱통계량의 한계를 수정하기 위하여 개발된 측정치로서 권장수준 0.05~0.08 사이라면 표본공분산행렬과 모형공분산행렬은 매우 근사한 적합이라고 판단됩니다.

(2) 증분부합지수(Incremental Fit Measure)

증분부합지수는 제안모형을 기초모형과 비교하는데 이용하는 측정지수라 할 수 있습니다. 수정부합지수(Adjusted Goodness of Fit Index : AGFI)는 기초부합지수(GFI)를 확장시킨 것으로 간명부합지수와 유사하며, 제안모형에 대한 자유도의 비율이 기초모형에 대한 자유도의 비율에 의해 수정된 값입니다. 권장수준은 0.9 이상으로 GFI보다 더 현실적인 지수라 할 수 있습니다.

비표준부합지수(None Normed Fit Index : NNFI)는 터커루이스지수(Tucker-Lewis Index : TLI)라고도 하며, 제안모형과 기초모형의 비교지수로 모형의 간명성의 측정과 결합하며, 드물게 1을 넘을 수도 있으나 보통 0과 1.0 사이의 값을 가지며 0.9 보다 크면 잘 맞는 모형이라 할 수 있습니다. 표준부합지수(Normed Fit Index : NFI)는 가장 자주 응용되는 부합치로서 이 값은 0과 1사이에 있도록 표준화시킨 값으로 권장수용수준은 0.9 이상입니다.

(3) 간명부합지수(Parsimonious Fir Measure)

모형이 적합수준에 도달하기 전에 추정계수의 수에 대한 기초부합지수와 관련되며, 간명표준부합지수(Parsimonious Normed Fit Index : PNFI)와 간명기초부합지수(Parsimonious Goodness Fit Index : PGFI), 표준카이제곱 등이 있습니다. 간명표준부합지수(PNFI)는 표준부합지수(NFI)를 수정하여 구한 값으로 모형적합수준에 도달하기 위하여 이용되는 자유도의 수를 고려하여 계산됩니다. 권장수준은 0.6 이상입니다. 간명기초부합지수(PGFI)는 추정모형의 간명도를 기준으로 계산된 값으로, 0과 1.0 사이의 값을 가지며 정해진 권장수준은 없으나 높을수록 좋다고 할 수 있습니다. 표준카이제곱값은 제안모형의 카이제곱값을 자유도로 나눈 값(x^2/DF)으로서 이 지수는 모형의 부적절성을 평가하는 두 가지 방법을 제공합니다. 표준카이제곱값이 1.0 이하이면 모형이 우연에 의해 이상 적합치를 보일 수 있음을 의미하며, 2.0 혹은 3.0 보다 월등히 높으면 모형이 관찰자료를 진실하게 대표하지 못하기 때문에 모형 수정이 필요함을 의미합니다. 따라서 표준카이제곱값이 1.0~2.0, 3.0 사이에 있을 때 적절한 모형이라 할 수 있습니다.

연습문제

1. 다음과 같이 요인분석 값과 신뢰도 분석값이 도출되었다. 본 데이터를 보고 설명해 보시오

요인명	설문항목	요인			Cronbach's Alpha
		요인1	요인2	요인3	
신뢰 요인	사적신뢰	.902			.852
	대인신뢰	.855			
	정부신뢰	.840			
정치적 요인	투표참여		.867		.791
	정치관심		.819		
	정당가입		.813		
지역 요인	대도시			.893	.707
	중도시			.750	
	소도시			.702	
고유치 (Eigenvalue)		2.930	2.038	1.493	
설명 분산(%)		26.502	24.022	21.260	
누적 분산(%)		26.502	50.524	71.784	

※ 위 결과치는 실제 연구와는 관계없는 가상의 결과치임.

부록

〈부록 1〉

χ^2분포표, t 분포표

〈부록 2〉

외래관광객 실태조사를 위한 설문지(예시)

〈부록 1〉 χ^2분포표, t 분포표

χ^2 분포표

df	α						
	0.250	0.100	0.050	0.025	0.010	0.005	0.001
1	1.32	2.71	3.84	5.02	6.63	7.88	10.83
2	2.77	4.61	5.99	7.38	9.21	10.60	13.82
3	4.11	6.25	7.81	9.35	11.34	12.84	16.27
4	5.39	7.78	9.49	11.14	13.28	14.86	18.47
5	6.63	9.24	11.07	12.83	15.09	16.75	20.52
6	7.84	10.64	12.59	14.45	16.81	18.55	22.46
7	9.04	12.02	14.07	16.01	18.48	20.28	24.32
8	10.22	13.36	15.51	17.53	20.09	21.96	26.12
9	11.39	14.68	16.92	19.02	21.67	23.59	27.88
10	12.55	15.99	18.31	20.48	23.21	25.19	29.59
11	13.70	17.28	19.68	21.92	24.72	26.76	31.26
12	14.85	18.55	21.03	23.34	26.22	28.30	32.91
13	15.98	19.81	22.36	24.74	27.69	29.82	34.53
14	17.12	21.06	23.68	26.12	29.14	31.32	36.12
15	18.25	22.31	25.00	27.49	30.58	32.80	37.70
16	19.37	23.54	26.30	28.85	32.00	34.27	39.25
17	20.49	24.77	27.59	30.19	33.41	35.72	40.79
18	21.60	25.99	28.87	31.53	34.81	37.16	42.31
19	22.72	27.20	30.14	32.85	36.19	38.58	43.82
20	23.83	28.41	31.41	34.17	37.57	40.00	45.32
25	29.34	34.38	37.65	40.65	44.31	46.93	52.62
30	34.80	40.26	43.77	46.98	50.89	53.67	59.70
40	45.62	51.80	55.76	59.34	63.69	66.77	73.40
50	56.33	63.17	67.50	71.42	76.15	79.49	86.66
60	66.98	74.40	79.08	83.30	88.38	91.95	99.61
70	77.58	85.53	90.53	95.02	100.4	104.2	112.3
80	88.13	96.58	101.8	106.6	112.3	116.3	124.8
90	98.65	107.6	113.1	118.1	124.1	128.3	137.2
100	109.1	118.5	124.3	129.6	135.8	140.2	149.5

t 분포표

df	1-α					
	0.900	0.950	0.975	0.990	0.995	0.999
1	3.078	6.314	12.706	31.821	63.657	318.309
2	1.886	2.920	4.303	6.965	9.925	22.327
3	1.638	2.353	3.182	4.541	5.841	10.215
4	1.533	2.132	2.776	3.747	4.604	7.173
5	1.476	2.015	2.571	3.365	4.032	5.893
6	1.440	1.943	2.447	3.143	3.707	5.208
7	1.415	1.895	2.365	2.998	3.499	4.785
8	1.397	1.860	2.306	2.896	3.355	4.501
9	1.383	1.833	2.262	2.821	3.250	4.297
10	1.372	1.812	2.228	2.764	3.169	4.144
11	1.363	1.796	2.201	2.718	3.106	4.025
12	1.356	1.782	2.179	2.681	3.055	3.930
13	1.350	1.771	2.160	2.650	3.012	3.852
14	1.345	1.761	2.145	2.624	2.977	3.787
15	1.341	1.753	2.131	2.602	2.947	3.733
16	1.337	1.746	2.120	2.583	2.921	3.686
17	1.333	1.740	2.110	2.567	2.898	3.646
18	1.330	1.734	2.101	2.552	2.878	3.610
19	1.328	1.729	2.093	2.539	2.861	3.579
20	1.325	1.725	2.086	2.528	2.845	3.552
21	1.323	1.721	2.080	2.518	2.831	3.527
22	1.321	1.717	2.074	2.508	2.819	3.505
23	1.319	1.714	2.069	2.500	2.807	3.485
24	1.318	1.711	2.064	2.492	2.797	3.467
25	1.316	1.708	2.060	2.485	2.787	3.450
26	1.315	1.706	2.056	2.479	2.779	3.435
27	1.314	1.703	2.052	2.473	2.771	3.421
28	1.313	1.701	2.048	2.467	2.763	3.408
29	1.311	1.699	2.045	2.462	2.756	3.396
30	1.310	1.697	2.042	2.457	2.750	3.385
∞	1.282	1.645	1.960	2.326	2.576	3.090

- 분산(variance) : $s^2 = \dfrac{\sum_{i=1}^{n}(x_i - \overline{x})^2}{n-1}$
- 표준편차(standard deviation) : $s = \sqrt{s^2}$
- 표준오차(standard error) : $se = \dfrac{s}{\sqrt{n}}$

〈부록 2〉 외래관광객 실태조사를 위한 설문지(예시)

Survey of ODA Saemaul Undong

This questionnaire is designed to identify the needs and priorities regarding to the rural community development in your country.

Your response will be valuable information to design the ODA Saemaul Undong program as an rural community development model for the developing countries.

Your answers will only be used for this purposes.

Thank you for your cooperation.

2014. 1.

PARK CHUNG HEE School of Policy and Saemaul(PSPS) in
Yeungnam University.

Yangsoo Yi (yiys@yu,ac,kr)

Respondent's General Background

1. Gender : ① Male ________ ② Female ________
2. Occupation : ________________________
3. Birth of Year (Age) : ________________________
4. Nationality : ________________________
5. Household Income Level : ________________________

※ Please choose the number and fill it in the each cell.

Most Important		--------		moderate		---------			Least Important
(1)	(2)	(3)	(4)	(5)	(6)	(7)	(8)	(9)	(10)

1. Please fill in the number to make order according to its importance the following rural development projects in your country(**Each Answer should be in different number in each cell**).

Capacity building	
Living condition improvement	
Income generation	
Infrastructure development	
Health & Education	
Etc( )	

2. Based on your opinion, who's responsibility is it to alleviate the rural poverty in your country? (**Each Answer should be in different number in each cell**).

Central Government	
Province Government	
District Government	
Township Government	
Village itself	

3. Based on your opinion, which is the most important factor that donor countries must take into consideration?(**Each Answer should be in different number in each cell**).

Material support	
Financial(Cash) support	
Building capacity of villagers	
Transfer of technology	
Building capacity of government officials	
Building capacity of village leaders	

4. If the Saemaul Undong is adopted as a rural development model in your country, how effective would it work?

Very effective	-------		Moderate		-------------				Least effective
(1)	(2)	(3)	(4)	(5)	(6)	(7)	(8)	(9)	(10)

5. Based on your opinion, which is the most important factor in the Saemaul Undong(Community Development Program) to help your community progress?(Please indicate a proper number in each cell)

Most Important	---------		moderate		------------				Least Important
(1)	(2)	(3)	(4)	(5)	(6)	(7)	(8)	(9)	(10)

Infrastructure Construction	
Farm Road	
Farm Land Readjustment	
Irrigation	
Electricity	
Income Generation	
Farm machinery	
Husbandry(Cow, Pig, Poultry)	
Fruit Culture	
RPC(Rice Process Complex)	
Rice Dry Facility	
Living Condition Improvement	
Water Supply	
Sewerage System	
Community Center	
Community Warehouse	
Health Service Center	

Thank You !